第六辑

——云南省哲学社会科学“十一五”规划课题选介

云南省哲学社会科学规划办公室 编

云南大学出版社

前 言

《云南社科成果集萃》至今已出到第六辑。它是在前五辑的基础上，继续选介云南省哲学社会科学“十一五”规划项目的部分研究成果。

云南省哲学社会科学“十一五”规划课题研究有几个方面的突出特点：

一是进一步突出对重大理论与现实问题的研究，主要是：马克思主义基础理论研究；党的执政能力建设研究；云南经济社会持续、快速、协调、健康发展综合研究；西南边疆建设问题研究；云南贯彻落实科学发展观与构建社会主义和谐社会研究；云南全面建设小康社会和社会主义新农村建设研究；云南生态环境保护和建设与可持续发展研究；云南文化产业建设研究；东南亚、南亚问题研究；云南民族问题和宗教问题研究；禁毒和防治艾滋病问题研究。

二是在研究思路方面，继续坚持党的基本理论、基本路线、基本纲领、基本经验，坚持解放思想、实事求是、与时俱进，坚持理论与实际相结合，立足当代又继承传统，立足云南又面向全国，立足本国又面向东南亚、南亚和整个世界；注重社会科学理论创新、学术观点创新、学科体系创新和科研方法创新，努力为建设富裕、民主、文明、开放、和谐云南服务。

三是在基础理论研究方面，突出了马克思主义中国化的三大理论成果，特别是“三个代表”重要思想和科学发展观的研究，在学术观点上有所创新；突出了云南特色学科和优势学科的研究，特别是对民族地区的政治、经济、文化、社会发展等问题的研究，形成了一批具有重要学术价值和社会影响的研究成果；注重把基础理论研究与应用对策研究结合起来，推出了一批具有区域特点和地方特色的理论研究成果。

四是在应用对策研究方面，以我国特别是云南改革开放和现代化建设的重大理论问题和现实问题为关注重点，紧紧围绕构建社会主义和谐社会、云南小康社会建设和“三农”问题、云南生态环境建设与可持续发展问题、西部大开发与发展云南特色经济问题、云南文化产业与市场化建设问题、云南桥头堡建设和民族文化强省建设，以及旅游、金融、社会保障、知识产权、城乡差距、城镇建设和农民工等问题，开展了全面、深入的调查研究，形成了一批有实际价值的研究成果。

“十一五”期间，云南省哲学社会科学发展成效显著。

通过深入贯彻党的十七大精神和中央、省委关于繁荣发展哲学社会科学的意见精神，各级党委、政府对哲学社会科学重要地位的认识明显提高，哲学社会科学工作全面加强，广大社科工作者理论创新和实践探索的积极性、主动性进一步激发，服务决策、服务经济社会发展的意识进一步增强，马克思主义在意识形态领域的指导地位进一步巩固，科学发展观进一步得到贯彻落实，社会主义核心价值体系进一步深入人心。

“十一五”期间，云南省社科研究、人才培养、学科建设、社科普及、对外交流、基础设施建设得到全面加强。云南获国家社科基金项目立项是“十五”期间的2.9倍，经费资助是“十五”期间的5倍。一批研究成果登载在全国社科规划办的《参考清样》、《国际内参》、《成果要报》上，在国家级报刊上发表，引起了党和国家领导人及省委、省政府领导的重视和关注。部分研究成果获得省政府的表彰，一批著作获得学术出版资助。省级哲学社会科学规划项目的组织实施，培养和锻炼了社科研究队伍，一大批优秀中青年人才脱颖而出。建成了云南省哲学社会科学研究基地26个以及云南省民族研究院、云南省东南亚南亚研究院，在社科研究和学科建设中发挥了重要支撑作用。马克思主义理论研究和建设工程取得实质性进展，推出了一批在省内外有重要影响的研究成果。“云岭大讲堂”、“社科专家基层行”、“社科学术年会”三大社科品牌的打造取得新成效。云南“智库”建设全面推进。云南省哲学社会科学“十一五”规划的课题研究、发展规划任务和目标基本实现。

当前，哲学社会科学事业发展面临新形势、新任务。当今世界正处在大发展、大变革、大调整时期，各种思想文化交流、交融和交锋更趋激烈，人们思想活动的独立性、选择性、多变性、差异性明显增强，马克思主义的指导地位在不断巩固的同时，也面临着各种社会思潮的挑战。我国正处在全面建设小康社会的重要战略机遇期，也是矛盾凸显期，社会利益关系趋向复杂化，新的不稳定、不确定因素不断增多。坚持马克思主义在意识形态领域的指导地位，科学认识和正确判断形势，深入研究和科学回答社会主义现代化建设中的重大理论和现实问题，是加快云南经济社会发展、繁荣发展哲学社会科学事业面临的重要任务。

党的十七大后，根据中央关于推动社会主义文化大发展、大繁荣的精神，省委、省政府适时作出了由民族文化大省向民族文化强省迈进的战略决策，并制定出台了《关于建立民族文化强省的实施意见》。在云南民族文化强省建设中，我们又迎来了中国面向西南开放的桥头堡建设战略实施的有利时机。党的十七届六中全会审议通过了《中共中央关于深化文化体制改革　推动社会主义文化大发展大繁荣若干重大问题的决定》，明确提出到2020年要把我国建设成为文化强国。新的形势和任务对哲学社会科学工作提出了新的更高的要求。

“十二五”期间，云南哲学社会科学工作的指导思想是：以邓小平理论和“三个代表”重要思想为指导，深入贯彻落实科学发展观，坚持和发展中国特色社会主义理论，努力推进马克思主义中国化、时代化、大众化，解放思想、实事求是、与时俱进，发扬理论联系实际的学风，提倡学术民主，推动科研创新，紧紧围绕党和国家及全省中心工作，着力研究回答中国特色社会主义建设和改革、发展、稳定中的重大理论和现实问题，为云南建设绿色经济强省、民族文化强省、中国面向西南开放的桥头堡目标的实现，提供理论指导、思想保证、精神动力和智力支持。

“十二五”期间，云南哲学社会科学工作的发展目标是：打牢创新基础，激发创新活力，完善创新机制，努力培育具有云南特色和全国影响力的一流学科、一流队伍、一流研究基地，推出一批服务经济社会发展的应用对策研究和有地方特色、区域优势的基础理论研究重大成果。具体目标是通过5年努力，使马克思主义理论研究与建设、重大理论与现实问题研究、国家级科研项目研究取得新突破；学科建设取得新进展，优势特色学科形成一批具有国内外重要影响的科研成果；新兴学科逐步发展壮大，完成一批标志性社科学术研究成果；社科研究基地建设、社会科学普及、对外学术交流、人才培养与创新团队建设取得新成效；制度创新、经费投入、事业发展、成果转化和管理工作形成新的长效机制，为哲学社会科学的繁荣发展创造良好条件。

为充分发挥哲学社会科学“认识世界、传承文明、创新理论、咨政育人、服务社会”的重要作用，拓宽哲学社会科学研究成果的转化、交流和推广渠道，我们将新近结项的“十一五”社科规划项目研究成果的主要内容和重要观点选编为《云南社科成果集萃》（第六辑）加以出版，供各级党委、政府部门和高校、科研单位及广大社科工作者参考。

《云南社科成果集萃》（第六辑）由省哲学社会科学规划办公室组织编辑，云南大学出版社出版。省社科院纳文汇研究员负责统稿并撰写了前言。在此，对有关单位和人员给予的大力支持表示衷心的感谢。

由于本书编辑时间仓促，加之编者能力和水平有限，疏漏和不妥之处在所难免，恳请读者批评指正。

云南省哲学社会科学规划办公室

2011 年 12 月

目　录

马列·科社

党史·党建

哲　学

经济学

政治学

法　学

国际问题研究

社会学

民族问题研究

宗教学

历史学

文　学

语言学

图书馆·情报与文献学

体育学

教育学

艺术学

附　录

马列·科社

社会主义核心价值体系视阈中的大学生思想政治教育创新研究

一、课题研究的目的和意义

（一）研究的目的

（1）总结中国社会主义意识形态建设的经验，解读社会主义核心价值体系的内涵，把社会主义核心价值体系置于新时期社会主义意识形态建设的背景中，分析社会主义核心价值体系作为“社会主义意识形态本质”的原因和表现。

（2）以云南省为样本，深入调研大学生思想政治状况和大学生思想政治教育工作开展的情况，把握当前大学生的思想动态，找出影响大学生思想状况的具体因素，结合构建社会主义核心价值体系的要求，提出加强和改进大学生思想教育的思路和方法。

（3）理论联系实际，在社会主义核心价值体系视阈中研究大学生思想政治教育的创新，在大学生思想政治教育内容、大学生思想政治教育方法机制和保障机制等方面形成创新性的研究成果，并推动这些研究成果在大学生思想政治教育实践中的应用，在创新大学生思想政治教育的同时丰富社会主义核心价值体系的实践内涵。

（二）研究的意义

该课题以此为背景探讨了社会主义核心价值体系视阈中的大学生思想政治教育的创新问题，其研究范围涉及“社会主义意识形态理论研究”、“社会主义核心价值体系解读”、“大学生思想政治教育保障机制创新”、“大学生思想政治教育工作方法机制创新”和“大学生思想政治教育内容创新”等方面。

改革开放以来，中国经济社会迅速发展，人们的思想发生了重大而深刻的变化。中国社会主义建设在不断创造发展奇迹的同时，也在经济社会发展和人们意识形态领域累积着越来越令人担忧的问题。最令人担忧的是人们思想领域的问题，其中尤为突出的是大学生的思想问题。

大学生是中国特色社会主义事业的建设者和接班人，国家和民族对他们寄予了厚望。但是，西方国家也把“和平演变”的重点放在了他们身上，并想以此达到颠覆社会主义国家的目的。由于传统思想政治教育观念和方式方法的原因，许多大学生的思想、道德和意识形态领域出现了真空。

中国特色社会主义理论创新与实践创新推动着社会主义意识形态的发展，社会主义核心价值体系既是上述创新和发展的结果，也是大学生思想政治教育创新的原因。构建“社会主义核心价值体系”的重大决策，为思想政治教育的改革提出了更高的要求，同时也给大学生思想政治教育理论的创新提供了重要的指南。

二、研究成果的主要内容、重要观点

（一）对社会主义意识形态的考察

1. 社会主义意识形态的由来

马克思在《德意志意识形态》中批判资产阶级意识形态的"观念统治世界"、"阶级利益的普遍意义"的虚假性时，是在否定意义上使用意识形态概念的。实际上，在人类进入阶级社会以后，广义上的意识形态在不断丰富发展的同时逐步演化出了狭义上的意识形态，意识形态的阶级性、政治性及其在某种意义上的虚幻性由此得以确立和巩固。社会主义意识形态是狭义的科学的意识形态，它反映了社会主义国家经济基础与上层建筑的矛盾运动，并在上层建筑中处于核心和灵魂地位。

2. 中国社会主义意识形态建设情况

以毛泽东为核心的党的第一代中央领导集体，是中国社会主义意识形态的创立者；以邓小平为核心的党的第二代中央领导集体，为在新的时代背景下开展中国特色社会主义建设提供了强大的政治保障和精神动力；以江泽民为核心的党的第三代中央领导集体，为新世纪中国共产党提出的构建"社会主义核心价值体系"的意识形态战略奠定了坚实的理论基础和实践基础；党的十六大后，以胡锦涛为总书记的中共中央从新世纪中国特色社会主义建设的实际出发，提出了"社会主义核心价值体系"，标志着我们对于社会主义意识形态建设规律的认识，实现了又一次新的飞跃。

3. 新时期中国社会主义意识形态面临的挑战

随着国内国际形势的发展，目前意识形态领域主要面临着经济全球化和政治多极化的挑战，同时还面临着进一步扩大改革开放和深化市场经济体制改革对人们思想冲击的挑战，以及现代科学技术迅猛发展和网络媒体无所不包、无处不在的挑战。在新的形势下，我们在意识形态领域应对挑战的能力和化解矛盾的能力直接影响着国家的安全稳定和中国特色社会主义建设的全局。

4. 提出构建社会主义核心价值体系的必要性

构建社会主义核心价值体系，为进一步巩固和壮大社会主义意识形态注入了新的活力，有利于巩固我们在社会主义意识形态领域的主动权、主导权和话语权，也有利于团结凝聚不同阶层、不同认识水平的人们共同前进。

（二）对社会主义核心价值体系的解读

1. 社会主义核心价值体系是社会主义意识形态的本质体现

任何一个社会都存在多种多样的价值观念和价值取向，社会主义核心价值体系，就是围绕建设中国特色社会主义这个主题展开的，是为坚持和发展中国特色社会主义道路服务的。通过构建社会主义核心价值体系，发展主流意识形态、整合社会意识，是社会系统得以正常运转的基本途径。

2. 社会主义核心价值体系是加强新时期党建的必然要求

“重视理论建设和理论指导，是我们党的一个根本特点。重视在思想上建党，是我们党的一条重要政治经验。”尤其是随着党的群众基础和组织基础的扩大，对原来相对“单纯”的组织建设和思想建设提出了新的更为复杂的价值要求。如何应对社会层面意识形态“弱化”的问题，如何在组织层面加强对各行业民营企业家的政治教育和思想引导是新时期党建的一项重要课题。

3. 社会主义核心价值体系是建设社会主义和谐社会的重要任务

随着市场经济体制改革的不断深入，中国社会贫富差距、城乡差别和东西差别越来越大。这种现实中的利益差别虽然是市场经济体制配置资源的表现方式，但是过大的贫富差距却与社会主义基本原则相违背，同时也是对社会主义意识形态的直接挑战。把构建社会主义和谐社会的战略目标与社会主义核心价值体系的建设有机地结合起来，使社会主义和谐社会不仅明确了经济社会发展的和谐目标，也具备思想和谐、价值和谐、文化和谐的目标。

4. 社会主义核心价值体系是大学生思想政治教育的根本指南

社会主义核心价值体系是一个四个方面层层递进、各有侧重而又点面结合的价值体系，具有很强的操作性。它和以往“高高在上”的社会主义意识形态相比，其中一个明显的特点就是实现了“扩容”和“分层”，从而更加易于大学生学习和接受，充分满足大学生在思想、政治和心理上的需求。

（三）在社会主义核心价值体系视阈中创新大学生思想政治教育

1. 社会主义核心价值体系视阈中大学生思想政治教育内容创新

首先，在大学生群体中推进马克思主义“大众化”。所以，马克思主义不仅是贯穿社会主义核心价值体系的灵魂，也是贯穿大学生思想政治教育的灵魂，大学生对马克思主义的认识程度和掌握程度不仅决定着大学生思想政治教育的效果，也决定着高等教育人才培养的成败。

其次，将共同理想和个人理想统一于大学生学习生活实践中。在大学生思想政治教育工作实践中，要引导大学生体验中国特色社会主义事业所具有的旺盛生命力，有意识地用中国改革开放30多年经济社会发展的伟大成就激励学生，让他们认识到自己是这个伟大过程的参与者和见证者，认识到自己是中国特色社会主义建设成果的受益者。同时，要引导大学生明确自己肩负的民族责任和社会责任，鼓励他们在建设中国特色社会主义事业中建功立业，做继续参与、继续推进中国特色社会主义事业的建设者和接班人。

再次，用传统文化的精华和时代精神的要义丰富大学生思想政治教育。对大学生进行爱国主义教育，深入挖掘中华民族的精神宝矿，增强大学生的民族自豪感，自觉抵御外来不良文化及社会低级文化的影响和侵蚀，使当代大学生成为中华民族优秀传统文化的继承者和传播者，使以爱国主义为核心的民族精神成为他们实现个人全面发展的强大精神动力。

最后，引导大学生知荣明耻，提高大学生思想道德水平。在大学生思想政治教育实践中强调荣辱观教育，必须坚持在建设中国特色社会主义的大背景下进行，坚持马克思主义的指导，坚持科学社会主义理想信念的引导，充分发掘中华民族优秀传统文化丰富的资源，引导学生知荣明耻、立德修身，在道德实践中处理好个人成长与祖国、人民、社会的关系，树立以“八荣八耻”为主要内容的社会主义荣辱观。

2. 社会主义核心价值体系视阈中大学生思想政治教育方法机制创新

首先，坚持以人为本的工作方法，在关键时刻帮助大学生克服困难、提高思想。在社会主义核心价值体系的视阈中改进大学生思想政治教育工作的方法，首先要落实以人为本和人文关怀，对大学生开展思想政治教育最好的时机是帮助他们解决现实困难的时刻，我们在对大学生教育管理的实践中要善于找到他们的心灵触点，既要做好“锦上添花”的事，更要帮好“雪中送炭”的忙。

其次，坚持综合集成的工作方法，形成大学生思想政治教育的通力、合力。

社会主义核心价值体系是对大学生开展思想政治教育的“一块整钢”，社会主义核心价值体系强调的核心内容，把党的主张、国家意志和人民意志统一起来，把政治与伦理、理想与现实集中起来，形成了大学生思想政治的核心理念和内容。

再次，坚持点面结合的工作方法，对大学生思想政治教育不搞一刀切。对大学生开展思想政治教育工作必须根据大学生的实际情况因材施教、量体裁衣，既要把大学生纳入整个社会主义核心价值体系的视野，也要客观看待他们在不同的价值层次相对集中的事实，在工作方法上要把对面上的要求和对点上的要求结合起来，用发展的眼光看待和促进大学生思想政治水平的提高。

复次，坚持疏导为主的工作方法，做到以事服人、以理服人、以情服人。区别于以往封堵式的防御，当今帮助大学生抵御西方不良社会思潮的影响应该以疏导为主，教育者的位置应该从挡在学生和西方思潮中间变为站在学生身边，在保护他们的同时引导他们一起直面威胁。在大学生思想政治教育中做到以事服人、以理服人、以情服人，使他们在学习生活中自觉地接受真理排斥谬误。

最后，坚持全面覆盖的工作方法，拓展大学生思想政治教育的领域和空间。在对大学生进行思想政治教育的过程中还需积极利用第二课堂，拓展和延伸思想政治教育的领域和空间，引导学生自我学习、自我教育、自我提高。通过开展健康向上的校园文化潜移默化地感染和熏陶学生，使思想政治教育内容的形态从平面走向立体，从静态走向动态。

3. 社会主义核心价值体系视阈中大学生思想政治教育保障机制创新

首先，为大学生思想政治教育提供全员一体的组织保障。一体化的工作机制要求学校党委从总体上把握学生思想政治教育方向，确定学生思想政治教育工作理念和目标，实行学生工作一体化；党委学生工作部门要统一规划本科生、研究生思想政治教育工作，协调学生工作相关部门；要落实大学生教育观的思想，将学生思想政治教育工作贯穿和渗透到学校教学、科研、管理等各项工作中去，课内课外紧密衔接，实行教育教学一体化。

其次，为大学生思想政治教育提供健全完备的制度保障。大学生思想政治教育工作要紧紧抓住制度建设这个具有根本性、全局性、稳定性的重要环节，建立健全与法律法规相协调、与高等教育全面发展相衔接、与大学生成长成才相适应的思想政治教育和管理的制度体系，不断健全、完善学生思想政治教育的各项规章制度，为做好大学生思想政治教育工作提供强有力的制度保证。制定和完善大学生思想政治教育工作的各项规章制度，完善思想政治教育工作的目标管理制度和评价考核办法，调动学校全体人员参与思想政治教育工作的积极性、主动性和创造性，不断提高大学生思想政治教育工作科学化、规范化、制度化水平。

再次，为大学生思想政治教育提供丰富有效的载体保障。发挥大学生思想政治教育主渠道的作用；依托大学生组织建设，开展思想政治教育；开展形式多样的社会实践活动，丰富学生社会生活经验；推进和谐校园文化建设。

最后，为大学生思想政治教育提供专业敬业的队伍保障。随着形势的变化，新时期高校学生工作发生了很多变化，青年大学生的思想问题和实际问题更加复杂多样。有效地解决这些问题，仅靠以往的经验、习惯和热情是远远不够的，需要有一支用知识、技能和智慧武装起来的专业化、职业化的干部队伍作为各项工作的保障，以此作为加强和改进大学生思想政治教育工作的重中之重。

课题名称：社会主义核心价值体系视阈中的大学生思想政治教育创新研究

课题负责人：杨顺清

所在单位：云南师范大学

主要参加人：李正升　沈　毅　陈　勇

结项时间：2010 年 6 月 29 日

云南省宣传文化系统“四个一批”人才队伍建设研究

一、课题研究的目的和意义

“四个一批”人才是指一批全面掌握邓小平理论、“三个代表”重要思想和科学发展观，学贯中西、联系实际的理论工作者；一批坚持正确导向、深入反映生活、受到群众喜爱的名记者、名编辑、名主持人；一批熟悉党和国家方针政策、社会责任感强、精通业务知识的出版家；一批紧跟时代步伐、热爱祖国和人民、艺术水平精湛的作家、艺术家。国以才立，业以才兴。一个国家、一个民族，只有人才辈出，才能兴旺发达。我们党历来高度重视宣传文化战线人才工作，把人才培养作为发展宣传文化事业文化产业的关键所在。2005 年 3 月中共云南省委宣传部与省委组织部、省人事厅联合印发《全省宣传文化系统“四个一批”人才建设工作实施意见》，由省委宣传部牵头，在全省宣传文化系统组织实施了“四个一批”人才培养工程。五年来，经过全省宣传文化系统的共同努力，已收到了明显的成效，产生了较大的社会影响，带动和促进了宣传文化系统人才队伍整体素质的提高。

该课题有针对性地对我省五年来宣传文化系统“四个一批”人才队伍建设情况进行了专题研究，并提出相应对策和建议，对于进一步加强宣传文化系统人才队伍建设，充分发挥“四个一批”人才培养工程示范带动作用，推动我省宣传文化事业大发展大繁荣和民族文化强省建设，具有重要实践意义和指导作用。

二、研究成果的主要内容、重要观点和对策建议

（一）主要内容

1. 加强“四个一批”人才队伍建设的战略意义

课题提出，实施“四个一批”人才培养工程，是巩固马克思主义在意识形态领域指导地位、坚持社会主义先进文化方向的必然要求；是抓住和用好重要战略机遇期、大力提升文化软实力的必然要求；是全面建设小康社会、推动文化大发展大繁荣的必然要求；是造就思想大家和文化大师的必然要求；是建设民族文化强省的必然要求。

2. 云南省“四个一批”人才队伍建设现状分析

课题系统阐述省委宣传部按照省委、省政府实施人才强省战略的总体要求，在省人才工作领导小组的指导下，切实加强全省宣传文化系统“四个一批”人才队伍建设，加强组织领导，完善政策措施，为人才工作提供有力保障；严格选拔程序，坚持标准条件，注重发挥“四个一批”人才龙头和示范作用；加强教育培训，注重实践锻炼，不断提高人才队伍的能力和素质；搞好宣传推介，扩大人才影响，积极营造人才成长的良好舆论环境，努力发掘、精心培养和科学使用各类宣传文化人才，较好地发挥了龙头和示范作用，入选的“四个一批”人才和经营管理人才为我省经济社会发展作出了积极的贡献，充分发挥宣传文化人才在建设民族文化强省中的重要作用，为宣传文化事业发展与和谐文化建设提供了有力的人才保障和智力支持。

3. “四个一批”人才队伍建设指导思想和目标任务

(1) 指导思想：以邓小平理论和“三个代表”重要思想为指导，全面贯彻落实科学发展观和科学人才观，认真落实《国家“十一五”时期文化发展规划纲要》，坚持党管人才原则，坚持以人为本，解放思想、实事求是、与时俱进，把促进发展作为人才培养工作的根本出发点，紧紧抓住选拔、培养、使用人才三个环节，加强人才能力建设，创新人才工作体制机制，努力把人才集聚到繁荣发展宣传文化事业上来，为进一步建设社会主义先进文化、构建社会主义和谐社会提供人才保证和智力支持。

(2) 基本原则：坚持党管人才原则；坚持以人为本原则；坚持德才兼备的原则；坚持改革创新原则；坚持突出重点的原则；坚持分类管理的原则。

(3) 战略目标：2013 年，全省宣传文化人才队伍总量稳定增长，结构改善。省级“四个一批”人才、经营管理人才、新兴媒体人才总数达到 200 名。理论人才和决策咨询人才、经营管理人才、新兴媒体人才紧缺状况有效缓解；新闻、出版、文艺人才整体知识结构改善，学历结构提升；符合准入条件的基层文化人才、民族民间文化人才、文化产业从业人员有较大幅度增加。

(二) 重要观点和对策建议

该课题提出，“四个一批”人才选拔培养工程已经成为宣传文化系统培养造就高层次人才的重要平台。要根据宣传文化事业发展的需要，持续不断地实施这一人才选拔培养工程，要依托这个重要的人才培养平台，把我省宣传文化系统高层次人才队伍做大做强。

1. 以“四个一批”人才培养工程为龙头，逐步形成层次合理、门类齐全的人才培养体系

在工作对象方面要切实抓好“四个一批”人才的培养。在

专业门类方面既要抓好理论、新闻、出版、文艺界专业人才和经营管理人才的培养，又要把宣传文化科技人才纳入培养范围。

2. 建立和完善“四个一批”人才培养、使用和激励机制

一要完善人才选拔机制。坚持党管人才和德才兼备、群众公认的原则，按照公开、平等、竞争、择优的要求，营造人才辈出、人尽其才的环境。二要拓宽人才培养渠道。三要创造有利工作条件。在尊重学术研究和艺术创作规律的前提下，积极营造良好环境。四要完善动态管理机制。积极探索构成的各类人才评价指标体系，努力提高人才评价的科学水平。

3. 加强领导，为“四个一批”人才建设提供组织保障

（1）强化组织领导。坚持党管人才原则，形成党委统一领导，组织部门具体指导，宣传部门牵头抓总，有关部门各司其职、密切配合，协会组织分类管理，社会力量广泛参与，全社会齐抓共管的人才培养工作格局。

（2）加大资金投入。要牢固树立人才投入是效益最大的投入理念，不断加大对宣传文化人才工作的投入力度。提供人才建设必要的物质保证。

（3）加大宣传力度。利用多种宣传媒体，采取各种宣传方式，广泛宣传党和政府的人才政策，要加大宣传文化系统人才培养工作宣传力度，大力宣传实施人才强国战略的重大意义，宣传中央关于宣传文化系统人才培养工作的方针政策，宣传“四个一批”人才及其优秀成果，努力营造尊重劳动、尊重知识、尊重人才、尊重创造的良好氛围。

三、研究成果的学术价值、应用价值及社会影响和效益

该课题从实践和理论的结合上，在对全省五年来宣传文化系

统“四个一批”人才建设进行全面总结分析的基础上，将其规律性认识上升到理论高度，为进一步深化宣传文化系统“四个一批”人才队伍建设，充分发挥“四个一批”人才培养工程示范带动作用，促进宣传文化系统优秀人才的快速成长，推动我省宣传文化事业大发展大繁荣和民族文化强省建设，提供了理论支持。其成果内容翔实、联系实际，逻辑严密、层次分明，主题鲜明，立意高远，既有理论性又有实践性，既有思想性又有针对性，既有很强的实效性又有鲜明的时代特点，既符合云南宣传文化人才实际又符合中央和省委有关人才工作的决策和部署，对于我们做好当前和今后一个时期宣传文化人才建设工作、推进宣传文化事业发展具有十分重要的指导意义。

课题名称：云南省宣传文化系统“四个一批”人才队伍建设研究

课题负责人：曹　兵

所在单位：中共云南省委宣传部

主要参加人：柳爱萍　张晓平　顾　红　赵平南　瞿家荣　孙绍武　王　勇　罗　兴　张法海

结项时间：2010 年 11 月 29 日

推进大学生群体中的社会主义核心价值体系建设研究

——以民办高职院校为例

一、课题研究的目的和意义

推进民办高职院校大学生群体中的社会主义核心价值体系建设，既是巩固马克思主义在高校指导地位的需要，也是促进中国特色社会主义事业兴旺发达的需要，还是高职院校全面推进素质教育的需要。本项目研究的目的，是为了深入贯彻党的十七大精神，针对民办高职院校社会主义核心价值体系建设中存在的问题，采取各种行之有效的方法，努力实现观念创新、目标创新、内容创新、方法创新、途径创新、道德践行创新、管理体制创新、工作机制创新，切实把社会主义核心价值体系融入高职院校思想道德教育全过程。该项目的研究成果，对于不断增强大学生群体中的社会主义核心价值体系建设的针对性和实效性、全面推进素质教育具有重要的理论意义和实践意义。

二、研究成果的主要内容、重要观点

该项目的最终研究成果：《民办高职院校推进大学生群体中的社会主义核心价值体系建设研究报告》（以下简称《研究报

告》）和研究论文《简论高职院校大学生社会主义核心价值体系教育的改进创新》。《研究报告》共分四大部分，主要内容、重要观点和对策建议如下：

第一大部分：民办高职院校推进大学生群体中的社会主义核心价值体系建设的重要意义、制约因素及基本对策。

首先，分析了民办高职院校的学生特点、教师特点、办学特点，进而论述民办高职院校推进大学生群体中的社会主义核心价值体系建设的三方面重要意义：民办高职院校建设社会主义核心价值体系，是巩固马克思主义在高校指导地位的需要，是培育社会主义的合格建设者和可靠接班人的思想保证，是建设和谐校园的根本环节。其次，分析民办高职院校推进大学生群体中的社会主义核心价值体系建设的四个制约因素：一是一些学院领导对于社会主义核心价值体系建设在构建和谐校园中的重要性的认识不到位。二是思想政治理论课的地位偏低，制约着民办高职院校大学生群体中社会主义核心价值体系的教育。三是校园文化建设滞后，制约着民办高职院校在大学生群体中推进社会主义核心价值体系建设。四是一些科任教师教书育人的自觉性不高，对社会主义核心价值体系的认知度不够，影响社会主义核心价值体系在大学生群体中的推进。最后，提出了加强民办高职院校社会主义核心价值体系建设的六条对策建议：一是建立健全民办高职院校推进大学生群体中的社会主义核心价值体系建设的长效机制。二是加强和改进高职院校思想政治理论课教学，夯实大学生社会主义核心价值体系教育的理论根基。三是努力构建当代大学生核心价值观，深入推进高职院校大学生群体中的社会主义核心价值体系建设。四是创新大学生社会主义核心价值体系教育的方式。五是加强民办高职院校校园文化建设的力度，培育大学生社会主义核心价值体系教育的文化建设载体。六是大力加强师德师风建设和学风建设。

第二大部分：在高职院校各门思想政治理论课教学中全面推进大学生群体中的社会主义核心价值体系建设。

要充分发挥思想政治理论课的主渠道作用，把社会主义核心价值体系纳入高职院校开设的各门思想政治理论课教学中，既要突出、贯穿社会主义核心价值体系包含的四个方面的内容，还要结合当代高职院校大学生的思想、学习和生活实际，构建当代大学生核心价值观，抓好“爱党爱国、立身做人；勤学善思、立志成才；历练本领、立业为民”的教育，帮助大学生全面理解和准确把握当代大学生核心价值观。要全面推进当代大学生核心价值观进教材、进课堂，要使当代大学生核心价值观不断入脑入心，深入推进大学生群体中的社会主义核心价值体系建设。

1. 在“思想道德修养与法律基础”课程教学中加强社会主义核心价值体系建设

（1）在教学内容中凸显社会主义核心价值体系。

（2）以社会实践体验，认知和感悟社会主义核心价值体系。

（3）以多样化的教学方法加强社会主义核心价值体系教育。

（4）要注重化理论为德行。

2. 在“毛泽东思想和中国特色社会主义理论体系概论”课程教学中推进社会主义核心价值体系建设

（1）深入认识社会主义核心价值体系在《毛泽东思想和中国特色社会主义理论体系概论》教材中的重要地位。

（2）准确把握社会主义核心价值体系的基本内容，认清其对当代大学生的基本要求。

（3）注重社会主义核心价值体系与教材具体内容的有机结合，在实际教学中帮助学生树立正确的价值观。

3. 在“形势与政策”课程中推进社会主义核心价值体系建设

在深入分析民办高职院校“形势与政策”课程教学中对大

学生进行社会主义核心价值体系渗透教育的现状、困境及其原因的基础上，提出了在“形势与政策”课程中加强社会主义核心价值体系渗透教育的四条对策和措施：一是树立现代教育教学理念。二是严谨科学地实施“分层次”教学。三是充分采用现代多媒体教学手段教学。四是培养、激发学生的学习兴趣。

4. 民办高职院校加强“三生教育”，推进社会主义核心价值体系建设研究

（1）要把握社会主义核心价值体系建设与“三生教育”的关系。“三生教育”是建设社会主义核心价值体系的具体要求和体现。

（2）用社会主义核心价值体系引领“三生教育”。

（3）以“三生教育”促进社会主义核心价值体系建设。

（4）充分发挥民办高职院校的特点和优势，在“三生教育”中推进社会主义核心价值体系建设。

第三大部分：在民办高职院校学生日常思想政治教育和管理中推进社会主义核心价值体系建设。一是论述在民办高职院校学生日常思想政治教育和管理中加强社会主义核心价值体系建设的重要性和紧迫性。二是在学生日常思想教育和管理工作中构建推进社会主义核心价值体系建设长效机制的对策和措施：持之以恒地进行坚持马克思主义指导思想的教育，树立中国特色社会主义共同理想，培育以爱国主义为核心的民族精神，弘扬以改革创新为核心的时代精神，牢固树立自觉践行社会主义荣辱观的信念。

第四大部分：积极构建民办高职院校推进大学生群体中的社会主义核心价值体系建设的长效机制。一要切实加强党的领导，高度重视，要将社会主义核心价值体系建设与学校的科学发展、和谐发展、全面发展结合起来，统筹安排、严密组织、共同推进、持之以恒、一抓到底。教育引导大学生自觉践行“爱党爱国、立身做人；勤学善思、立志成才；历练本领、立业为民”

的当代大学生核心价值观。二要加强队伍建设，充分发挥党政干部和教职工在大学生核心价值体系建设中的作用。三要建立推进社会主义核心价值体系建设的工作机制。四要坚持以人为本，以学生为主体，切实把当代大学生核心价值观融入人才培养的全过程，贯穿到高职院校精神文明建设的各个方面，渗透到大学生学习生活的各个环节。五要建立健全社会主义核心价值体系教育的校内活动、社会实践的保障体系。六要建立健全评价体系、强化激励机制，努力构建推进大学生群体中的社会主义核心价值体系建设的长效机制。要构建既有科学性、创新性，又有较强针对性、可操作性的评价体系和长效机制，卓有成效地增强高职院校大学生群体中推进社会主义核心价值体系教育的针对性、广泛性和实效性，为培养高素质的技能型人才作出更大贡献。

研究论文《简论高职院校大学生社会主义核心价值体系教育的改进创新》，则主要探寻民办高职院校推进大学生群体中的社会主义核心价值体系建设应当实现的主要创新：一要着眼于民办高职院校的管理体制和人才培养模式的特点，实现观念创新；二要从民办高职院校大学生的思想实际出发，实现目标创新；三要把社会主义核心价值体系融入职业教育全过程，进行内容创新；四要针对民办高职院校大学生的思想心理特征，进行方法创新；五要以社会主义核心价值体系统领校园文化建设，实现途径创新；六要紧密结合职业教育的实验、实训和其他社会实践活动，进行道德践行创新；七要加强队伍建设，实现管理体制创新；八要加强制度建设，实现工作机制创新，建构既有科学性、创新性，又有较强的针对性、可操作性的社会主义核心价值体系建设的评价体系和长效机制。

选题创新之处：一是云南既是祖国统一的多民族大家庭的一个缩影，又处于对外开放、反渗透和反分裂的前沿，核心价值体系建设面临新的机遇和挑战。以云南为分析样本，研究大学生群体中核心价值体系建设具有典型性，有利于取得具有突破意义的新成果。二是以深入调研为基础，分析民办高职院校大学生思想心理特征和核心价值体系建设的发展规律，有利于在理论上取得新突破。三是把社会主义核心价值体系建设作为一项系统工程，贯穿到民办高职院校人才培养的各个方面和环节，综合运用多种方法，构建既有科学性又有可操作性的长效机制，有利于在实践上取得新成果。

方法创新之处：一是运用社会调查方法，深入省内多所民办高职院校调研，分析制约大学生群体中社会主义核心价值体系建设的主要因素，总结成功经验，找出存在问题，提出对策建议。二是采用系统分析综合方法，阐明民办高职院校推进大学生群体中的社会主义核心价值体系建设必须实现的八个创新。三是运用综合研究方法，建构科学的评价体系和长效机制，以期卓有成效地加强民办高职院校大学生群体中社会主义核心价值体系建设的实效性。

三、研究成果的学术价值、应用价值及社会影响和效益

（一）学术价值

研究成果的学术价值主要在于对探索高职院校思想道德建设的运行规律和民办高职院校大学生核心价值体系建设的发展规律及改进创新，丰富和发展思想政治教育学的基本理论和方法有重要学术价值。

（二）应用价值

研究成果的应用价值主要在于对采取多种行之有效的途径和方法，建立科学的评价体系长效机制，加强、改进和创新民办高

职院校大学生群体中的社会主义核心价值体系建设，培养全面发展的高素质技能型人才有重要应用价值，并能为党和政府主管部门提供决策参考。

（三）社会影响和效益

已公开发表的阶段性成果有3篇论文，并荣获中共云南省委高校工委、云南省教育厅征文评选三等奖（2008.9.17）1项，该课题的成果还被一些高职学院作为工作参考。

课题名称：推进大学生群体中的社会主义核心价值体系建设研究——以民办高职院校为例

课题负责人：毕国明

所在单位：云南师范大学

主要参加人：李坤杰　毕　伟　杨康贤　周　刚　刘土玉　杨晓霞　袁　媛　祁迎夏

结项时间：2010年11月29日

云南树立生态文明观研究

——以生态伦理教育为视角

一、课题研究的目的和意义

建设生态文明是党的十七大报告提出的实现全面建设小康社会奋斗目标的新要求的主要内容之一。建设生态文明，要以科学发展观为指导，在全社会牢固树立生态文明观念。中国特色社会主义生态文明既是社会主义生态文明的科学理论，又是社会主义生态文明发展道路的伟大实践，它的理论与实践的价值归旨是人和自然的和谐发展。当前举国上下同心协力建设生态文明，这既是促进我国国民经济又好又快发展与全面建设小康社会的重要指导原则之一，也是弘扬中华文化与建设中华民族共有精神家园的前提条件和重要内容。要推进生态文明建设，首先要对生态文明观展开深入的学术研究与广泛的宣传普及教育。实践表明，只有树立生态文明观，建设生态文明，才能摆脱工业文明的困境，确保科学发展观统领下的可持续发展。

目前，许多国家都在探讨建设生态文明的发展战略。“社会主义生态文明”是迄今为止人类历史上的最高级文明形态，是对人类文明发展经验的科学总结。无论从人类文明形态发展史的角度来说，还是从现代人类文明结构的角度来说，或是从人类同自然的关系来说，包含中国特色社会主义观的、当代中国共产党人倡导的生态文明观念，不仅在学术上对科学社会主义进行了理论创新，也在实践中把马克思主义与当代全球问题特别是中国具体国情结合起来，拓展了中国特色社会主义的发展前景，为社会主义回应全球性问题提供了新的广阔空间，给未来社会主义指明了方向。

该课题把“云南树立生态文明观研究”放在生态伦理教育的认识框架下，在云南省情与现代生态文明、现代生态伦理的碰撞中，获得对云南省生态文明建设发展中关于树立生态文明观问题的整体性、立体式的把握和理解，有助于拓展和深化对在云南边疆建设社会主义生态文明的理论认识，深刻理解党的十七大提出的建设社会主义生态文明的理论意义和实践意义。

二、研究成果的主要内容、重要观点和对策建议

（一）树立生态文明观的基本问题研究

树立生态文明观的基本问题研究主要是关于生态文明观与生态伦理教育的基础研究。

1. 概念辨析

关于生态文明观和生态伦理教育，存在着很多亟待理清和解决的问题，该课题着重于生态文明、生态文明观、生态伦理和生态伦理教育这四个概念的辨析，以便在深刻理解生态文明相关概念科学内涵的基础上，更恰当地以生态伦理教育为切入点，进行该课题的深入研究和最终研究目标的实现。

2. 生态伦理教育是生态文明建设的现实出发点

生态文明建设的现实出发点是开展有效的生态伦理教育。这是因为：首先，生态文明建设必须更新观念；其次，任何观念的更新都离不开教育；再次，生态文明观的树立内在地蕴涵着生态

伦理的人格追求；最后，生态伦理教育在生态文明建设中具有独特的优势。

（二）生态文明观与生态伦理教育的拓展研究

1. 生态文明建设与思想政治教育价值研究

就中国现阶段而言，建设社会主义生态文明，是一项长期、复杂而又艰巨的历史重任。为此，对以理想信念教育为核心，以思想道德建设为基础，致力于社会主义文明建设的思想政治教育而言，展开其在建设社会主义生态文明的历史进程中有何价值，怎样实现这些价值的问题探讨和分析，有着重要的理论意义和现实意义。社会主义生态文明建设的伟大事业赋予了同样具有教育属性的思想政治教育崭新的价值内涵。具体而言，在社会主义生态文明建设中，思想政治教育具有凝聚人心的目标导向价值，生态伦理环境的营造价值和理想信念的塑造价值。

2. 从思想政治教育的角度展开生态文明观伦理形塑的研究

在今日中国，党和政府关于科学发展的战略已经指明了生态文明建设的方向，但生态文明建设的具体实施才刚刚起步，作为一项规模宏大的系统工程，如何把握它的历史背景和实现条件，如何认识它面临的有利条件和不利因素，如何平衡方方面面的利弊得失，如何实现政治、经济、文化、社会生态环境的协调发展，深受社会各界的关注。课题拟从思想政治教育的学科特点出发，将促进社会主义生态文明建设的研究视角对准树立生态文明观的领域，将其研究放在思想政治教育、生态伦理教育、生态文明观伦理形塑的认识框架下，在中国国情与现代生态文明、现代生态伦理教育以及现代思想政治教育的碰撞中，获得思想政治教育关于树立生态文明观问题的整体性、立体式的把握与理解，有其不容忽视的理论价值和实际运用价值，同时也具备科学研究的合理性和可行性。

因此，该课题研究认为：

(1) 开展思想政治教育视野中生态文明观伦理形塑研究具有重要意义。

(2) 开展思想政治教育视野中生态文明观伦理形塑研究具有极大的合理性。

(3) 开展思想政治教育视野中生态文明观伦理形塑研究具有可行性。

(4) 对策建议：①确立可行的研究目标。②构建科学的研究内容。要通过对现有研究成果的全面梳理和系统研究，全面探索思想政治教育、生态伦理教育在树立生态文明观中的基本特征、地位作用以及内容体系、基本路径。③准确把握亟须突破的重点和难点。重点是探索解决矛盾的途径与方法。难点是在有限的资金和时间内对目前我国生态文明观现状的调查问卷的设计与实地调查。

总之，要在现有条件下，充分发挥主观能动性，在坚持调查研究的基础上，大胆尝试在我国树立生态文明观研究中探索以思想政治教育、生态伦理教育为路径的实践措施，继承中国共产党人坚持思想领先原则，注重对全国人民进行思想动员和思想政治教育的光荣传统，建构我国本土化的具有现代意义的生态文明观的理论体系，以达到指导和谐社会建设中生态文明建设实践的目的是完全可行的，也是值得投入的。

（三）云南树立生态文明观的现实研究

1. 云南树立生态文明观的现状

(1) 云南民众中生态道德主流是积极、健康的，但多是自发形成的。

(2) 云南民众生态意识普遍较好，但主动环保的意识不强。

(3) 云南民众生态责任感整体上较强，但还没有形成足够的生态道德约束力。

2. 在树立生态文明观中努力构建云南生态文明道德文化体系

（1）问题的提出。

（2）对策的探讨：①生态文明道德文化体系的构建必须以更新观念为前提；②生态文明道德文化体系的构建内在地蕴涵着生态伦理的人格追求；③生态文明道德文化体系的构建在生态文明建设中具有独特的优势。

（四）科学发展观对生态文明建设的引领

（1）科学发展观以发展为要义引领着生态文明建设的时代主题。

（2）科学发展观以人为本的核心价值引领着生态文明建设的价值取向。

（3）科学发展观以全面协调可持续为基本要求引领着生态文明建设实践体系的构建。

（4）科学发展观统筹兼顾的根本方法引领着生态文明建设的发展路径。具体如下：①理论宣传与实际操作的统筹；②观念更新与规范管理的统筹；③先进性要求与广泛性要求的统筹；④理论规划与努力工作的统筹。

三、研究成果的学术价值、应用价值及社会影响和效益

（一）学术价值

该研究成果澄清了概念，理清了思路，加强了对党的十七大提出的建设社会主义生态文明的理论和实践的系统论证，为增强实践操作效果提供了理论依据。

（二）应用价值

该研究一方面探索了在云南边疆树立生态文明观的途径与方法，推进对建设社会主义生态文明的理论认识和实践探索；另一方面针对解决云南思想理论教育和公民德育实践的现实问题，探讨了提高思想政治教育的实效性，培育适应生态文明建设的思想道德文化体系的问题，为各级政府在生态文明建设中提供了有力的理论支持和具体的实践指导。

（三）社会影响和效益

该研究扩大了生态文明建设在民间的影响力，在实际调查地产生了良好的社会影响和一定的社会效益。对于落实党的十七大提出的贯彻科学发展观，建设和谐社会，实现我国全面建设小康社会战略目标的新要求，在全社会牢固树立生态文明观念，推动生态文明建设具有十分重要的现实意义。

课题名称：云南树立生态文明观研究——以生态伦理教育为视角

课题负责人：宋锡辉

所在单位：云南师范大学

主要参加人：宋余庆　周　丽　吴若飞　张国华　童贤成　范　晓　蒋见证

结项时间：2010 年 12 月 25 日

当代国外马克思价值转型问题研究的新进展

一、课题研究的目的和意义

价值转型问题是马克思《资本论》价值向生产价格转化的问题。自1849年《资本论》第3卷出版以来，国外围绕价值转型问题的争论一直持续不断。转型问题的解答不仅关系到《资本论》第1卷与第3卷之间的逻辑能否成立，同时也关系到马克思整个经济理论体系能否成立。中国共产党提出“坚持和巩固马克思主义在意识形态领域的指导地位”，表明这一问题不仅是马克思经济学需要回答的重大问题，而且也是我国意识形态的一个重大问题。所以研究这一课题具有十分重要的理论意义和现实意义。

选择“当代国外马克思价值转型问题研究的新进展”作为论题，是因为：（1）价值转型问题是国外学者在马克思经济学中争论最为激烈的一个问题，争论包括了马克思经济学中的很多具体问题，如劳动价值论、生产价格理论、利润平均化趋势、经济增长理论、经济波动理论等等；（2）西方学者对这些问题的解答是不全面或不科学的，该课题按马克思的逻辑方法，对这些问题逐一展开讨论，并给出科学合理的解答；（3）通过系统研究，把握西方学者对马克思经济学研究的新动态；（4）结合西方经济学的现代分析方法，改造和发展马克思经济学。

二、研究成果的主要内容、重要观点

《21世纪马克思价值转型问题研究综述》一文重点论述21世纪以来，中外学者对马克思价值转型问题的研究，主要从肯定、否定以及其他观点三方面展开论述，最后的结论是马克思的转型理论是正确的。商品的价值可用劳动时间计量也可用货币计量，无论采用哪种计量，都不会改变马克思转型理论中的相关结论。价值和生产价格的计量单位是一致的，转型后的生产价格和利润只不过是价值和剩余价值的另一种表现形式。价值、一般利润和生产价格的决定时间是不一致的，价值的决定时间先于一般利润的决定时间，一般利润的决定时间先于生产价格的决定时间。对转型问题研究的困难，不是价值与生产价格本身的复杂性所引起的困难，而是研究者所采用的方法论的困难。就转型问题来说，只要从劳动价值论出发，严格按照马克思的逻辑思路，就不难说明它的正确性。

《当代国外对马克思劳动价值论和生产价格理论的新发展》一文认为马克思的劳动价值论是剩余价值学说的基础，是马克思主义政治经济的理论基石。国外马克思主义经济学家对马克思劳动价值论进行了大量研究，在理论研究、方法论和实证分析上都取得了大量成果。将边际分析、投入产出等现代分析方法运用于劳动价值的分析，对劳动价值的计量和其他方面进行了有益的探索，在此基础上运用边际分析对经济危机产生的原因进行了简单而深刻的分析。运用投入产出分析结合实际数据分析了劳动价值和生产价格之间的相关关系，从而证实了在经济实践中价值和价格是高度相关的，极大地丰富了马克思的劳动价值论和生产价格理论。

《马克思价值转型焦点问题研究》一文首先对西方经济学家争论的各种问题进行了归纳概括，提出了十大焦点问题，这些问题基本上覆盖了西方经济学家对马克思价值转型问题争论的全部内容；其次，建立大量的数学模型，对马克思转型理论进行了定量分析，为进一步研究马克思经济学提供一种新的研究思路；最后，按照马克思的逻辑方法，对西方经济学家争论的焦点问题逐一进行解答，有力驳斥了西方反马克思主义者的观点。在对所争论问题的解答过程中，实际上提出了一种解决马克思价值转型问题的新方法。

《逆转型问题研究》一文认为转型问题是马克思主义者和西方经济学家争论的一个焦点问题，自萨谬尔森 1957 年发表的《工资与利息：马克思主义经济模式的现代解析》提出“逆转型”问题以来，这一问题一直在争论。课题结合马克思经济学基本假设，证明了并不存在所谓的“逆转型”问题。

《马克思的价值和价格理论与西方经济学中的其他几种价值、价格理论的比较研究》一文认为马克思的劳动价值论是马克思主义经济学的基础和核心内容之一。它批判地继承了古典经济学的研究成果，并极大地发展和丰富了劳动价值论。通过比较分析，指出了马克思的劳动价值论和西方经济学其他几种代表性的价值论和价格论在本质上的不同，指出了效用理论、均衡价格理论等在对待价格的形成、价格和价值的关系以及价值的本质等方面问题的局限性。明确提出了在市场经济条件下，马克思的劳动价值论更应该借鉴新的研究技术和方法，使其更加科学化、创新化。

《资本论》第 1 卷与第 3 卷之间是否存在矛盾——《对批判的反批判》一文从庞巴维克对《资本论》的批判：“马克思的第 3 卷否定了第 1 卷，平均利润率和生产价格理论同价值就是不可调和的。”开始，综述了朱奎通过运用历史分析方法，构建静态和动态转型模型及逻辑分析与动态分析有机结合的理论，付廷臣用马克思经济学的方法分析价值转型问题是特定阶段上的价值与价格关系问题以及 Fred Moseley 从 Foly 关于马克思的理论得到的解读，分析其结论是错误的，认为朱、付二人的观点与 Fred Moseley 的结论一致：（1）马克思的生产价格理论完全是合乎逻辑的，且与《资本论》第 1 卷的逻辑是一致的。（2）利润率是不会改变的，它是由生产价格确定的。（3）总价格价值等于净价格总和，利润总和等于总剩余价值等。从正面肯定马克思劳动价值论和生产价格理论，对庞巴维克等人的批判进行了有力的反驳。

三、研究成果的学术价值、应用价值及社会影响和效益

20 世纪 80 年代，关于转型问题基本形成了两种意见：一种持否定态度，进而否定转型问题的存在；另一种认为劳动价值论是科学的，但马克思未能把它投入生产化，且处理转型问题存在技术性的缺陷。因此自 20 世纪 80 年代以来，批判马克思转型理论的很少，而且对马克思转型理论持赞同或者部分赞同态度的学者提出了一些新的看法。

课题对西方马克思转型问题研究的最新进展进行了比较全面的分析，基本反映了西方“转型问题”研究的最新进展，运用了现代经济分析方法，对马克思经济理论的一些基本问题进行了现代分析，比如使用边际分析和一般均衡的分析方法对劳动价值进行了现代分析，通过数量方法对劳动价值等一系列概念进行了计量，课题的这些成果有效地促进了马克思主义劳动价值论的科学化和数量化。所以研究成果具有十分重要的学术价值和应用价值，具有深远的社会影响和极大的效益。

课题名称：当代国外马克思价值转型问题研究的新进展
课题负责人：吕昌会
所在单位：云南财经大学
主要参加人：陈亚雯　欧阳天治　高　明
结项时间：2011 年 2 月 17 日

云南边疆民族地区稳定与农村警务战略实证研究

一、课题研究的目的和意义

云南边疆民族地区的稳定和谐是建设和谐云南的必然要求和重要内容，也是国家安全稳定和建设社会主义和谐社会的必然要求与重要内容。党的十七大报告提出“改革和加强城乡社区警务工作”，明确了社区警务工作与促进社会和谐之间的必然联系。社区警务工作，是加强基层政权建设、筑牢执政根基的基础工程，是促进社会和谐的重大战略举措，受到各级党委、政府的高度重视。由于农村发展严重滞后，社区警务战略的重点和难点是在农村。云南是一个欠发达的多民族的边疆省份，农村警务战略的实施对于维护社会稳定、构建和谐边疆具有重要的意义。云南各级政府和公安机关，克服困难，改革创新，长期以来坚持不懈地推进社区和农村警务战略，在全省各地社区村寨建立了警务室，成千上万的社区（片区）民警奋斗在维护社会稳定的第一道防线，其中大部分分布在边疆民族地区。由于云南边疆民族地区往往集“边疆、民族、贫困、山区”特征为一体，深入推进农村警务战略往往面临经费保障不足、体制机制不顺等许多困难。因此，开展该课题研究，对掌握云南农村警务战略特别是边疆民族地区社会稳定形势和警务战略实施情况，剖析突出问题、探讨对策建议，具有重要的理论意义和实践意义。

二、研究成果的主要内容、重要观点和对策建议

该课题最终研究成果为研究报告《云南边疆民族地区稳定与农村警务战略实证研究》，共分四部分，其主要内容、重要观点如下。

（一）影响云南边疆民族地区稳定因素调查

当前云南和全国一样，正处于经济转轨、社会转型的特殊时期，人民内部矛盾凸显、刑事犯罪高发、对敌斗争复杂，维护社会稳定工作面临的挑战和风险不断增多。云南省情决定云南边疆安全和社会稳定面临的矛盾和问题必然有其特殊性和复杂性。“三股势力”（即涉毒、涉赌、涉枪犯罪）及境外敌对势力渗透等问题比较突出，同时民族、宗教问题始终是必须妥善处理的重大问题。这些问题是全省性问题，德宏、西双版纳、临沧、红河、保山等云南边疆民族地区由于地处边境，比较云南其他州市更为突出，比较全国其他省市则是前沿阵地。近年来，发展加速、利益格局分化加剧，群体性事件成为影响社会稳定的主要因素。如何有效化解社会矛盾、有效预防和妥善处理多发的群体性事件是各级政府面临的重大挑战。而在农村地区，侵财性案件突出，严重暴力犯罪时有发生；拐卖妇女儿童案件屡打不绝，邪教和非法宗教活动及宗族势力抬头；个别地方黑恶势力称霸乡里，毒品违法犯罪依然严重；因山林、土地、水利等各类纠纷引发的群体性事件逐年递增。这些都是云南公安工作面临的客观形势。

（二）云南农村警务战略实施情况调查

云南省农村警务工作主要是按照公安部《关于实施社区和农村警务战略的决定》和云南省公安厅《关于进一步加强城市社区和农村警务战略的意见》来实施。到2008年，云南省社区警务室数为4 721个，其中城区警务室数为1 048个，农村警务室数3 673个，驻村民警3 000多人；装备保障基本上达到“三有”（即有室、有警、有制度）和“7+1”（即一名民警、一间办公室、一套办公桌椅、一套工作制度、一部电话、一辆交通工具、一套工作台账和一台电脑），警务室设置和民警配置已基本上达标。农村警务工作全面推进，成为维护农村社会稳定的第一平台。2008年以后，社区警务工作重心向强化保障、规范运行、深化内涵发展。从2009年开始，公安机关积极推进公安信息化、执法规范化、构建和谐警民关系为内容的三项建设，以及以社会矛盾化解、公正廉洁执法、社会管理创新为内容的三项重点工作。这些工作也体现了社区警务的主要原则和要求，尤其是社会矛盾化解、社会管理创新、构建和谐警民关系、大走访等工作，在推进公安群众工作发展和维护社会稳定方面发挥了巨大作用，极大地丰富和发展了社区和农村警务的内涵，同时也是对公安理论的丰富和发展。

（三）云南农村警务维护边疆稳定机制研究

公安部《关于实施社区和农村警务战略的决定》，是目前为止关于实施社区和农村警务战略的纲领性文件。云南省公安厅及各地公安机关结合实际制定了实施社区和农村警务战略的指导性意见，从而形成了社区和农村警务战略的制度体系和内在机制。农村警务战略的机制，在实施过程中更多地体现了农村社会特点。农村警务战略贯彻专门工作与群众路线相结合的方针，立足辖区、依靠群众，优化警力配置，规范警务运作，以维护社会稳定、服务人民群众、实现执法为民为根本任务，以实现“发案少，秩序好，社会稳定，群众满意”为工作目标。农村（社区）警务，党和政府高度重视，各级公安机关负责具体实施。一般实行一把手负总责，分管领导负直接领导责任，治安部门领导负责具体组织实施。派出所负责对警务室的建设管理，实行所长负责制，社区民警负责社区各项业务工作，是社区警务工作的直接责任人，主要承担五项职责任务，即开展群众工作、掌握社情民意、管理实有人口、组织安全防范、维护治安秩序。社区和驻村民警保持相对稳定，一般在社区和农村工作不少于5年。为调动社区民警工作积极性，规定了对社区和驻村民警工作的管理、监督、考核、奖励制度，并坚持“干部从基层出”的原则，基层所（队）长优先从优秀社区和驻村民警中提拔。为维护边疆稳定，云南公安机关在实施农村警务战略的过程中，坚持打防结合，着力健全完善防控力量、防控基础、防控网络、防控机制、防控保障，提高防控能力。针对当前各类矛盾凸显的实际情况，将社会矛盾化解作为警务工作的重中之重，“抓早、抓小、抓苗头”，及时将各种矛盾纠纷化解在萌芽状态，力求“小事不出村，大事不出镇，矛盾不上交”，从源头上维护社会的和谐稳定。同时始终保持对刑事犯罪高压态势，以打促防、以打促稳，预防并减少犯罪，切实保护人民群众生命财产安全。

（四）深入推进云南农村警务战略对策研究

农村警务战略作为社区警务战略的一部分，其发展应该置于社区警务战略的大视野下进行研究。我国的社区警务战略具有深厚的历史文化传统，古代的井田制、保甲制等制度中就包含着现代社区警务的理念和方法。新中国公安机关以全心全意为人民服务为宗旨、以群众路线为根本政治路线和组织路线，坚持专群结合的公安工作方针，实行条块结合的公安工作体制，特别是公安派出所和警务责任区的划分、以群防群治为基础的治安防控体系建设等，都具有浓厚的社区警务特征。深入推进云南农村警务战略要坚持社会治安综合治理方针，充分发挥公安机关主力军作用的同时，注意充分发挥我国社会主义制度的优势，使维护社会治安工作，成为党委、政府领导下的社会系统工程，充分体现我国农村（社区）警务的中国特色和中国优势；同时要结合当前公安中心工作，以大走访活动、和谐警民关系建设、社会矛盾化解、社会管理创新、规范执法以及公安信息化等为契机，强有力地推进社区警务的发展，进一步丰富社区警务的理论和实践。

三、研究成果的学术价值、应用价值及社会影响和效益

课题系统研究了影响云南社会稳定的具体因素，重点对边疆民族地区的影响稳定的突出因素进行了系统归纳，对农村警务战略的实施情况和运行机制进行了深入调研，提出了深入推进农村警务工作的对策建议。课题研究的阶段性成果已公开发表，课题提出的对策建议成为公安部门决策的重要参考，课题组主要成员直接参与了省公安厅“大走访”、构建和谐警民关系等重要文件的起草工作，课题多项建议被采纳，转化为指导公安工作的制度规范和具体行动，具有重要的学术价值、应用价值。

课题名称：云南边疆民族地区稳定与农村警务战略实证研究
课题负责人：黄　荣
所在单位：云南警官学院
主要参加人：陈伟红　李　光　陈　玉　徐　南　黄晓平
阮惠风　和万传　李　荣　鄢本凤　张育勤
结项时间：2011 年 7 月 11 日

云南边疆民族地区社会主义核心价值体系建设研究

一、课题研究的目的和意义

该课题研究的目的在于，通过对社会主义核心价值体系建设原则的深入探讨，联系云南边疆、民族特点，探索建设社会主义核心价值体系的特殊路径和方法原则；收集整理云南边疆民族地区建设社会主义核心价值体系的实际状况的资料，分析云南边疆民族地区建设社会主义核心价值体系的状况，取得的成效，面临的问题、困难及其原因；提出云南边疆民族地区建设和谐文化，加强社会主义核心价值建设体系的对策建议和构想。为地方党委、政府建设云南边疆民族地区文化，以及推动社会主义核心价值体系建设，提供决策建议；为社会主义核心价值体系建设的学术研究提供进一步研究的参考。

二、研究成果的主要内容

该课题研究的主要内容包括五大方面：一是研究云南边疆民族地区社会主义核心价值体系建设的理论意义和实际价值；二是云南边疆民族地区社会主义核心价值体系建设的优势和特点；三是云南边疆民族文化建设的实施与社会主义核心价值体系建设目

标和任务的实现；四是云南边疆民族地区社会主义核心价值体系建设中形成的经验和模式；五是推进云南边疆民族地区社会主义核心价值体系建设和民族和谐文化建设应处理好的几大关系和应注意的问题。

社会主义核心价值体系建设作为文化建设的重要内容，其突破口应紧紧扣住云南边疆民族社会经济发展和文化建设的实际，从云南的民族特点和边疆实际出发，结合云南省情，抓住云南在全国少数民族自治地方最多、特有民族最多、跨境民族最多、人口较少民族最多，多民族群体共存、多文化形态共生、多文化成果共享的典型地方实际，在各种文化思想的交融碰撞中，推进社会主义核心价值体系建设应形成多层次、多步骤的政策要求和分步推进的政策模式，在总结实践经验的基础上，提出维护边疆稳定、社会和谐，增进民族团结；巩固和扩大社会主义先进文化阵地，维护国家文化安全；促进各民族文化的和谐发展，促进中华文化大发展大繁荣；提供云南经济社会协调发展的思想文化保障的政策目标。

云南边疆民族地区社会主义核心价值体系建设，应紧密结合时代的发展和云南特殊的地缘文化环境，形成以社会主义核心价值体系引领云南边疆民族和谐文化建设，团结和凝聚各族人民力量的文化精神状态。

当前，世界范围内社会主义和资本主义在意识形态领域的渗透和反渗透的斗争将是长期的、复杂的，有时甚至是非常尖锐的。民族众多的云南省地处边疆，面临着西方敌对势力“西化”、“分化”的威胁和挑战，面临着维护边疆稳定、社会和谐的重任。同时，在社会主义条件下，民族宗教问题将长期存在；各少数民族根本利益一致，但是在某些具体利益上仍然会发生矛盾和纠纷；历史上遗留下的经济、文化上的差距不会在短时间内消除等。因此，社会主义核心价值体系提供了一种在边疆民族地区进行和谐社会建设所需要的文化认同和价值标准。以社会主义核心价值体系引领云南民族和谐文化建设，大力弘扬少数民族优秀传统文化，能有效抵御西方不良文化和腐朽文化渗透，巩固和扩大社会主义先进文化阵地，维护文化安全，切实提高国家软实力。云南民族文化具有丰富多样的特色。云南是我国民族种类最多的省份，仅5 000人以上的少数民族就多达25个，其中15个民族为云南所独有。云南各民族在历史发展过程中创造、发展并逐步形成了具有鲜明风格、独特魅力，能体现本民族特点的文化，对少数民族地区社会的稳定和经济发展发挥了极其重要的作用。各民族在一种多民族大杂居、单一民族小聚居的分布格局下长期保持着多元和谐的发展态势。建设和谐文化，能为构建和谐云南提供强有力的思想文化保障。

从云南的实际出发，云南构建社会主义核心价值体系有如下特点：

（1）云南各民族文化间认同感强。

（2）云南民族文化发展具有差异性与层次性。

（3）云南各民族地处边疆，其中有16个民族跨境而居。这些特点凸显了社会主义核心价值体系建设在整合民族文化差异方面的精神引领作用，联系各民族文化的中介作用和文化屏障作用。

介于以上特点，立足于“边疆”、“民族”特色，从自身实际出发，总结成功经验，构建社会主义核心价值体系建设的“云南模式”。这一模式和原则包括：

（1）从云南实际出发构建社会主义核心价值体系。坚持马克思主义的灵魂指导地位，尊重文化差异、扩大文化认同；坚持中国特色社会主义共同理想，处理好社会主义核心价值体系的“先进性”与民族文化“广泛性”的关系；充分展现云南民族文化中优秀的文明成果，突出爱国主义精神和时代精神，不断增强民族文化的凝聚力和竞争力；用社会主义荣辱观引领思想道德建设，大力倡导以热爱、弘扬本民族文化为荣的观念。

（2）将云南民族和谐文化建设作为“维护边疆稳定与国家安全”的系统文化工程来抓，将维护边疆稳定与国家安全这一爱国主义内容作为社会主义核心价值的重要部分。云南是祖国的南大门，维护国门安全是云南的光荣使命，也是云南各族人民的利益所在。云南在构建社会主义核心价值体系的过程中，将“维护边疆稳定与国家安全”纳入云南文化建设的系统工程中，使国家利益和各民族利益一致，积极引导各族干部群众坚定对马克思主义的信仰，坚定对党和政府的信任，坚定对中国特色社会主义的理想信念，从而牢牢掌握对敌斗争的主动权，铸就了西南边疆坚固的思想长城。

（3）使云南民族和谐文化建设成为构建社会主义和谐边疆的基础和促进各民族团结和睦的纽带。融洽的民族关系是和谐社会的主题。文化和谐是民族和谐的一部分。对于云南边疆少数民族地区而言，民族和谐处在和谐社会建设的第一位，是云南社会稳定的必要条件。云南是我国民族关系处理得较好的省份之一。云南 25 个世居少数民族，由于所处的地理环境不同，形成了生态环境多样性、生物多样性及民族文化多样性的特征。多样性是世界文明的基本特征，同时也意味着差异，诸如支系差别和地域差别，尤其是山地和坝区民族之间的差异更大。这种差异产生互补和相互依存的民族关系，在经济上表现为互惠、互利、互补和互动，在文化上则表现为相互吸引和相互学习。

（4）使云南民族和谐文化建设成为激发各民族人民改革创新、奋发向上的精神力量，激发全社会的文化创造活力。云南以社会主义核心价值体系引领民族和谐文化建设，引导人们超越民族、城乡、地域以及社会阶层等方面的差异，消除彼此之间的分歧和隔阂，增进整个社会的团结稳定，激发各民族人民改革创新、奋发向上的精神力量，形成全社会昂扬向上的精神斗志，形成社会主义核心价值有效引导和制约非核心社会价值体系的局面。

社会主义核心价值体系作用的发挥在于通过文化建设保障社会经济制度、政治制度、文化制度的稳定和发展。其主导性与包容性的统一，使社会主义核心价值体系既能引领先进文化的前进方向，又能赢得全社会广泛的认同，从而充分调动积极因素，形成各民族人民改革创新、奋发向上的精神力量。

从当前云南边疆民族地区社会主义核心价值体系建设的实际来看，加快推进云南民族和谐文化建设，应注意处理好以下几个问题：

1. 处理好核心价值体系引领整合与思想文化多样性的关系问题

在云南边疆民族地区，民族意识和宗教观念深刻，有些民族跨境而居，民族心理特殊，文化差异很大。建设社会主义核心价值体系，要树立尊重差异、包容多样、寻求共识的基本理念，大力宣传走中国特色社会主义道路、实现中华民族复兴的共同理想，构建惠及广大各族人民群众的社会主义和谐社会的共同愿望，要在社会主义核心价值体系的引领整合下，在尊重差异中扩大社会认同，在包容多样中形成思想共识。

2. 处理好坚持马克思主义指导思想与宗教长期存在的关系问题

云南有26个世居民族，世界上的各种宗教在云南都有分布，是全国少数民族种类最多、群众宗教信仰最复杂的省份。由于自然和历史的原因，民族差异和民族发展差距不可能在短期内消除，从根本上解决民族问题、宗教问题将是一项长期性的任务。现代社会的发展不在于是否信仰甚至取消宗教，关键是要看能否有效地管理和引导宗教，消除宗教中的消极因素，发挥宗教中的积极因素，为现实服务。云南的社会主义核心价值体系建设，在坚持马克思主义指导地位的基础上，从马克思主义的宗教观和群众观出发，结合民族地区的实际，积极引导宗教与社会主义社会相适应，使各种宗教活动有利于维护民族团结，促进国家发展，推动社会进步。

3. 加强社会主义核心价值体系的渗透转化，增强各族群众的认同意识

由于历史的原因，云南偏远地区的民族群众文化水平不高，传统的思维观念和文化心理较深，因而要正确把握云南各族群众的思想动态和愿望要求，从群众的关注点和兴奋点入手，采用由点到面、由浅入深和群众喜闻乐见的方式进行宣传，在潜移默化中感染群众。注重回答人民关心的重大理论和实际问题。

4. 建立健全以社会主义核心价值体系引领云南民族和谐文化建设的制度、机制，加强实践环节

在推进社会主义核心价值体系建设的进程中，要在总结以往制度改革经验与教训、把握制度建设规律的基础上，对制度改革的步骤、方式、整体布局做到科学规划；要通过建立完备的机制，使尊奉社会主义核心价值体系的行为得到褒扬和鼓励，违背社会主义核心价值体系的行为受到贬抑和惩戒。要建立弘扬正气、抑制邪恶的奖惩制度机制，党员干部践行核心价值观的行为规范和考核机制，社会典型示范机制等；要把制度约束同舆论监督统一起来。要通过社会公众的评判和诘难，使优良道德得到社会的褒扬和赞誉。

三、研究成果的主要价值

云南在社会主义文化大发展大繁荣的实践中，把社会主义核心价值体系建设作为文化建设第一位的任务，不断巩固各族人民

团结奋斗的共同思想基础，坚持以民族文化多样性为特色的发展方向，重视和谐民族文化建设，进行了一系列有益的探索和实践，取得了一定的成绩，形成了云南边疆民族地区社会主义核心价值体系建设及和谐文化建设的云南经验，为其他地区，尤其是边疆民族地区的文化建设提供了参考。

课题名称：云南边疆民族地区社会主义核心价值体系建设研究

课题负责人：和　军

所在单位：云南师范大学

主要参加人：刘宗立　张国华　柳榜华　李　磊　杨　晶

结项时间：2011 年 7 月 16 日

党史·党建

云南高校党的建设科学发展机制研究

——以云岭先锋工程的推进为视角

一、课题研究的目的和意义

社会主义事业的合格建设者和可靠接班人不仅要有丰富的科学文化技术知识，而且还要拥有良好的政治素养。为此，大学的责任不仅是传播知识、发展科学、服务社会、传承文化，还要以科学的理论武装人、塑造人、培养人，使大学生不仅具有建设社会主义事业的能力，而且牢固树立为社会主义事业奋斗终生的远大理想。大学生良好政治素养的养成和远大人生理想的树立，党的建设是关键，因此，必须与时俱进，切实加强对高校党建工作的研究，不断探索和发现贴近师生实际、贴近师生生活、贴近师生心灵的党建方法，提升党的建设科学化水平，切实增强党的建设工作的实效性。课题研究的目的就是要对云南高校党的建设工作现状进行全面总结和深入考察，对云南高校党的建设面临的形势与任务进行科学分析，同时以云岭先锋工程的推进为视角，提炼和探索在高校开展党的建设工作的新机制和新方法，切实提升高校党建科学化水平。该课题的研究成果，不仅对云南高校党的建设状况形成一个客观的、理性的、全面的认识，也对云南高校党的建设工作面临的形势与任务进行深入的剖析，同时能够提出一些更具有针对性和实效性，更富时代精神和高校色彩的党建工作新机制，不断提升高校党的建设科学化水平，为社会主义合格建设者和可靠接班人的培养提供坚实的思想保障、组织保障、制度保障和作风保障，具有重要的理论和实践意义。

二、研究成果的主要内容、重要观点和对策建议

该项目的最终成果《着力提升高校党的建设科学化水平——云南高校党建工作调研报告》（以下简称《调研报告》）共分四个部分，主要内容、重要观点和对策建议如下：

第一部分：云南省高校党的建设取得的主要成绩。《调研报告》在综合分析问卷调查、深入访谈、文献查阅等调研实践所获数据和信息的基础上，从思想建设、组织建设、制度建设、作风建设、反腐倡廉建设等角度，全面展示了经过云岭先锋工程、保持共产党员先进性教育活动、“创先争优”等一系列党的建设实践，云南高校党建工作取得的卓著成效，以及为各高校人才培养、科学研究、社会服务、文化传承等各项工作的扎实推进提供的坚实保障。

第二部分：高校党的建设存在的不足。《调研报告》在展示成绩的同时也客观地指出云南高校党的建设还存在党的思想建设仍需进一步加强、基层党组织的战斗堡垒作用有待进一步发挥、党的建设制度创新力度不足、校风建设有待加强、廉洁校园建设体制机制有待创新等不足。对云南高校党的建设存在的不足的分析，体现了较强的批判精神，为进一步抓好此项工作奠定了坚实的思想基础，同时也体现了时代发展对高校党的建设工作提出的新要求。

第三部分：高校党的建设面临的形势与任务。《调研报告》从国际形势、国内形势、高等教育发展形势、精神文明建设与思

想政治工作形势、高校学生工作形势、高等教育发展中不断凸现的诸多体制性问题等角度，客观分析了高校党的建设面临的形势。《调研报告》立足于对形势的深入分析，提出当前云南高校党的建设面临的主要任务：丰富高校党建的内容；创新高校党建的形式；创新高校党建的手段；创新高校党建的工作机制。《调研报告》还就高校党建工作如何丰富内容，如何创新形式、手段和工作机制的问题提出了对策建议。

第四部分：提升高校党的建设科学化水平的建议。《调研报告》在深入分析云南高校党的建设取得的成绩、存在的不足以及面临的形势之后，对如何提升高校党的建设科学化水平提出三方面的对策建议：一要坚定对科学党建的重要性认识、长期性认识、复杂性认识，杜绝急躁冒进，扎实稳健地推进党的建设工作；二要明确何谓科学党建、何谓高校科学党建、高校科学党建在当下如何体现这三种观念，切实将科学党建的工作理念转化为务求实效的工作实践；三是提升高校党的建设科学化水平要选择以科学理论武装师生头脑、建设良好校风、创新党建工作体制机制、加强基层组织建设、深入推进廉洁校园建设这五大路径，切实提升党的建设科学化水平。

三、研究成果的学术价值、应用价值及社会影响和效益

（一）学术价值

《调研报告》对高校党的建设基本规律进行了探索，对高校科学党建的基本内涵及其在当下的表现形式进行了分析，就怎样切实推进科学党建进行了理论研究，并提出了坚定三点认识、明确三种观念、选择五大路径的科学党建建议，具有较强的理论创新性。

（二）应用价值

《调研报告》全面、客观、真实地反映了云南高校党的建设基本状况，展现了成绩，指出了不足，读后能够让人对云南高校党建有一个整体把握；认真分析了云南高校党的建设面临的形势与任务，能够作为进一步推进高校党建工作的重要参考，使工作更有针对性；将“科学党建”这一比较抽象的概念具体化，提出了一系列不断提升高校党建科学化水平的路径和方法，对于开展高校党的建设工作具有较强的指导意义。

（三）社会影响和效益

《调研报告》的核心内容已经形成两篇论文并公开发表：《高校党的建设科学化路径探索》一文在中共云南省委党校学报2011年第2期发表，是学术界专题讨论高校科学党建问题为数不多的论文之一；《提升高校党的建设科学化水平需要着力解决的几个问题》一文在云南日报报业集团主办的《影响力》杂志2011年第4期发表，对高校科学党建的相关问题进行了认识层面、理论层面、实践层面的梳理，具有较高的学术价值和应用价值。

课题名称：云南高校党的建设科学发展机制研究——以云岭先锋工程的推进为视角

课题负责人：张昌山

所在单位：云南大学

主要参加人：施海涛　肖　辉　袁　希　陈增礼　王　琨

结项时间：2011年5月2日

云南边疆民族地区党的执政安全问题研究

一、课题研究的目的和意义

中国是一个统一的多民族的社会主义国家，有56个民族，其中55个少数民族人口的总和约为1.1亿。少数民族人口虽少，但分布地区却占全国总面积的64%，而且大多聚集在边疆地区，涉及123个边境县，约有30个少数民族与国外的相同民族毗邻而居。边疆民族地区的安全和稳定直接关系到党在全国范围内执政地位的稳固，是党的执政安全的重要组成部分。云南少数民族众多，与缅甸、越南、老挝山水相连，边境地区自古通婚、通市、通教，滇西南、滇南流行南传上座部佛教，滇西北藏传佛教、原始宗教、基督教、天主教并存，汉藏语系、南亚语系交汇，边疆特征鲜明。而且云南国境线长达4 060千米，居住着25个少数民族，其中有16个民族跨境而居。这25个少数民族各自都有相对独立的宗教信仰。边疆、少数民族、宗教、山区构成中国共产党在云南最基本的执政环境。课题选择云南省作为研究样本地区，侧重于从党在云南边疆民族地区执政合法性资源的汲取和巩固的角度展开跨学科研究。

二、研究成果的主要内容、重要观点和对策建议

（一）主要内容

（1）边疆民族地区由于特定的地理、文化、历史属性，使党的执政合法性来源构成比例具有一定的差异性。

（2）党在边疆民族地区的执政安全环境和内地沿海有较大的不同，其安全态势并不主要取决于经济发展的绩效和制度规范在形式上、逻辑上的严密完整，政治文化、政治心理、民族历史、宗教习俗才具有根本性、长期性、群众性。

（3）在边疆民族地区，以马克思主义为指导的主流文化和以宗教为核心的少数民族亚文化并行存在。从属性看，宗教文化与以马克思主义为指导的意识形态是对立的，但对立不等于对抗，积极引导宗教与社会主义社会相适应，这是中国共产党在边疆民族地区汲取执政资源的重点和难点。

（4）云南以宗教为核心的少数民族亚文化具有以下特点：①没有一支独大的少数民族和宗教；②从覆盖人口和地区看，云南基本是一个汉文化主导的地区；③云南民族语言和文字具有多样性、差异性、脆弱性；④云南各少数民族文化之间、教派之间、族群之间历史上存在排斥关系，许多部落因土地、水源、习俗、商业、宗教长期处于争斗状态；⑤云南的宗教基本实现了本土化和地方化。云南少数民族宗教和文化的上述特点非常有利于主流意识形态的整合。

（二）重要观点和对策建议

（1）在边疆民族地区，中国共产党的执政合法性在意识形态领域受到的挑战最大，这是由于民族、宗教的天然隔阂和文

化、心理、历史的积淀容易产生一种异质政治文化的对抗，如果不加以引导和整合，会导致党的斐然的执政绩效（新中国成立后，尤其是改革开放后边疆少数民族地区的跨越式发展）受到消解和稀释，会使党的民族宗教政策和民族区域自治制度的公信力受到伤害，威胁党的执政合法性和执政安全度。

（2）根据云南的实际情况，藏传佛教区、南传佛教区、穆斯林聚居区、苗族聚居区、基督教与天主教传播区是执政安全监测预警的重点地区。

（3）边疆民族地区党的执政安全战略：边疆民族地区党的执政安全重心是政治安全；边疆民族地区意识形态是党汲取执政资源的重点；边疆民族地区党的建设是政权建设的中心环节。

（4）边疆民族地区党的执政行为优化的目标：执政党通过强化立党为公、执政为民的执政理念，遵循科学执政、民主执政、依法执政的执政方略，在边疆民族地区，建立起完善的执政体制和执政方式（系统完善的传递和反馈机制），既反映民情、民意、民生，又充分调动民心、民智、民力，构筑起一个和谐、协调、可持续的执政生态系统。边疆民族地区党的执政行为优化的路径：开放性优于封闭性；多样性优于单一性；渐进性优于突变性。

（5）构建边疆民族地区维护党的执政安全的长效机制：经济社会全面发展的保障机制；防止敌对势力渗透的隔离机制；执政安全态势的监测预警机制；重大突发性事件应急处置机制和快速反应机制；利益协调和社会纠纷调处机制。

三、研究成果的学术价值、应用价值及社会影响和效益

（1）课题的研究成果弥补了以往该领域研究的不足。传统

的执政安全研究，基本上立足于从政治学、社会学、法学、经济学的视角展开整体性研究，而很少顾及我国多民族、多宗教的特点，对民族学、宗教学、地理学、民俗学等学科的运用不够。该课题研究运用了生态分析和计量分析的多学科综合研究方法，设定执政生态系统为一个开放的线性定常全闭环系统，运用工程控制基础理论，可以分析出各个部分的互动机理和函数关系，建立起中国共产党执政生态系统的数学模型，在此基础上，结合云南边疆、民族、宗教、山区的实际，对云南边疆民族地区党的执政资源和执政安全态势进行评价和分析，构建执政安全战略和维护党的执政安全的长效机制。

（2）执政安全领域的相关成果运用到某些边疆民族地区时存在不适应、不符合当地实际的情况，这难以用传统的执政安全理论解释。然而云南作为一个多民族边疆省份，同样面临着“三股势力”的威胁，却保持了民族团结、边疆稳定、社会和谐，个中深层次因素值得分析，其经验和做法值得总结和推广。这也是课题研究的理论意义和实际价值所在。

课题名称：云南边疆民族地区党的执政安全问题研究
课题负责人：车　辚
所在单位：云南农业大学
主要参加人：马　策　赵胜男　胡昊苏
结项时间：2011 年 6 月 3 日

哲　学

儒家族群观在云南的影响与发展

一、课题研究的目的和意义

自20世纪“冷战”结束以来，世界爱好和平的人都充满期待地认为，未来将是一个安定团结的时代，世界各民族从此将走上和平发展的道路。但是，这种美好的期望很快就被不间断的民族冲突击破。意识形态的竞争虽然消失了，可是民族问题却在随后的时间里以爆炸的方式显现出来。如前南斯拉夫地区，在铁托领导下曾是一个具有强大凝聚力的多民族国家，但在铁托逝世后，南斯拉夫因民族矛盾加剧迅速分裂成不同的国家：塞尔维亚、黑山、斯洛文尼亚、马其顿、波黑以及至今还处于战乱中的科索沃。但是，这些曾经属于同一个国家的不同民族，不仅没有因各自独立就相安无事，反而在历史遗留的边疆、民族杂居等问题上大打出手，连续爆发了两次残酷的战争：波黑战争和科索沃战争，直至发生了震惊世界的“种族灭绝”屠杀。以致人们把前南斯拉夫所处的巴尔干半岛称为欧洲的“火药桶”，而引爆这个“火药桶”的导火索就是民族问题。又如非洲的索马里，全国总人口800万，主要由哈威伊、伊萨克、达鲁德三族组成，长期以来彼此之间相互排斥和冲突，而于1991年爆发的索马里内战更是使数万人死于战火，数百万人流落为国际难民。这似乎给世人留下不同民族根本无法和谐生存在一个地区或国家的印象。

如果世界上的国家大部分都是由一个民族组成，这个问题自然也就不难解决。但遗憾的是，世界上大多数国家都是多民族共同组成的。因此，如何有效解决不同民族和谐共存的问题就成为当今世界的普遍难题。我国不仅现在保持着民族的团结和稳定，而且在历史上稳定与团结也是民族关系的主流。尤其云南，26个世居民族共同生活，自秦汉始，多民族并存格局的云南就很少陷入民族之间的分裂战乱，云南各民族始终以统一、团结和稳定为主流。造成这种局面的原因自然很多，有地理、政治、经济等，但不可否认的是儒家族群思想在云南的广泛传播和发展，是导致云南和谐民族关系产生的最直接原因，所以揭示出隐藏其中的奥秘，为建设和谐的民族关系提供参考，是该课题研究的动机和目的。

二、研究成果的主要内容、重要观点

全文共分五章：第一章，导论；第二章，儒家族群思想的形成与发展；第三章，儒家族群思想在云南的传播与影响；第四章，儒家族群思想在云南的发展；第五章，儒家族群思想对云南民族关系的影响及现代启示。第一章，着重探讨了儒家族群思想在云南影响与发展的研究意义与价值等问题。第二章，系统地研究儒家族群思想历史嬗变的过程，目的在于准确把握儒家族群思想的核心内容。第三章，介绍儒家族群思想在云南传播与影响的情况，并分析这种情况得以产生的途径和内在原因。第四章，着重研究云南少数民族儒家的族群思想，并与儒家族群思想的传统特征进行比较，得出儒家族群思想在云南发展的具体内涵。第五章，结合云南民族关系“多元一体”的特征，具体地分析儒家族群思想对云南民族关系的积极影响。

经过研究，课题认为，儒家族群思想虽然以文化作为民族身份的识别标准，但始终坚持华夏文化中心主义，反对华夏学习少数民族文化及彼此的交流，同时又展现出明显的两重性特征：一方面积极提倡“用夏变夷”，用仁爱之道去融合边疆少数民族，要求实现“华夷一体”；另一方面又主张“内诸夏而外夷狄”，企图将华夏与少数民族、中原与边疆隔离开来。其次认为，自先秦孔子创立儒学始，儒家族群思想便开始向周边少数民族地区辐射、传播，最终成为这个包容着众多少数民族在内的中华民族大融合和具有巨大凝聚力的最重要的思想因素。再次认为，儒家族群观不仅在云南地区被广泛地继承传播，且被云南各族人民创造性地发展。这种发展表现在对儒家族群观中的大汉族主义的抵制和对其开放、包容及民族平等观念的提炼与发挥。最终得出，云南民族关系之所以能够形成“多元一体”格局，与儒家族群观的深刻影响密切相关，而这种影响又主要表现在民族关系的政治层面和文化层面上。

通过研究，课题认为，儒家族群思想包含的“大一统”国家观及“仁爱”、“宽容”的精神对构建现代和谐的民族关系具有积极的启发意义：

（1）儒家强调的“大一统”国家观，是当今社会构建和谐民族关系的基础。纵观云南历史，“大一统”政治立场是维护云南民族关系稳定的基石。坚守在这个前提下，即便出现纷争也可转危为安，如“天宝之战”后的南诏。反之，即便没有矛盾，最终也会酝酿出大的纷争，如元末大理总管段氏政权与明王朝之间的战争，就是因为段氏拟欲割地自封导致的。这说明拥护祖国统一是解决民族问题的基础，是形成良好民族关系的前提。因此，继承并弘扬儒家“大一统”思想的精华部分，对于构建中国和谐社会主义民族关系无疑具有重要的现实意义。

（2）儒家“仁爱”的民族精神，是构建当代中国和谐民族关系的有效途径。与“仁爱”精神相对的就是穷兵黩武，历史上很多王朝都曾在云南发动过战争，如唐朝的“天宝之战”、元朝的东征八百媳妇国、明朝的“三征麓川”、清代的“改土归流”，结果都付出了惨重代价，激化了民族矛盾。相反，推崇“仁爱”的民族精神，往往能收到意想不到的效果，如诸葛亮平定云南时，更突出强调的是“德服”。因此，儒家主张以“仁德”之心对待“夷狄”，提倡对边远“四夷”民族施以仁爱，要求统治者在治理天下时“柔远人”、“怀诸侯”，时至今日，无疑还是构建当代中国和谐民族关系的有效途径。

（3）儒家族群观蕴涵的宽容精神，是构建当今中国和谐民族关系的思想保障。各民族间的相互认同需要有彼此宽容的精神，没有宽容也就没有良性的民族关系。儒家族群思想之所以能推进云南民族关系的良性发展，也就在于其中蕴涵着深厚的宽容精神。如在民族地区的行政管理体制上，儒家既主张实行专制集权，又主张实施羁縻政策来尊重、顾及各民族自身利益的要求，从而有效缓解了中原统治民族与土著民族间的关系。因此，汉武帝进军云南，攻克反抗的滇国，但却赐滇王金印，令其复长其民；唐代尊重云南民族地区的现实，只在云南设置了羁縻州，具体事宜仍由各民族自己管理；元代虽把云南划为全国的一个行省，但积极推行土官制度；明代则把元代的土官制度发展成土司制度；清代因违背这种宽容精神，通过武力强行“改土归流”，结果恶化了云南民族关系。而儒家族群观蕴涵的宽容精神又与儒家“贵和”精神相通。在处理民族间、国家间的关系时，儒家讲和睦、亲善，提倡以“忠恕之道”来处理民族关系，要求人们做到“己所不欲，勿施于人”、“己欲立而立人，己欲达而达人”。这些思想对于中国各民族之间建立团结和睦的关系有着积极的促进作用。

三、研究成果的学术价值及影响

鉴于国内外学术界对儒家族群观在云南的影响与发展的研究还较为薄弱，该课题研究成果在一定程度上具有填补学术空白的意义，有较高学术价值：

首先，进一步完善了儒家思想的研究。儒学一直以来都是中国文化研究的热点，但基本倾向于政治、伦理、历史等方面的研究，对于族群思想则很少有人系统涉及，所以该课题研究成果丰富了儒家文化的内涵，为世人刻画出更完整的儒学轮廓。

其次，以云南民族关系为例来反省儒学思想的历史作用，从而对正确评价儒家思想的历史意义，具有重要的个案研究价值。近代以来，儒学受到了各方面的批评与指责，认为其是造成近现代中国积弱积贫的根本原因，因此很多学者要求彻底抛弃儒家文化，走“全盘西化”的道路。但通过对儒家族群观在云南影响与发展的研究，儒学对云南民族关系的和谐起到了积极作用，必须辩证客观地重新评价儒学的历史意义。

最后，有助于阐明族群观与民族和谐关系形成的动态过程，为当代世界处理民族问题提供有意义的历史启示。如何合理地处理好民族关系是个世界性的难题。在云南这块土地上容纳着 26 个世居民族共同生活，自秦汉始，多民族并存格局的云南就很少陷入民族之间的分裂战乱，云南各民族始终以统一、团结和稳定为主流。造成这种局面的原因自然很多，有地理、政治、经济等，但不可否认的是儒家族群思想在云南的广泛传播和发展，是导致云南和谐民族关系产生的最直接原因，所以认真总结这段历史必将为建设现代和谐的民族关系提供启示。

该课题研究成果不仅可以使读者更好地了解儒家族群观在云南的影响和发展的历史，也可以引发人们对云南多民族和谐关系成因的思考，为当前执政者制定民族政策提供历史的参考。该课题研究的阶段性成果都已公开发表，产生了一定的学术影响。

课题名称：儒家族群观在云南的影响与发展
课题负责人：张　刚
所在单位：玉溪师范学院
主要参加人：伍雄武　杨宝嘉　邱国成　黄龙光　宋　丽
结项时间：2011 年 3 月 28 日

社会主义核心价值体系与多样化社会思潮关系研究

一、课题研究的目的和意义

坚持以社会主义核心价值体系引领社会思潮是《中共中央关于构建社会主义和谐社会若干重大问题的决定》（以下简称《决定》）作出的一个重大理论创新，是我们党深刻总结历史经验、科学分析当前形势作出的一项重大决策，也是党领导全体人民构建社会主义和谐社会的一个重大政治课题。用社会主义核心价值体系引领社会思潮是抓好建设和谐文化这个根本的重要体现，是提高我们的文化自觉、努力建设和谐文化的必然要求，也是文化建设准确定位和占领文化发展战略制高点、掌握文化建设主动权的中心环节。只有高扬社会主义核心价值体系伟大旗帜，引领多样化社会思潮和思想观念，尊重差异，包容多样，和而不同，才能最大限度地形成社会思想共识。因此，用社会主义核心价值体系引领多样化社会思潮具有重大现实意义。

该课题研究从社会主义核心价值体系的内涵和特征入手，论述了社会主义核心价值体系、多样化社会思潮、社会主义和谐文化间的相互关系，从哲学、政治学、社会学的角度，综合他人的研究成果，对社会主义核心价值体系与多样化社会思潮及社会主义和谐文化建设等有关问题作了深入的研究和探讨，为加强社会主义核心价值体系建设并为加强社会主义和谐文化建设、创建社会主义和谐社会在理论和实践上提供了一些有益的参考。

二、研究成果的主要内容、重要观点

该课题在大量参阅相关资料的基础上，通过综合其他相关研究成果，形成了“社会主义核心价值体系与多样化社会思潮关系研究”的研究报告。报告从社会主义核心价值体系的内容、特点、提出的历史条件、理论渊源与哲学基础以及社会主义核心价值体系的意义等方面入手，对当代中国十大社会思潮的兴起与演化进行了较为详尽的论述，并阐释了多样化社会思潮的时代意义，进而对社会主义核心价值体系引领社会思潮的着力点和机制以及社会主义核心价值体系引领机制建构过程中亟须处理好的几个关系等问题展开论述，最后，研究报告对社会主义核心价值体系、多样化社会思潮、社会主义和谐文化三者间的关系进行了分析，指出用社会主义核心价值体系引领多样化社会思潮是加强社会主义和谐文化建设的根本内容，从而充实了社会主义核心价值体系建设的实质内容及意义。

1. 研究成果对“社会主义核心价值体系”和“当前中国十大社会思潮”的论述

“社会主义核心价值体系”的内涵在党的十六届六中全会《决定》中有明确阐释，为使人更容易理解，研究报告从“什么是价值？什么是价值体系？什么是核心价值？什么是核心价值体系？什么是社会主义核心价值体系？它们之间的区别和联系在哪里？”等问题出发，层层递进，重点阐释了社会主义核心价值体系的内涵。

社会主义核心价值体系作为一种创新理论，是在吸纳中外价值观念精华的基础上创立的，具有深厚的理论渊源。社会主义核心价值体系是在继承中国传统文化优秀价值观念的基础上，吸纳了马克思主义的价值观念，也批判借鉴了西方价值观念的积极成果，是“中西结合”的产物。这一产物的出现有其国内国际背景。社会主义核心价值体系的提出对于进一步巩固马克思主义在我国意识形态领域的指导地位，统一人们的思想认识，增强民族凝聚力，最大限度地形成社会思想共识，从而加快推进中国特色社会主义建设将会起到积极的推动作用。

根据社会主义核心价值体系要坚持马克思主义指导思想、中国特色社会主义共同理想、以爱国主义为核心的民族精神和以改革创新为核心的时代精神、社会主义荣辱观等内容总结出了社会主义核心价值体系的特点，是先进性和现实针对性的统一，是主导性和包容性的统一，是继承性和创新性的统一，是整体性和层次性的统一。

随着改革开放的持续深入和市场经济的不断发展，中国社会结构发生了重大而深刻的变迁。与此同时，中国社会各界的思想观念也发生了十分复杂的变化，最引人注目的是层出不穷且正在流行的各种社会思潮，如人道主义思潮、新自由主义思潮、新左派思潮、新权威主义思潮、民族主义思潮、民主社会主义思潮、后现代主义思潮、功利主义思潮、文化保守主义思潮、怀疑主义思潮。这十种社会思潮是改革开放以来表现最活跃、影响最广泛、涉及社会现实问题最深刻的社会思潮，这些社会思潮都有其兴起与演化的过程，同时，我们也应清楚地看到每一种当代中国社会思潮或多或少都表现出某些积极意义。

2. 研究成果着重论述了社会主义核心价值体系如何引领多样化社会思潮

当代中国多样化社会思潮的存在是一个客观事实，必须加以引领。我们要清楚地认识到用社会主义核心价值体系引领多样化社会思潮对于提升主流意识形态的影响力、夯实社会主义大厦的思想基础、增强中华民族的凝聚力、提高党在意识形态领域的执政能力等方面具有重要作用。

在如何引领多样化社会思潮方面，要增强以社会主义核心价值体系引领社会思潮的现实针对性，面对改革开放以来人们价值取向和思想观念的复杂性现状，必须在发展过程中，坚持用发展的成就和在发展中解决实际问题的成效，增强社会主义核心价值体系的吸引力和说服力，加强对社会思潮的引领；立足于改革开放的实践，以开放的心态对各种社会思潮加以审视，用社会主义核心价值体系引领社会思潮；旗帜鲜明地反对和抵制，在批判中用社会主义核心价值体系引领社会思潮；把最大限度地形成社会思想共识，作为坚持以社会主义核心价值体系引领社会思潮的基本目标取向。同时，要积极探索构建社会主义核心价值体系引领社会思潮的动力、保障及协调机制，机制问题是关系到“引领”是否有效的关键。

3. 研究成果对社会主义核心价值体系、多样化社会思潮以及社会主义和谐文化三者间的关系作了深入论述

“社会主义核心价值体系”不能简单地与“和谐文化”相等同，它与“和谐文化”是两个既有内在联系又有重大区别的文化范畴。我们不能用建设社会主义核心价值体系取代和谐文化建设，同时，我们也要认识到在“和谐文化”中“社会主义核心价值体系”居于“核心”地位，起指导作用。社会主义核心价值体系与多样化社会思潮的关系是引领与被引领的关系，“引领”，包括引导，也包括辨别，同时要突出社会主义核心价值体系引领的主导性。只要我们按照十六届六中全会《决定》中对构建社会主义和谐社会的“总要求”去建设和谐文化，并把社会主义核心价值体系融入其中，就一定能够在社会主义和谐社会构建过程中建设好和谐文化，在和谐文化建设过程中推进社会主义和谐社会建设。

三、研究成果的学术价值、应用价值及社会影响和效益

经过60多年的建设和发展，我国在社会主义意识形态建设上取得了很大的进展，积累了较好的经验，但仍然存在一些问题，进入新世纪新阶段后，国际环境的复杂多变，国内经济的迅速发展带来的利益格局的深刻调整及思想观念的深刻变化，给党的领导和意识形态的建设，给社会主义和谐社会的建设等方面带来了新的挑战和新的课题。正是基于目前所面临的国际社会的新形势和我国社会快速发展中出现的新问题，党的新一代中央领导集体，认真总结各国在意识形态建设方面的经验教训，继承、创新、发展原有的意识形态方面的理论成果，客观分析当前意识形态建设面对的新挑战，与时俱进地提出了要建设社会主义核心价值体系。该课题对社会主义核心价值体系、多样化社会思潮以及社会主义和谐文化建设等问题进行了较为全面、深入的研究，其成果对云南省进一步加强社会主义核心价值体系建设，特别是为云南边疆、少数民族地区如何用社会主义核心价值体系引领多样化社会思潮、创建社会主义和谐文化、构建社会主义和谐社会，具有一定的理论价值和现实意义。

课题名称：社会主义核心价值体系与多样化社会思潮关系研究

课题负责人：张仁福

所在单位：云南财经大学

主要参加人：李　蒙　徐　波　李　莹　张　晶

结项时间：2011年5月21日

经济学

云南与南亚、东南亚区域经济合作的产业集聚与分工效应研究

一、课题研究的目的和意义

中国—东盟自由贸易区的实施，使云南成为中国对南亚、东南亚的合作前沿和中心区，成为中国连接南亚、东南亚的一座重要桥梁，成为中国参与这一区域合作的重要窗口和通道。自合作开展以来，云南与南亚、东南亚经济往来不断加强，合作领域不断深化，但合作带来的产业集聚和分工效应目前尚无有针对性的研究。该课题将系统梳理区域经济合作理论，以新经济、地理学为基础，基于规模报酬递增，理论上系统分析区域合作对产业空间分布带来的影响。在此基础上，分析云南与南亚、东南亚的贸易现状、产业发展趋势，提出合作中云南产业发展优化与整合的对策建议。一方面可以进一步完善区域经济理论，另一方面可以为云南全面开展区域合作提供决策依据和实施方案。

二、研究成果的主要内容、重要观点和对策建议

1. 区域经济合作的内涵和效应

区域经济合作是指地理位置相临近的两个或两个以上国家

（地区），以获取区域内国家间/地区间的经济集聚效应和互补效应为宗旨，为促使产品和生产要素在一定区域内的自由流动和有效配置而建立的经济区域集团。其实质就是降低区域内交易成本，使产品、要素自由流动，在市场作用力下形成资源的最优配置。区域经济合作也称之为“区域经济整合”、“区域经济一体化”。区域合作的程度越深，区际之间的贸易自由度越高，反之则越低。合作将产生福利效应、规模经济效应、竞争效应、交易成本效应和资源配置效应等。

2. 区域合作的产业集聚与分工效应

（1）新经济地理学的基本假设。新经济地理学主要的假设包括工业部门生产的规模报酬递增、垄断竞争市场结构以及工业品区际交易的冰山交易成本。从供给方面看，在迪克希特—斯蒂格利茨垄断竞争条件下，工业部门的每个厂商生产一种差异化产品，并且产品的生产具有规模收益递增特点。交易成本涉及两方面的内容：一是自然成本，也就是通常所说的运输成本。二是制度成本，也就是地区间不同的地方性法规、地方性保护政策、人们的观念差异等而导致的差异，常表现为区际商品、资本以及人员流动方面的限制。交易成本越高也就是区际贸易自由度越低，反之，交易成本越低，区际贸易自由度越高。区域经济合作的实质是降低区际交易成本，也就是提高区际贸易自由度，促进要素、产品的自由流动，形成合理的资源配置。

（2）产业集聚与扩散的作用力。在垄断竞争、规模报酬递增和交易成本条件下，决定产业在空间分布的作用力通常有两种：一种是市场接近性带来的优势，这是引起区域分异的力量，也是导致产业向某一区域集聚的力量，称为集聚力。另一种是促进现代部门扩散的力量，这种力量来源于市场竞争，在企业集聚程度很高的地区，往往企业间的竞争强度很大，这限制了企业的获利能力，这种分散力促使现代部门在空间上均匀分布。

交易成本或者说贸易自由度是集聚力和分散力的一个重要测度，它的变化直接影响到经济活动集聚力和分散力的强度，从而影响产业的空间布局。区域合作之后，当合作水平由低向高发展时，企业为获取递增报酬，降低运输成本，厂商总是选择最接近于大市场的空间进行生产布局。当合作水平进一步提高时，竞争带来的拥挤效应将逐步超过集聚经济，从而地区之间开始出现制造业结构的差异性，逐渐实现产业的梯度转移和分工协作。当合作达到最高水平，也就是合作区域内实现完全自由贸易时，区位对于企业的产品生产没有影响，规模报酬递增在产品的生产中起着关键作用。各地区实现了差异化的产品生产，地区专业化水平、单个产业的集中度都很高。

3. 云南与南亚、东南亚区域合作的产业集聚与分工效应实证研究

（1）云南与南亚、东南亚国家产业比较优势。研究将云南省作为一个地区进行显性比较优势指数的计算。为了论证方便，选定东盟中的新加坡、泰国、印度尼西亚、越南和马来西亚以及南亚中的印度作为研究对象，因为它们在云南针对的整个东盟和南亚的贸易中占了相当大的份额，以 2007 年为例，这东盟五国的出口额占东盟与云南总出口额的 66.4%，进口额占东盟从云南总进口额的 64.7%；云南与印度贸易额占云南与南亚贸易额的 71.9%，对于研究云南与东盟和南亚的贸易合作而言，选取这几个国家作为研究对象还是相当具有代表性的。

通过显性比较指数（RCA）的对比分析我们可以得出这样的结论：①云南和南亚、东南亚国家各自具有不同的比较优势，如云南在烟草、矿石金属和化工品方面的比较优势明显。②云南同许多南亚、东南亚国家具有相对优势的产品出口大部分是劳动密集型和资源密集型产品，这些产品的技术已经成熟，生产也已经标准化，在国际分工中基本上处于同一水平，产业间存在强烈

的竞争。

（2）云南与南亚、东南亚贸易互补性。我们利用如下方法对云南与南亚、东南亚主要贸易伙伴国家间的贸易互补性进行了计测。国家 i 出口与国家 j 进口之间的贸易互补性指数用 C_{ij} 表示，用 RCA_{xij} 表示用出口来衡量的国家 i 在产品 k 上的比较优势，RCA_{mjk} 表示用进口来衡量的国家 j 在产品 k 上的比较劣势。其中 RAC_{mjjk} = （M_{jk}/M_j）/（W_K/W），M_{jk} 为 j 国 k 类产品的进口额，M_j 为该国所有产品的进口总额。RAC_{mjk} 越大表示国家 j 在产品 k 上的进口比例越大，说明该国在此产品生产上处于比较劣势。如果国家 i 在产品 k 上的比较优势明显（RAC_{mik} 比较大），而国家 j 在产品 k 上比较劣势明显（RAC_{mjk} 比较大），则在产品 k 的贸易上 i 国的出口与 j 国的进口呈互补性。其互补性的大小可用 $RCA_{xij} * RCA_{mjk}$ 来衡量。在多种产品（行业）存在的情况下，两国贸易的综合性互补指数可用各产品（行业）所呈现的互补性指数的加权平均来计测。加权系数为世界贸易中各类产品的贸易比重（W_K/W）。该互补性指数可表达为：

$$C_{ij} = \sum \left[(RCA_{xij} * RCA_{mjk}) * (W_k/W) \right]$$

当一国的主要出口产品类别与另一国的主要进口产品类别相吻合时，两国间的互补性指数就大，相反当某国的主要出口产品类别与另一国的主要进口产品类别不能对应时，两国间的互补性指数就小。在世界各国各产品的比较优势均相同时，该互补性指数为 1。这一指数间接反映了产业间贸易在两国贸易中所占的比例。如果两国间的贸易以产业间贸易为主，该互补性指数就大。相反，如果两国间的贸易以产业内贸易为主，该互补性系数就小。通过比较，可以发现：泰国和印度尼西亚的出口与云南进口最具互补性，C_{ij} 指数值均大于 1，而其他几个国家出口与云南的进口互补性相对较小，C_{ij} 指数都没超过 1。近几年云南进口与部分南亚、东南亚国家，尤其是 GMS 国家出口的贸易互补性指数表现出一定的上升势头，这说明云南进口与这些区域合作国家出口的贸易互补性在不断发展的相互贸易中有所增强。然而，当前云南与南亚、东南亚国家贸易顺差较大，进口额比重不到云南总进口额的20%。因此，加强区域内的合作，促进贸易平衡将是双边贸易云南外向型区域合作的一个重点。

（3）云南与东南亚、南亚产业结构差异性分析。通过2008年云南与南亚、东南亚主要国家GDP、产业结构的对比发现：从产业结构的角度来看，云南与越南、泰国、马来西亚、印度尼西亚的产业结构有很大的相似性，都呈现出"二、三、一"的特征，第二、三产业的比重较大而且比较均衡，占GDP的比重一般在40%～50%，第一产业的比重比较小，一般低于20%。印度和新加坡的产业结构则表现出明显的差异性，呈现出"三、二、一"的特征。但印度虽然第三产业的比重超过了第二产业，但农业比重较大，达到了29%；而新加坡的第一产业比重只有0.1%，几乎没有农业，而第三产业的比重达到74%，体现出第三产业高度发达的特点。

4. 云南与南亚、东南亚区域合作的产业发展对策

从国家层面上看，应该形成云南与区域合作国家更紧密的分工，推动云南与区域合作国家的产业升级。从企业的角度看，应承接外包业务，政府加强投资引导，充分利用跨国公司对云南与区域合作国家产业结构调整的促进作用。从政府的角度看，应注重制度化建设，保证区域产业合作的有效实施，加强政府间的产业政策协调。

三、研究成果的学术价值、应用价值及社会影响和效益

（1）从新经济地理学的角度对区域合作进行理论阐释和研

究，拓展了区域经济合作研究的理论视野，为实践提供有力的理论支持。

（2）把云南作为一个完整的区域，分析其与南亚、东南亚合作中的产业结构演进与产业差异。一方面，分析更具针对性；另一方面，分析重点在于找出云南开展与南亚、东南亚区域合作的进程中，产业发展的优化与整合的途径，为全面开展区域合作提供决策依据和实施方案。

（3）从国家、企业和政府三个角度，提出推进云南与南亚、东南亚区域合作的产业发展对策，具有现实指导意义。

课题名称：云南与南亚、东南亚区域经济合作的产业集聚与分工效应研究

课题负责人：李瑞林

所在单位：云南师范大学

主要参加人：邹　璇　杨徐君　宋爱晶　李正升

结项时间：2011 年 2 月 10 日

云南走特色城镇化道路的经济基础与制度空间研究

一、课题研究的目的和意义

该研究的基本目的在于探索建立适应云南自然、经济和社会发展特点的特色城镇化道路以及特色城镇化道路的经济基础和制度空间，推动云南以特色城镇化支撑社会经济的全面发展。对于全面认识云南城镇化的特殊历史路径和特殊困境，推动云南以特色城镇化拉动城乡、区域社会经济生态全面协调发展，维护社会和谐和国家安全具有重要的指导意义。该研究系统梳理城市化理论，比较国内外城市化道路，对于推进特色城镇化机理研究的深化具有重要的理论意义。旨在努力探索中国特色城镇化道路的区域模式——云南模式，探讨云南特色城镇化道路的经济基础和制度空间，可为政府决策提供可操作的政策建议。

二、研究成果的主要内容、重要观点和对策建议

该研究以“云南省走特色城镇化道路的经济基础与制度空间研究”为选题，在对城市及城市群体形成与发展理论进行梳理与扩展、对云南省城市发展的特殊路径与历史特点进行比较与

概括、对云南城市发展现状及发展困境进行分析与提炼的基础上，考虑城市群体引领当今区域乃至世界经济发展的宏观背景，试图解决“新时期云南特色城市化道路应该选择怎样的城市群体空间组织形态，又以什么来支撑这种新型城市群体空间组织形态的发展”等核心问题。在对云南城市群落空间重构进行理论探索的基础之上，提出了云南省多中心—外围城市群落发展的重点区域，并以滇中“一核三极”型中心—外围城市群落为实证，分析了多中心—外围城市群落的成长阶段，提出了作为多中心—外围城市群落发展核心支撑的经济基础培育路径及制度安排构建策略。在上述研究思路和研究框架下，经由理论建构与实证分析，课题组在以下方面开展了深入研究，得出了重要结论：

（1）西方发达国家的城市化是在其工业化的推动下完成的，而其工业化则是在自由竞争的市场经济环境下推进的，因而，西方城市化理论虽然极其重视产业支撑的推动作用，但却相对缺乏城市化的制度建构的内涵。从城市及城市群体形成与发展的理论分析来看，无论是区位论中的农业区位论与工业区位论、城市经济学中的比较优势、规模经济和集聚经济理论、空间经济学中的中心—外围理论，还是中心地理论、空间相互作用理论、点轴网络系统理论、外部经济理论、空间经济学城市体系中心—外围理论、西方经典的城市化理论，无一不是从产业发展的视角来研究城市及城市群体的发展演化的，相对于极为重视产业支撑，西方经典的城市化理论却较易忽略关于城市化制度安排的专门论述。

（2）云南省城市及城市群体是经由特殊历史路径发展而来的，因而具有其鲜明的地域历史特色。封建时代的云南城市发展曾经几度繁荣，但却陷入了“发展—繁荣—衰落—再发展—再繁荣—再衰落”的恶性循环之中。近代以后，云南城市发展在注入一定的资本主义因素后虽然一度有所发展（如开埠城市及抗战时期城市的发展），但与全国乃至世界城市发展的差距不但未能缩小，反而越拉越大。新中国成立以后，“156 项”及“三线”建设时期，依托国家的重点项目投资，云南城市获得了飞速发展，与全国差距迅速缩小，但改革开放以后，差距旋即迅速扩大。在这种特殊历史路径基础上发展起来的云南城市及城市群体因而带有浓厚的城市发展基础薄弱、城市布点区域集中、城市建设外力推进、城市循环极为封闭等特征。

(3) 云南城市及城市群体的发展面临着特殊困境。在诸多困境中，产业支撑薄弱是其根本经济障碍；制度空间不足是其根本制度约束；城市结构失衡是其根本结构困境；缺乏产业支撑条件下的城镇行政性拓展，且城市及城市群体网络化发展缺乏生长冲动和存在制度障碍阻隔是云南城市及城市群体发展面临的最严峻问题。

(4) 针对云南省城市发展的经济困境、制度困境和结构困境，基于结构与功能的相互作用原理，探索云南特色城镇化道路，破解云南城市发展困境的可选路径是在产业和制度支撑下对城市群落进行空间重构，培育与发展重点多中心—外围城市群落。虽然城市群、城市带、都市圈等是当今城市群体空间组织形态的发展趋势，但云南不具备大规模发展城市群、城市带、都市圈的自然和经济条件。虽然以克鲁格曼为代表的空间经济学派以较为严谨的数量推导演示了区域与城市群体发展的中心—外围结构，但其理论模型却忽略了产业联系与制度安排对城市群体中心—外围结构演化的“他组织”机制，再则，其构建的单中心—外围结构也不适合云南城市群落空间重构的实际。因此，在综合考虑自然、经济、行政区划、社会历史、文化传统等因素，并在扩展的空间经济学中心—外围模型的基础上，把多中心—外围城市群落作为云南城市群落空间重构的空间组织形态。

(5) 云南的多中心—外围城市群落在理论上可以作出以下初步界定：在地理布局上呈极具生态学意义的群落状展布；在空

间结构上呈多中心—外围型城市群落层级体系；在产业支撑上，以不同类型产业发展支撑各层级空间发展，以城市间的产业关联与网络化发展引致中心与外围及腹地间的双向联动与网络化发展，经由产业的层级网络化发展推动城市间形成合理的层级网络结构；在制度安排上，城乡之间、相邻城市之间、不同层级城市之间以协调发展与合作竞争取代二元分化与行政分割，以“城市经济区”制度安排取代“行政区经济”制度安排；在城市功能上除强化经济集聚与扩散功能外，还关注城市发展的社会和生态功能。

(6) 云南省多中心—外围城市群落的发展培育要突出重点：城镇化要素培育是根本、支撑产业发展是基础、经济网络建设是通道、区域模式选择是重点、制度空间扩展是核心，其中经济基础和制度安排是其核心支撑。产业支撑上突出以产业集群支撑大中城市发展、以现代农业支撑小城镇发展、以产业关联引致城市联动发展并形成合理的层级网络结构。制度空间上除了现有户籍、就业、社保、教育、土地制度的变革与创新外，从更深、更广的层面挖掘并扩展其城市群落发展的制度空间。

(7) 云南省多中心—外围城市群落的形成与发展是多因素综合作用的过程，考虑到多中心—外围城市群落发展的自然条件、经济基础和动力机制，以及各中心城市对外围城市的吸引力、相邻中心城市之间的相互吸引系数以及中心城市合作竞争的效应获得，从历史和现实分析，并基于主体功能区格局，云南省的滇中地区、滇南地区、滇西南地区、滇西地区等具有发展多中心—外围城市群落的条件和潜力，可把滇中“一核三极”型中心—外围城市群落，滇南蒙、开、个中心—外围城市群落，滇西南普、景、双中心—外围城市群落、滇西型中心—外围城市群落列为云南省城市群落发展的重点区域，以重点城市群落的发展引领西部整体社会经济发展。

三、研究成果的学术价值、应用价值及社会影响和效益

（一）学术价值

该研究在空间经济学中心—外围理论模型的基础上，加入产业联系和制度安排要素对空间经济学中心—外围理论模型进行了扩展分析，提出了多中心—外围城市群落的概念性理论框架，获得了理论创新，具有重要的学术价值。

（1）在理论创新上，对西方经典城市及城市群体形成与发展理论进行了梳理与概括，并在空间经济学中心—外围理论模型的基础上，加入产业联系和制度安排要素对空间经济学中心—外围理论模型进行了扩展分析，提出了多中心—外围城市群落的概念性理论框架。

（2）在研究内容上，在对城市及城市群体形成与发展理论，尤其是对空间经济学的中心—外围理论模型进行理论梳理的基础上对城市群体发展的中心—外围理论模型进行了扩展；在对云南省城市发展路径、发展特点、发展现状、面临困境进行综合分析的基础上，基于扩展的空间经济学中心—外围理论模型，提出了云南省特色城镇化道路选择——城市群落空间重构，其空间组织形态是多中心—外围城市群落，并对多中心—外围城市群落进行了初步的理论界定；同时，对云南省多中心—外围城市群落发展的重点区域进行了选择、对多中心—外围城市群落的培育及其经济基础和制度安排进行了实证研究。

（3）在研究视角上，该研究在对云南省城市发展的特殊历史路径与历史特征、发展现状及特殊困境进行深入分析的基础上，针对云南省城市发展的现实矛盾，着重针对云南省城市群落的空间重构、重点区域、经济基础与制度安排等核心问题进行综

合性分析和研究。本研究的基本目的是探索建立适应云南省自然、经济和社会发展特点的特色城镇化道路——多中心—外围城市群落、城市群落发展的重点区域以及多中心—外围城市群落发展的经济基础培育与制度安排构建等。

（4）在方法应用上，体现了多种研究方法组合使用的研究特色。应用理论研究方法对空间经济学“区域模型”和“城市体系模型”中的中心—外围理论进行扩展，并以扩展后的中心—外围理论模型作为云南省城市群落空间重构的理论基础；应用历史分析方法对云南省城市发展的特殊历史路径及历史特征进行了梳理与概括；运用定量分析方法基于经验数据对云南省城市发展的城市体系结构、城市职能结构、城市群体发展演化进行时空综合分析；运用空间分析方法分析云南省城市发展的空间格局、空间特性、空间障碍，并探索云南省多中心—外围城市群落发展的空间形态、重点区域及区域实现模式；通过对重点典型地区的分析，运用实验研究方法探索建立切合云南省实际的重点多中心—外围城市群落发展的空间重构、空间重构的经济支撑与制度安排及其实施策略。

（二）应用价值

该研究在对云南省城市发展的特殊历史路径与历史特征、发展现状及特殊困境进行深入分析的基础上，针对云南省城市发展的现实矛盾，着重针对云南省城市群落的空间重构、重点区域、经济基础与制度安排等核心问题进行综合性分析和研究。该研究的基本目的是探索建立适应云南省自然、经济和社会发展特点的特色城镇化道路——多中心—外围城市群落、城市群落发展的重点区域以及多中心—外围城市群落发展的经济基础培育与制度安排构建等。研究成果具有重要的应用价值。

（三）社会影响和效益

该研究的阶段性成果——发表的系列文章被多人引用与参考，产生了良好的社会影响和效益。

课题名称：云南走特色城镇化道路的经济基础与制度空间研究

课题负责人：熊理然

所在单位：云南师范大学

主要参加人：李灿松　蒋梅英　阳茂庆　王愉超　张　珺　胡　艳　王慧丽

结项时间：2011年2月16日

资源支撑条件下云南外贸增长的可持续性研究

一、课题研究的目的和意义

近年来全球生态平衡的日益恶化迫使人们对自己的行为进行反思，保护生态环境，维持生态平衡，促进可持续发展也因此成为国际社会的共识。与此同时，在国际贸易领域，生态环境保护因素已经成为影响国际贸易的一个新的变量。在生态环境因素约束条件下如何实现贸易的可持续发展，已经成为国际贸易参与方必须考虑的问题。近年来，中国西部地区对外贸易额不断增大，但逐渐增大的贸易额很大程度上是依靠当地的自然资源出口获得的。以自然资源禀赋为基础的国际贸易结构尽管为当地带来了短期的利益，但从长期来看，它既不能为当地带来更大的贸易利益，同时又因为对当地的生态环境造成破坏、使原有的生态平衡难以为继，因而有悖于实现当地的可持续发展。

云南作为资源主要产区之一，资源型经济特征十分明显，云南的经济发展模式存在产业链短、经济效益波动大、结构性矛盾突出等问题，难以适应市场长期发展的需求。高污染、高能耗、低效益是这种发展模式的标志。

资源经济主导形成的经济结构使得云南的对外贸易发展状况带有强烈的资源经济色彩，形成了资源支撑型外贸发展格局。云南的主导进出口产品和资源产业密切相关。一方面，云南原有的依托于资源型的出口商品主要集中在初级农、矿产品，品种单一、产品附加值较低，并且大部分主要出口产品缺乏定价谈判能力，极易受到国际初级产品价格波动的影响，由此造成对外贸易收益的不稳定性，进一步导致出口产品的生产盲目性，无法进行合理规划，最终导致云南省的主要出口产品产业无法充分合理发展。另一方面，由于主要资源主导进出口产业的快速发展，反过来强化了云南资源产业的发展，这又影响到云南省的产业调整升级，从而影响云南整体产业结构的发展和调整升级。

大规模的资源开发与出口对云南经济社会的发展形成了较大的影响。这种以资源禀赋为基础的产业结构格局和国际贸易格局随着这些不可再生资源的逐渐枯竭，会逐渐出现严重的贸易可持续性问题，与之相伴的是采掘和加工这些矿产品对生态环境的破坏。这种资源支撑型的贸易方式能否持续，长期推行这种贸易模式后果如何，这是关系到云南未来外贸发展的方向、路径和发展思路选择的问题。这正是该课题要研究的问题。云南只是推行这种贸易模式的一个典型地区，通过对云南的研究，我们可以进一步考察和分析很多和云南类似的西部地区省份的贸易可持续发展状况。

二、研究成果的主要内容、重要观点和对策建议

（一）有关资源经济和国际贸易关系的研究

1. 资源型经济的分类与判断

从资源开发利用的方式来看，资源型经济可以分为强力开发性资源型经济和群体开发性资源型经济；按照资源可耗竭性不同，可以分为耗竭性资源资源型经济与可持续利用资源资源型经

济两个大类。对于资源丰裕地区而言，资源型经济容易产生诸多问题，如产业单一化、反工业化、经济发展经济增长缓慢、经济收益递减、对外贸易条件恶化、资源破坏和环境污染严重以及由此引发的社会领域中的诸多问题，这就是所谓的“资源诅咒”。从一个相当长的发展时期看，资源型经济大都会面临转型的问题。

2. 从国际贸易角度看资源经济的发展

具有自然资源禀赋优势的国家和地区大量出口初级产品型资源产品，大量出口造成国际贸易顺差，由此迅速带来巨大的资源财富。巨大的资源财富引起国内生产要素的不合理流动以及不同部门产品比价的变化，大幅提高了可贸易非资源部门的生产成本，抑制了其发展，从而强化了资源型经济。所以资源型经济依赖于资源性产品的出口。在资源型经济形成之后又导致了资源丰裕国家和地区的贸易条件恶化，加之初级产品型资源产品的世界价格的波动不定，由此给资源丰裕地区经济发展造成了一系列的负面影响。资源丰裕地区要进行资源型经济转型，需要改善或扭转贸易条件，扶持可贸易非资源部门产业发展，增加高附加值的资源性产品和非资源性的制成品出口，以此促使技术进步和技术创新不断产生，实现资源部门和非资源部门产业的优化升级，最终使原资源型经济体改变其经济发展的路径，走上依靠资本和技术创新为拉动力的资本型和技术创新型经济发展道路。资源型经济转型与国际贸易可持续发展是相辅相成的。资源型经济转型要实现产业结构的调整和升级，这样也实现了出口产品的升级换代，延伸了产品周期，带来了贸易的可持续发展。

资源产品的对外贸易强化了资源型经济的发展，在解决资源型经济转型问题时，改善贸易条件和扶持非资源可贸易部门产业发展是必行的措施之一。资源型经济的形成、运行和转型都与国际贸易有着密切的联系。

（二）云南外贸现状和可持续发展问题

1. 云南经济结构问题

课题组判断云南当前的产业结构和经济发展的路径具备资源型经济的特点。云南的资源型经济按照工业发展阶段的划分标准属于后发性资源型经济，按照主要的开发利用方式的划分标准属于强力开发性资源型经济。云南经济发展中“资源诅咒”现象是存在的，云南经济发展的转型与产业升级压力巨大，任务艰巨。

2. 云南进出口商品结构的资源支撑型特征

云南是以资源型产业为基础发展对外贸易的，由此云南的对外贸易基本上是以矿产产品、农产品以及初级加工品为主的资源性产品的对外贸易，这就决定了云南贸易结构的单一，即农矿初级产品型资源性产品为主，初级加工制成品型资源性产品为辅的贸易结构。云南具有资源型经济特征的进出口商品结构，强化了云南的资源型经济。

云南出口主导商品仍旧为磷化工、有色冶金、农副产品、烟草等资源类产品。2008 年初级产品和初级加工产品出口占出口总额的 70% 左右，这样的贸易结构易受国际市场需求波动影响，及资源、电力、环境等因素的制约。

云南的进口商品结构也具有资源型经济的特征，主要表现在以矿产原材料产品为主的初级产品型资源性产品占据云南进口商品的主导地位。2008 年云南进口商品结构中，比重在 65% 以上的进口商品是矿产原材料产品。

仅从云南出口商品构成情况来看，长期以来，云南出口商品以资源类产品为主。云南主要出口的资源类产品的类别有：农产品、金属类原料、非金属原材料。在云南出口商品中在近年出口总量中所占比重超过 10% 的商品有烟草、非金属原材料、金属原材料和机电产品。在云南出口的资源性产品之中，存在替代的变化趋势，主要表现在有色金属和化工产品的出口量占当年总出口量的比重呈逐年增加之势。由此可见，资源类产品在云南的出口商品中占据主导位置。

云南的资源型经济兼有煤铁资源型经济和可持续利用资源资源型经济的特点，应属于混合型资源型经济，由此形成的资源支撑型外贸能否持续增长引起各方关注。云南的特色资源型产业可以分为可持续利用型资源和耗竭型资源两个大类。这些云南的特色资源性产业，占据云南对外贸易的主导地位。另外，云南具有较为完整的工业体系和较深厚的工业基础，这使得云南也拥有特色制造业，即机电产业，机电产品在云南的出口中占有重要的地位。近年来，随着云南对产业结构的逐步调整，推进产业的技术进步和创新的步伐加快，使得云南的出口中属于高新技术产品的出口量在不断增加，成为未来云南出口新的希望。

（三）实现资源型贸易可持续发展的思考

资源型经济的形成和发展有一定的历史必然性，要实现资源型经济转型就必须要面对这些现实，找到解决问题的方法。云南要实现资源型经济转型，就要改变云南经济在区域分工中的不利地位，改变已有的产业结构中的结构刚性属性，增强产业内部创新动力，在增长目标约束下，经济调整面临的压力巨大，地方政府的选择对经济发展方向有很大影响。因此，完善市场经济体制，充分发挥市场引导作用，推动技术创新、管理创新和人力资源的开发，积极推进横向产业扩展和纵向产业链延伸至关重要。

云南资源型经济转型并不是将传统的资源型产业淘汰，而是对其进行结构调整，使传统资源型产业技术得到升级，其产业的价值链得以延伸，产品升级换代，提高产品附加值。反映在出口产品上是将出口产品的价格提高，并且由原先的出口初级农矿产品逐渐转变为具有一定附加值的农矿加工产品，使原来的传统资源型出口产业晋升为产品价值链的上层，由此来增加对外贸易收益和扩大出口。并大力发展可再生资源产业非资源类产业发展，形成云南对外贸易新的增长点。

云南要利用实施面向南亚和东南亚地区的“桥头堡”对外开放战略的重要机遇，积极引进高新技术和国内外投资，吸引东部产业向云南转移，鼓励和推进非资源部门产业发展，给予出口鼓励和扶持。同时，也要加速传统资源型产业的技术进步，实现产业结构的调整和升级，使传统资源型产业实现产品升级换代，提高资源产品技术含量和附加值。利用近年来资源型产品价格走高的机会，对传统资源型产业给予出口鼓励措施，尤其是鼓励附加值高的资源型产品出口。对于传统资源型产业类的加工贸易也要积极扶持。通过加大境外初级资源品进口力度，弥补省内资源不足。通过资源产业对外贸易的发展获得更大的贸易收益。贸易收益的获得就可以成为推动传统资源型产业进一步产业升级和非资源型产业进一步发展的主要推动力量。

利用进出口规模扩大的有利条件，从境外进口相关初级资源产品，形成对传统资源型产业发展的支持，可以延长或者强化云南资源产业的发展，为云南经济转型提供更多的资金支持，增强云南经济发展的可持续发展的动力。由此形成贸易与整体产业结构调整和升级相互促进的良性循环的局面，从而实现资源型经济的转型和贸易的可持续发展。

三、研究成果的学术价值、应用价值及社会影响和效益

该课题系统分析了云南资源经济现状，并在此基础上探讨外贸的可持续发展问题。研究成果的学术与应用价值在于它将突出研究的实证性和政策性，通过对云南资源经济、对外贸易关系的

系统研究，对云南如何实现资源支撑型外贸的可持续发展提出了系列分析和建议，为决策者提供科学决策的依据和参考。

该课题研究成果的社会影响和效益在于：云南资源经济特征明显，资源经济的状况在很大程度上决定了云南经济增长的状况，对外贸易的发展同样如此。要促进云南外贸持续发展，我们需要弄清楚增长的来源和动力在哪里，发展方向是什么，才能够作出科学的决策和引导。本成果可以供相关决策部门进行参考，制定外贸可持续发展战略，加速云南外贸的发展，促进经济社会的可持续发展。

课题名称：资源支撑条件下云南外贸增长的可持续性研究

课题负责人：张　伟

所在单位：云南财经大学

主要参加人：杨志银　张梅蓉　马　腾　张梅梅

结项时间：2011 年 3 月 27 日

云南省农户林地流转行为调查与研究

一、课题研究的目的和意义

（一）目的和意义

集体林权制度改革是解放和发展林业生产力，增加农民收入，建设生态文明的必然选择。集体林权制度改革的主要内容是“明晰产权，放活经营，减轻税费，规范流转”，制定的目标是“将集体山林权属明确到户，颁发山林权证，真正将集体林权转变为林农个人永久性所有，林地使用权和林木所有权流转不再由集体安排决定，农民获得真正的林地经营的自主权”。也就是说，改革的核心是明晰林业产权，落实林业经营权，确保林农的处置权、收益权，最大限度地调动林农和社会发展林业的积极性，进而从根本上解决“三林”问题。集体林权改革是家庭承包经营制度的丰富和完善，是农村土地制度改革在林地上的拓展和延伸。云南省从2006年开始试点，2007年在9个省级试点县（市）基础上，开始在全省全面推进集体林权制度改革。随着云南省集体林权制度改革工作的全面开展和不断深入，集体林地经营权和林木所有权已经落实到户，到2010年4月底，全省已经完成确权面积26 219.03万亩，占全省集体林面积的96.1%。

与此同时，围绕林权改革的各种问题也日益凸现，尤其是林地经营过于分散化，林地流转规模偏小，缺乏规模化经营，严重影响了集体林权制度改革的步伐，阻碍了林业生产力的提高。集体林权制度改革中确权发证只是改革的一小步，要真正完成改革内容并达到改革目的，面临的一个关键问题是如何在产权明晰的基础上实现林地的规模化经营和林地资源的最优配置。由于林地制度改革本身的复杂性，以及改革过程涉及国家、集体、农户个人甚至林业经营组织者等多主体利益格局的调整，加大了流转的难度。

（二）目的和意义的主要体现

（1）该课题的研究，试图丰富和完善现有的集体林权制度理论，对进一步探讨集体林权制度改革具有一定理论和现实意义。

（2）林权制度改革从典型试点到全面推进，再到进入攻坚阶段，需要对改革的状况和绩效进行跟踪调查和深入研究，为完善和深化林权制度改革提供新的理论视角和分析方法，为政策制定提供可行性建议。

（3）该项目的研究成果不仅对于集体林权制度改革具有重要指导意义，而且该项目的研究思路和方法对于其他产权问题的研究和构建和谐社会中动态利益协调机制也可以提供有价值的参考。

二、研究成果的主要内容、重要观点和对策建议

（一）主要内容

目前云南省林权制度改革已进入攻坚阶段，如何解决林权流转和规模化经营之间的矛盾、改革主体“过热”与经营主体“过冷”之间的矛盾、林农的短期逐利性与林地的长期经营性之

间的矛盾以降低林权流转的交易成本，促进规模化经营无疑是目前面临的重大难题。

该课题在系统梳理和阐释集体林权制度改革理论的基础上，在对云南省林业重点林业县市林权制度改革的现状和绩效进行统计分析基础上，考察云南省近几年林权制度改革的现状与存在问题。在此基础上，以普洱市思茅区为例对林农和林业工作人员进行典型调查和深入访谈，实证分析林农对林地流转的主观意愿、流转偏好、流转收益以及金融环境、政府政策等对农户林地流转行为的影响，并利用 Logistic 回归模型分析影响林地流转的主要因素，结合林业生产的特殊性，对林地流转中存在的主要问题展开研究，为进一步深化林权制度改革提供依据。同时，对林权制度改革中的林权流转和规模化经营的微观机理和制度安排进行本土化的探索与创新，在理论阐释和实证分析相结合的基础上，构建促进林权制度改革的经营激励机制与管理创新机制。

（二）重要观点

（1）要真正完成集体林权改革内容并达到改革目的，关键是在产权明晰的基础上实现林地的规模化经营和林地资源的最优配置。

（2）林区农民收入低下的主要原因也可归纳为规模制约。从长远看，林地适度规模经营是在全国范围内实现农民增收的重要途径，也是解决城市化背景下农村人口的往返式流动所导致的土地流转问题的关键。

（3）林权制度改革是多种因素共同作用的结果，改革的主体是政府，经营的主体是林农。要想取得长期成效，就必须在充分了解主体意愿和偏好的基础上，充分考虑各种因素，从根本上解决经营激励机制和经营管理机制中存在的问题，有针对性地完善各项配套措施，不断释放林权制度改革中的巨大潜力，实现云南省由林业“资源大省”向“产业强省”的转变。

（4）林地流转是改革主体政府与经营主体林农之间交互行为的结果，市场主体从自身利益出发对政府政策的回应可能会与改革初衷相悖。为了避免“囚徒困境”所导致的利益冲突和政策悖论，需要在全面分析流转特点、流转收益和流转主体行为特征的基础上，探析流转的激励机制与政策规制。

（三）对策建议

（1）政府规制对于解决制度变迁中的“市场失灵”必不可少。但如果规制不当或干预过头就会影响流转市场的正常运行，扭曲利益机制，导致林权制度改革的目标难以实现。因此，政府规制既要考虑自身利益目标的实现，更要在充分了解林户流转行为特征基础上，考虑林户流转收益是否合理和林户利益目标是否能实现等问题，以减少利益冲突和交易成本。

（2）通过调查发现，目前林地流转具有发生率低、流转成本较高、林户流转积极性不高、林地纠纷隐患不断增加等特点，主要原因是法律法规严重滞后，政策不明了并缺乏可操作性。要构建流转信息平台，并形成相应激励机制。

（3）由于目前缺乏交易平台，流转风险较大和金融体制不健全，林户多选择私下流转，甚至不参与流转，将林地作为增值资产搁置，导致流转目标难以实现。当前最重要的是，通过一系列帮扶措施帮助有流转意愿的林农参与流转并从中获得合理收益，通过示范效应带动更多林农投资林业，提高林业生产力。

（4）加大对农民林业生产技术的培训与指导将有助于帮助林农获取经营收益，提高农户从事林业生产的积极性。作为林业部门更应该以服务者的角色而不是管理者的角色积极构建林业技术推广服务网络，兴办多种形式的科技咨询活动，把林业经营技术及时传授给广大的林业经营者，帮助林农在实现投资回报的同时，提高林业的经营效率，促进林业可持续发展。

三、研究成果的学术价值、应用价值及社会影响和效益

（1）林权制度改革从典型试点到全面推进，再到进入攻坚阶段，需要对改革的状况和绩效进行跟踪调查和跟踪研究，为完善和深化林权制度改革提供全新的理论视角和最新的实证数据，为政策制定提供可行性建议。

（2）云南是我国四大重点林区省份之一，研究集体林权改革背景下影响农户林地流转行为的主要因素，探索林地流转的行为规律，可以促进“三农”和“三林”问题的有效解决，维护林区生态安全，促进区域经济的可持续发展，对发展云南经济、构建和谐云南具有建设性的意义。

（3）集体林地流转对于改革目标的实现影响重大，“流转”是促使林业生产要素汇集和生产规模扩大的有效手段，是决定新一轮集体林权制度改革目标能否顺利实现的关键。该研究在政府和林农互动行为基础上研究林地流转中的农户行为特征、行为规律及存在的问题，揭示存在问题的主要原因，为政府合理制定林地流转政策和全面推进集体林权制度改革提供实证依据和借鉴意义。

课题名称：云南省农户林地流转行为调查与研究

课题负责人：朱翠萍

所在单位：云南财经大学

主要参加人：蒋智华　刘　芳　单　谨　龙燕春　谢　翔
蒋明慧　李　波　胡文远

结项时间：2011 年 5 月 2 日

国家税收制度政策改革调整对云南企业的影响及应对研究

一、课题研究的目的和意义

该课题力图在国家税收制度政策改革调整后，总结其对云南第一、二、三产业企业（纳税人）产生实质意义的影响，分析与判断税收负担变化规律，探索企业和地方政府应采取的应对战略的学术前沿与发展趋势，探索如何“应对影响”的理论与方法论研究的创新之路。

实践告知人们，任何一项税制改革对经济社会和企业的影响效应都是积极向上的，无论是增税还是减税，均促使企业积极研究财务活动，测算度量税收影响程度，促使企业依靠调整产业结构、产品结构，优化市场营销模式，改善经营管理，努力增收节支，依法开展税收筹划活动等措施，消除因改革成本的增加对企业利润的影响。新一轮税制改革，因属结构性改革、分步实施、逐步到位的改革思路，客观上增加了企业的适应难度，企业必须不断学习掌握新的税收法律规章，在商业谈判、产品定价、产品运输、购销结算、进口与出口、对外投资、引进外资、引进技术等方面加入税收变动成本元素。该研究成果将瞄准以下问题展开研究：一是针对云南企业规模小、央企数量少、知名品牌少、盈利水平低的特点，企业所要面对的问题和困难具有多样性，企业在努力开拓与占领市场、在生产与营销、在规范财务会计管理方面，如何提高依法纳税意识，树立税收成本意识，建立企业财务规划战略，开展纳税筹划，树立应对挑战的信心。二是云南各地方政府如何深化改革，调整职能定位，科学培育市场促进市场繁荣，积极研究争取中央支持，增加地方可用财力，在公共财政框架下科学预算与规划，促进地方企业尽快完成产业结构转变。三是在国家税收制度政策改革调整背景下，云南企业单位如何积极应对，并有效保护好自身利益，从而消除税制改革造成的影响。这就决定了该课题研究具有较强的理论与现实意义。

二、研究成果的主要内容、重要观点和对策建议

（一）主要内容、重要观点

该课题的主题是国家税收制度政策改革调整对云南企业的影响及应对问题，如何适应税收政策变化是云南企业经济活动中面临的一个重要课题。云南企业单位如何正确把握和处理好税收制度政策调整，研究应对措施，选择适当的企业发展战略、财务会计政策，对降低企业税收成本，减少执行政策差错和避免税收征管处罚具有客观必要性。课题采用理论研究、实证研究与政策分析相结合的方法展开论证，在理论研究中，通过文献综述，站在国内学术研究前沿基础上，概括分析了我国新一轮税制改革的一般理论，然后，深入实证研究，系统论证了税收制度政策改革调整与影响，包括论证了对云南第一、二、三产业企业的税收制度政策改革调整内容，对第一、二、三产业企业所产生的影响，提出了第一、二、三产业企业应采取的应对措施，并有针对性地提出对策建议。具体研究内容包括以下几方面：

该课题理论研究部分，即第一至第三部分，系统研究了国家

新一轮税制改革的一般理论，论证主要包括：新一轮税制改革的背景（如我国公共财政框架已成功建立，税收制度出现了不适应性；居民收入分配差距拉大，需要发挥好税收调节作用等）；改革的指导思想、基本原则；改革的必然性；改革的方法和改革的主要内容。论证了国家税收制度政策改革调整对经济行为的影响问题，包括税收政策改革调整对宏观经济的影响（对供给与需求的影响），税收政策改革调整对云南企业的影响（对微观经济的影响），以及税收制度政策改革调整对地方政府财力分配的影响等内容，指出在分税制体制不变情况下，将影响地方财政增长，不利于地方财政支持地方经济建设。

该课题实证研究部分，即第四至第五部分。其中第四部分系统分析了国家税收制度政策改革调整对第一产业纳税人主要税收政策变动的内容，产生的影响（取消除烟叶以外的农业税和农业特产税后，增加了农民收入，减轻了农民负担。由于农产品经营连锁企业比税制改革前少缴纳了10%的企业所得税，使得企业的经营成本有所降低）。系统分析了涉及云南第二产业企业（含资源利用企业）的主要税收制度政策变动的内容，产生的影响（促进了第二产业从业人数的增加、企业数量有了明显增长、企业产值也有了增加、部分国家垄断性企业利润明显下降）。系统分析了涉及云南第三产业的主要税收制度政策变动的内容，产生的影响（促进了第三产业从业人数的增加、税负下降、企业数量明显增长、企业产值利润明显增加）。提出了如下观点：第一产业纳税人应利用好税收优惠政策，转换经营模式，改变经营方向予以应对。第二产业企业应熟练掌握税收制度政策，规范财务核算，发展先进制造业和高附加值产业，提高技术创新能力，设立“税务部”，开展财务税收规划、纳税筹划或聘请注册税务师开展纳税筹划等。第三产业企业应利用好税收优惠政策，选择好投资类型，加强企业财务会计核算，优化产业结构，做好市场营销，学习研究税收政策，依法纳税、依率计征等。

该课题第五部分系统研究了企业应采取的积极应对措施——税收筹划问题，即企业重点可采用八种税收筹划方法。包括纳税人身份的筹划方法；税率变化筹划方法；税基改变筹划方法；利用税收优惠政策筹划方法；纳税期递延筹划方法；税负转嫁筹划方法；资产重组模式的筹划方法和企业组织形式优化组合筹划方法。论证了不同企业或不同税种应采用的税收筹划方法，提出了税收筹划方案的选择与制定思路。

（二）对策建议

1. 向云南地方政府提出的建议

进一步理顺地方政府工作思路和工作目标；明确政府工作重点，抓住重点产业发展，带动相关产业发展；各级地方政府应注重调查研究，加强税收政策管理，落实好各项财政税收优惠政策，履行政府服务承诺；各级地方政府应设立为纳税人服务的绿色通道，各行政事业及党务机关应关心支持纳税人成长，倾听纳税人诉求，帮助并解决纳税人存在的问题与困难，努力培育国际国内知名品牌，提升云南企业竞争力；各级地方政府应灵活审慎行使好地方政府财政税收管理权限，用足用好税收政策。

2. 向中央政府提出的建议

中央政府应重视并照顾西部，特别是西南地区省市的自然经济条件、产业结构与产品结构状况，带动这些地区经济增长方式转变，充分考虑这些地区经济税源规模小、资本吸引与聚结力弱等差异性和特殊性；切实落实“东部反哺西部、工业反哺农业、东部支持中西部发展”的战略主张和西部省区的客观政策诉求；研究调整中央与地方事权与财权关系，财权分割适度向西部地区，特别是西部欠发达地区倾斜，增加西部地区政府可用财力规模，加快适当下放税政管理权限工作进度，发挥地方当家理财主动性；改革资源税费制度，给予西部省市资源税费的政策调整权、价格制定权和征管政策制定权；继续深化地方税收制度和税收征收管理制度改革；促进各级地方税务机关不断优化纳税服务工作，切实帮助纳税人用好用足税收政策。

3. 向云南企事业单位提出的建议

熟练掌握涉及本企业单位的税收制度政策，规划财务活动，规划生产及营销模式，积极主动应对税收制度政策的变化，努力消除影响；应把握好国家区域经济发展的战略策略，把握好各种商机；应熟练掌握鼓励“投资”的税收优惠政策，把握投资时机；应熟练掌握税法，规范财务核算，做好应对准备，提高对举证责任的认识；应重视反避税问题，需要规范管理，强化税收风险意识；应重视并提升研发能力，提高技术创新水平，用好税收鼓励政策；“走出去”，企业的避税问题应受到更多的关注，企业应做好相关规范；积极开展税收筹划，运用税收制度政策的调整，研究国家鼓励什么、限制什么，把握好筹划空间，用好用足税收鼓励和税收优惠政策。

三、研究成果的学术价值、应用价值及社会影响和效益

（一）学术价值

该课题认为，成果采用的研究方法，紧扣主题，先理论研究、后实证研究相结合，站在理论高度研究国家税收制度政策改革完善，客观评价税收制度改革所取得的积极效应（如提出增值税转型，减轻了企业税负，有利于企业增加固定资产投资，调整优化产业结构；有利于促进云南第三产业发展等）；提出对企业产生了负面效应（如消费税税率结构、计税依据调整，降低了企业利润水平；电力产品由于税率变动、价格机制不合理，影

响了企业盈利水平，同时影响了地方财力增长等）；课题根据国家税收制度政策改革调整，具体涉及云南第一、二、三产业的实际，分产业研究税收政策变动、对企业的具体影响、不同产业企业应采取的应对措施等展开研究；实现了研究的系统化和综合性，并大胆突破，勇于创新，有着承前启后的深远意义。课题成果力求做到观点鲜明、论证有力、论据准确、格式规范。该成果将起到激发理论界开展综合研究税收制度政策改革调整对社会经济的影响、瞄准研究视角，积极为决策部门献计献策的主动性，特别是加强实证应用型研究，为纳税人解决实际问题和困难。

另外，该成果理论与实证结合研究，互不偏废，内容具有一定的厚重感，表达力求清晰明确，概念和关系清晰，税收制度政策改革调整内容概括简明，对策建议兼具创新性与针对性。整体来看，虽然文字较长，但显得较为重要，为节约阅读人的时间，该成果概括形成了咨询报告。在研究中还培养锻炼了研究生和年轻教师的研究能力。

（二）应用价值

该研究成果认为：以优化税制结构为目标的新一轮税制改革，对云南经济社会及企业的影响效应是积极向上的，无论是增税还是减税，均促使企业积极研究财务活动，测算度量税收影响程度，促使企业依靠调整产业结构、产品结构，优化市场营销模式，改善经营管理，努力增收节支，依法开展税收筹划活动等措施，消除因改革成本的增加对企业利润的影响。新一轮税制改革，客观上增加了企业的适应难度，企业必须不断学习掌握新的税收法律规章，在商业谈判、产品定价、产品运输、购销结算、进口与出口、对外投资、引进外资、引进技术等方面加入税收成本元素。企业委托中介机构专业人员做好税收筹划的要求将较为普遍。该研究成果若能面向社会、面向云南企业单位并予以采用，将有效解决云南企业所面对的问题。向云南企业传达了这样的信息：企业在努力开拓与占领市场、在生产与营销、在规范财务会计管理方面，应树立依法纳税意识、税收成本意识，建立企业财务规划战略，树立应对挑战的信心。地方政府应深化改革，调整职能定位，科学培育市场，促进市场繁荣，积极研究争取中央支持，增加地方可用财力，在公共财政框架下科学预算与规划，促进地方经济又好又快发展。

（三）社会影响和效益

该课题成果将为云南企业提供分析判断或评价国家税收制度政策改革调整，如对企业产生了什么影响，如何影响，企业如何应对等理论和实证研究结论；对云南企业科学解决生产经营和财务管理中的涉税问题，提供理论与实践指导，特别是便利于企业法人代表、财务会计人员对照参考，缩短运用学习时间，正确作出税收筹划或财务战略规划；将为政府决策部门研究应对提供极具参考价值的成果，便利于国、地两个税务机关开展税收宣传、规范征纳行为、规范执法，用足用好税收优惠政策；进一步促进云南企业积极参与“桥头堡”建设，为云南经济增长方式转变作出应有的贡献。

课题名称：国家税收制度政策改革调整对云南企业的影响及应对研究

课题负责人：杨树琪

所在单位：云南财经大学

主要参加人：高　珂　徐静冉　汪　栋　王叶春　张　熔　李雪英　冯　振　杨箫菡

结项时间：2011年5月3日

云南非公经济发展带动社会就业问题研究

一、课题研究的目标和意义

研究目标是探讨云南省非公经济发展带动社会就业问题。该项目的研究无论在理论上还是在实践上均具有明显的价值和意义。具体体现在如下两方面：

1. 全面、清晰地认识云南非公经济发展与社会就业关系的需要

虽然已有文献从经济发展及就业理论角度分析了非公经济发展与社会就业之间的关系，但这种认识仅停留在定性层面上。

2. 适应云南非公经济发展的需要

自2008年以来，虽然以中小企业为主体的云南省非公经济受到了金融危机的不利影响，但在政府一系列创业政策的激励下，其整体实力反而得到增强。2010年上半年，全省非公经济户数增至120.9万户，比上年同期增长15.7%；非公经济注册资金4 531亿元，比上年同期增长34.5%；非公经济完成社会消费品零售额896亿元，同比增长17.2%，占全社会消费品零售额的82.6%。在云南非公经济蓬勃发展的同时，相应的理论研究则显得滞后和不足，因此本项目的研究对促进云南非公经济的

进一步发展具有明显的理论价值和重要的实践意义。

二、研究成果的主要内容、重要观点

2005—2009年，云南省两种经济形式的GDP、就业人数及单位GDP就业人数对比分析结果显示，尽管目前公有制经济仍是云南省经济增长的主流经济形式，但非公有制经济已表现出强劲的发展势头及就业带动作用。这不仅佐证了该项目的主要研究命题，而且为进一步探讨非公经济发展带动社会就业问题奠定了坚实的基础。

（一）非公经济发展现状及外部环境评价分析

1. 我国非公经济发展现状

自改革开放以来，我国非公经济历经从无到有、从小到大、从弱变强的巨变。自2002年以来，我国非公经济在企业数量、注册资金额、投资总额、工业增加值及从业人数等指标上均呈不断增长趋势。截至2009年年末，在我国工商行政管理部门登记注册的私营企业达到740.2万户，较2008年年底增加82.78万户，增长12.59%；民营企业累计完成社会固定资产投资13.94万亿元，同比增加3.07万亿元，增长28.24%；规模以上私营工业企业增加值同比增长18.7%，高于国有及国有控股企业11.8个百分点；私营企业从业人员达到8 607.0万人，较2008年年底增加703万人，增长8.9%；个体工商户从业人数达到6 585.4万人，较2008年年底增加809万人，增长14.01%。

2. 国内其他省份非公经济发展对云南省的启示

通过对浙江、山东、江苏、广东、福建等省份非公经济发展的特点及优势分析，本研究得出如下几点启示：

（1）解放思想，营造氛围。一是全面贯彻实施国家以及省委、省政府关于鼓励支持非公经济发展的各项政策，确保相关配套措施落实到位，并在全社会范围内营造有利于非公经济公平竞争、健康发展的政策环境、舆论环境和市场环境。二是加强对非公企业的领导，并切实转变政府职能，为非公经济发展做好各项服务工作。三是提高非公企业从业人员的政治地位，并为私营企业家参政议政创造机会。

(2) 改善环境，开拓空间。一是着力解决非公企业融资难的问题。二是切实抓好非公企业负担控减工作，增加税费征收透明度，加强监督检查力度。三是进一步降低市场准入门槛，放宽投资及经营领域。四是抓好私营工业园区的布局规划，解决私营企业征（租）地难的问题。五是以工贸结合的方式为非公经济的发展搭建广阔的舞台。

(3) 以点带面，做大做强。一是实施非公企业做大做强工程，重点扶持及壮大规模以上非公企业、出口私营企业及成长型高科技私营企业。二是抓住当前国际资本和产业转移的机遇，引导私营企业在机制和资本运作上进行创新。三是加大所有制结构调整力度，加快推行现代企业制度。四是培育科技型私营企业，发展高新技术产业。五是加快推进私营企业外向化进程。

(4) 因地制宜，发挥优势。应在学习成功模式的基础上，积极结合自身的区位优势，切实打造出适合云南省自身特点的非公经济发展模式。

3. 云南省非公经济发展现状

改革开放30多年来，云南省非公经济通过自我积累和滚动发展，依托“船小好掉头”的灵活机动优势，不仅迅速实现了资本的原始积累，而且逐渐拓宽了经营领域，并在繁荣城乡市场、扩大就业渠道及增加财税收入等方面发挥了重要的作用，已成为云南省国民经济运行中的活跃分子和经济发展的重要推动力量。然而，尽管纵向比云南非公经济取得了长足成效，但横向比却与东部地区存在较大差距，且省内各地区在非公经济增加值及规模方面差距显著。

4. 云南省非公经济发展外部环境评价

综合云南省非公经济发展外部机会和威胁的评价结果，研究认为，目前云南省相关政府部门应利用好全省新型工业化和工业园区的建设、西部大开发和“走出去”战略的部署与实施、省内投资需求增加等外部契机，并采取有效措施缓解融资渠道狭隘、政府服务意识差、行业垄断、生产要素价格上涨等外部威胁对云南省非公经济发展的影响。

（二）云南省非公经济发展水平综合评价

1. 云南省非公经济发展影响因素分析

结合相关学者的前期成果与云南省非公经济发展特征，本研究从政府、企业自身和区域环境三方面综合考虑了云南省非公经济发展的影响因素。其中，政府因素主要包括政府监管、服务意识及政策措施等子因素；企业自身因素主要包括管理体制、经营机制、员工素质、创新意识及融资能力等子因素；区域环境因素主要包括地区经济发展水平、地域文化、配套基础设施、社会服务体系、地区整体科技水平、地区劳动力资源、区域市场壁垒及区域资本市场等子因素。为甄别以上影响因素是结果因素还是原因因素，课题组采用 DEMATEL 方法进行了系统分析。结果显示，政府因素和区域环境因素对云南省非公经济发展具有重要的原因影响作用；创新意识、经营机制、员工素质、管理体制、融资能力等企业自身因素属于结果因素，即受其他因素的影响而对非公经济发展产生作用。

2. 云南省非公经济发展水平综合评价

基于前文的 DEMATEL 分析结果，课题组构建了云南省非公经济发展水平评价指标体系，并采用 ANP 方法对玉溪、红河、曲靖、昆明、大理五州市的非公经济发展水平进行了综合评价。最终结果显示，云南省五州市非公经济发展水平综合排名依次为昆明、曲靖、玉溪、大理、红河。影响非公经济发展水平因素的重要程度依次为政府管理水平方面：政府监管 > 服务水平 > 政策监管；区域环境方面：区域经济发展水平 > 区域市场开放水平 > 区域资本市场化水平 > 高校教育发展水平 > 社会服务支持体系 > 地域文化 > 区域配套基础设施；企业发展方面：管理水平 > 融资水平 > 经营体制 > 员工素质 > 科技创新水平。

（三）云南省非公经济发展与社会就业的关系机理研究与验证

1. 机理的经济学验证

课题组运用云南省 2000—2009 年的数据对其 GDP 和就业总数进行了 Granger 因果关系检验。结果显示，经济发展是云南省就业增长的重要动力。与此同时，课题组采用灰色关联分析方法，对非公经济发展与社会就业之间的关系予以了探讨。结果表明，云南省三大产业就业人数与非公经济的灰色关联度排序为第三产业 > 第二产业 > 第一产业。综合前文研究结果，课题组认为非公经济发展首先促进了三大产业的发展，进而带动了不同行业的就业增长。

2. 机理的管理学验证

为进一步验证云南省非公经济发展对社会就业的带动作用，课题组从企业层面对非公企业发展与企业就业之间的关系进行了实证研究。最终结果如下：一是政府环境、区域环境等外部因素对非公企业的发展表现出显著的正向影响作用。二是尽管短期内区域的文化环境和教育环境对非公企业的发展并未表现出显著的影响作用，但从长期来看，它们对非公企业发展却具有深远的意义。三是相对于知识密集型非公企业而言，非知识密集型企业发展对企业就业数量表现出显著的正向影响作用，且其长期绩效比短期绩效对企业就业数量的正向影响更为显著。四是相对于非知识密集型非公企业而言，知识密集型非公企业发展对企业就业质量具有显著的正向影响作用，且其长期绩效比短期绩效对企业就业质量的正向影响更为明显。

（四）云南省非公经济发展带动社会就业的促进对策

基于前文的研究结果，课题组从政府和企业两个层面分别提出了云南省非公经济发展带动社会就业的促进对策。

1. 从政府角度分析

一是健全政策服务体系，优化政务环境。具体表现在强化政府服务意识、加大政策支持力度、优化舆论环境以及加强政府监管等方面。二是加强融资服务体系建设，拓展融资渠道。三是完善其他相关服务体系，提高服务效能。

2. 从企业角度分析

一是提高企业员工素质，强化自主创新能力。二是完善企业经营机制，真正建立现代企业制度。三是加强企业信用建设，提升企业融资能力。

三、研究成果的学术价值及社会影响和效益

为分析云南省非公经济发展状况及其与社会就业之间的关系机理，课题组首先采用了 DS/AHP 方法对云南省非公经济发展外部环境进行评价，从而有效弥补了现有研究在方法上的局限性；然后，应用 DEMATEL 方法对影响云南非公经济发展的因素予以了综合分析，从而清晰地界定出各影响因素是原因因素还是结果因素，为后文科学构建 ANP 综合评价网络提供了基础条件；接下来，采用复杂系统 ANP 方法对区域非公经济发展水平进行

了综合评价；最后，采用宏微观数据相结合的方式，对云南省非公经济发展与社会就业之间的关系进行了验证。截至 2011 年 1 月，课题组成员共在国内相关核心刊物上发表与课题研究相关的论文 4 篇，体现了研究成果的学术价值。

与此同时，课题组积极吸纳省内学术界、政府界及从业界非公人士的宝贵意见，并采用定性与定量综合集成的方式、理论研究与实证分析相结合的方式剖析了云南省非公经济发展带动社会就业问题。项目最终得出的对策建议对促进云南省非公经济的全面协调发展具有重要的实践参考价值和社会影响。

课题名称：云南非公经济发展带动社会就业问题研究
课题负责人：段万春
所在单位：昆明理工大学
主要参加人：孙永河　杜元伟　许　亮　缪　彬　于东平
李亚群　兰　图　王新丽　林江珠　陈美玲
李曼菁
结项时间：2011 年 5 月 4 日

县域经济跨越式发展的“双向三化”路径研究

——以寻甸县为例

一、课题研究的目的和意义

县域经济是以县级行政区划为地理空间，以县级政权为调控主体，以市场为导向优化配置资源，具有体系完整、功能完备、决策自主、工作独立、地域特色的经济综合体。它具有基础性、综合性、交叉性、独立性和能动性等属性。县域经济是我国经济发展的重要载体。繁荣县域经济是做好全县政治、经济、文化、教育、卫生、社会等各项工作的经济基础和物质保障，对国民经济发展、民族团结、社会稳定、和谐发展具有重要意义。

二、研究成果的主要内容、重要观点和对策建议

世界上许多国家没有县级行政设置，即使有县级行政设置的国家，其县级行政区域主要承担社会管理职能，不像中国县级行政那样直接介入专业领域的经济活动。因此，国外更多的是从区域经济角度研究县域经济。中国的县域经济是一种具有地域和行政特色的特殊经济体。

1. 县域经济体的特殊属性需要发挥政府促进发展的职能作用

中国县级行政体制设置的制度体制特性决定了县域经济的特殊性。制度经济学重视从国家角度或社会制度层面研究正式制度对经济发展的作用；从县域制度层面研究县域制度及其变迁对县域经济发展的成果少见。原因是世界上不管是发达国家还是发展中国家，90%的都是属于三级政府的国家制度结构和一级政府的城市制度的“扁平管理模式”。我国在国家政权结构中设置县级行政体制有上千年历史，是世界上为数不多的五级党委、五级政府、五级人大、四级政协、四级法院、四级检察院的制度体制结构，县位居五级政府结构中的第四级。这种制度体制结构每上下一个层次，情况千差万别。在全国的上位法和上位方针政策下，县级如何自主创新制度，这对地方来说是一个考验，因为立法是自上而下的，制度创新是自下而上的，当中的结合点是政策。改革开放以来，开展了一系列的自下而上的体制和机构改革，但是，政治改革滞后。因此，十七届五中全会提出，制度体制改革将注重“顶层设计”。与县级行政体制同级的行政组织还有县级市和县级区。县与县级市和区之间的政府在国家行政组织体系中的地位和作用的不同，说明县域经济具有特殊性。县域经济具有农业性、地域性、层次性、综合性、集散性、不平衡性“六性”特征。

县域经济发展比较区域经济应该更加重视发挥政府的职能和作用。虽然经济学理论对经济发展的模式和影响因素存在着争议和分歧，但是，除历史上的传统主流经济学外，如今不同经济学科的经济学者都不同程度地重视政府的作用，重视国家层面上的宏观调控。特别是在基础设施投资上、收入分配的格局上、市场秩序的维护上，认为政府都应该起关键性作用。

2. 县域经济发展成功模式的规律性

县域经济发展成功模式具有以下共同规律：

(1) 改革和创新制度机制是加快县域经济发展的思想前提和制度基础。县域经济快速发展很大程度上得益于制度创新的推动。制度创新解放生产力，完善市场经济体制，合理配置资源。在改革和创新县域经济发展的制度体制的同时，要完善和创新县域经济发展机制。

(2) 商品经济和资本经济是县域经济成功发展共同的社会经济形态。西部绝大多数地方的“三农”的经济形态、价值观念主要是自然经济和简单商品经济，现代商品经济、市场经济、资本经济的比重很小及其观念淡薄。县域经济成功发展必须实现产业资本和虚拟资本并行运作、产业经济和产权经济共同发展。

(3) 发展县域经济的重要经济组织形式是“三制”形式。合作制、公司制、集团制“三制”是县域经济实现工业化、城市化、市场化“三化”的经济组织形式。从发展成功的东部和沿海县域经济模式来看，农业产业化和农村经济的发展都是通过公司制发展并走向强大的。苏州的“三置换三集中”和成都统筹城乡发展的综合改革成效，都离不开对经济组织的“三制”形式的利用及发挥。

(4) 加快投资和资本积累仍是落后县区经济发展的重要手段。加快投资和资本积累的同时，应当重视其他因素对经济发展的作用。如政府运用公共政策手段为经济增长提供高质量的教育，较好的健康保障体系，合理的金融和法律制度，以及相应的克服垄断的各种有效的规制和手段，这样，资本和技术等要素才能够更有效地发挥积极作用，最终实现社会公正的发展目标。

此外，发展县域经济的主体涉及部门、政府、市场、企业和社会“五个主体”，“五个主体”联动是县域经济成功发展依靠的共同力量。比较优势往往是陷入“比较优势陷阱”导致县域经济落后的共同原因。县域经济发展的每一种成功模式都蕴涵着规律的一般性和特殊性，不可能有放之四海而皆准的县域经济发展模式。同一模式在不同阶段有不同的发展、升级和转型。

3. 县域经济包容性增长“双向三化一体”是县域经济发展的共同路径

工业化、城市化、市场化“老三化”具有自然属性和社会属性的两重性质以及积极作用和消极作用的两重功能，合称两重性，两重性之间具有对立统一性。“三农”问题是“老三化”的两重性之间的对立的后遗症和并发症。西方发达国家的“三农”问题，是在资本主义私有制基础上通过市场制度体制机制，来实现工农产业和工农职业一体化发展，城乡区域一体化发展，市民与农民在户籍、住房、社会保障等一系列社会事业和社会福利的一体化发展。

我国的“三农”问题与西方发达国家有所不同。我国在国家层面面临三大难题：一是“工农一体化”需要工人、农民、知识分子等劳动者在工农产业之间双向流动，才能做到产业一体化协调发展和职业一体化平等保护。可是，我国长期形成的工农产业政策差距和工农职业身份差异，以及产业和职业的社会保障制度限制了工人、农民、知识分子等劳动者在工农产业和职业之间的双向流动，目前只能是单向流动，即农业和农民流向工业产业和其他职业。二是“城乡一体化”需要公民的生产和生活在城乡区域之间双向流动，但是这面临人口的户籍制度及其相对的社会福利制度约束。三是“农民市民一体化”需要农民与市民在城乡之间、工农产业及职业之间自由选择和自愿流动，可是，现行的国有土地上的商品房和农村集体土地上的农民住房的产权性质、财富积累性质、价值保值增值形式，农村居民住房不可跨越集体进行市场交易，以及工农职业就业的社会保险、社会福利待遇的差异，对于市民和优秀人才流向农村居住、农业生产、农村发展都形成了硬约束和制度性障碍，只能是“三农”要素向工业、城市、市民的单向流动，现行的制度体制机制钳制了工业、城市、市民的资源流向“三农”。这些严重制约了经济增长方式和经济发展方式的转变。县域经济包容性增长“双向三化一体”发展路径研究，就是要奋力探索改革和创新这些制度体制机制的路径。

农业的新型工业化、农村的新型城镇化和农民的市民化，而且生产要素和资源在工农产业和职业之间、城乡之间、市民与农民之间，在制度体制机制大道上自由自主流动，形成一体化的有机整体，这就是“双向三化一体”发展路径。

4. 促进寻甸县域经济发展的布局规划和政策措施

寻甸县的工业化、城镇化、市场化、国际化、信息化和生态化“六化”水平低于昆明全市平均水平。寻甸县域经济具有农业性、地域性、层次性、综合性、集散性、不平衡性“六性”属性和发展上的“四慢、四低”特征以及“三增、三大、两小、双穷、自治”的特点，并且存在“一大”、“一薄弱”和“七个不”的主要问题。而且，随着昆明倘甸产业园区和昆明轿子山旅游开发区的成立，寻甸县倘甸、联合、凤合、金源4个乡镇移交托管。清水河、牛栏江的水环境综合治理和保护，涉及寻甸境内的羊街、仁德、七星、河口等多个重点乡镇。县域乡镇调整和水环境综合治理保护对生产力的空间布局和产业发展的限制有较大影响。这些变化和影响使寻甸县县情发生了重大变化，寻甸县有必要对“十二五”规划进行重新研究和规划修改。寻甸县要紧紧抓住千载难逢的国家、省、市三个层次的“蝶形”生产力布局规划及其有望形成的“蝴蝶效应”机遇，对寻甸县域内5个方面“蝶形”布局规划县域生产力，并力争形成“蝶群效应”。要全力加速新型工业化、强力推进全域城镇化、奋力全面拓展市场化、大力进入高端信息化、聚力实施环境生态化、努力参与融入国际化、竭力促进“三农”实现“新三化”。

三、研究成果的学术价值、应用价值及社会影响

县域经济是城市与农村、工业与农业、宏观与微观的连接点。因此，县域经济是国民经济最基本的单元，是宏观经济运作的基本因素和基础，整个国民经济总量及其增长速度在很大程度上取决于县域经济的发展。以研究寻甸县的县域经济发展为典型个案，进行深入细致的分析，探寻其发展路径，这对于解决贫困县分布较集中、数量较多的云南省的县域经济发展来说，在云南和西部县域经济发展中具有代表性和普遍性，对于促进落后地区的区域经济统筹和谐发展，是极为有益和十分迫切的探索。

课题名称：县域经济跨越式发展的“双向三化”路径研究
——以寻甸县为例
课题负责人：刘　荣
所在单位：中共寻甸县委
主要参加人：杨志银　姚海利　肖正坤　何敬中　徐郑锋
李孝伟　张光富　张应良
结项时间：2011 年 8 月 1 日

政治学

和谐世界与周边安全合作

一、课题研究的目的和意义

该课题的研究旨在说明，以“和谐世界”理论为指导，中国在处理复杂的国际关系尤其是周边关系时，主要是通过合作、协商解决问题，追求双赢和多赢，而不是零和的结果。通过国际安全合作尤其是周边安全合作促进共同安全、共同发展，是当今时代发展的要求，也是建设和谐世界、和谐周边的必要条件。只有以合作的精神来处理国家间关系、参与地区安全合作机制的构建，以合作的精神来推动地区与世界的和平与发展，这个世界才会有和谐。

课题以中国所处的周边环境为背景，以和谐世界理论为指导，结合国际经济学、国际政治学、地缘政治学的理论和国家外交战略，对中国与周边国家的安全关系进行分析。这是对以往把中国周边安全环境变化、中国周边安全合作的推进与营造和谐周边、建立和谐世界分别研究造成的局限，在相关理论上的进一步突破和丰富，为今后理论研究作了铺垫。

二、研究成果的主要内容、重要观点

（一）和谐世界与中国外交

建设和谐世界，是中国走和平发展道路的崇高目标。一方面，中国国内和谐社会构建的实践，必将对其他国家的建设和发展产生积极深刻的影响，推动和谐世界的建设；另一方面，中国的和平发展需要营造良好的外部环境，必须积极争取和平稳定的国际环境、睦邻友好的周边环境、平等互利的合作环境、互信协作的安全环境和客观友善的舆论环境。

建设和谐世界，必须正确处理周边关系。中国是世界上陆地边界线最长、邻国最多的国家，边界情况复杂。周边地区一直是中国外交战略中的重要组成部分，也是中国有所作为的重点区域。

建设“和谐世界”的外交把与周边地区的协调作为首要任务。和谐世界是由各个和谐地区所构成的，而和谐周边则是中国推动建设和谐世界的出发点。中国积极推动“和谐周边”与和谐地区的建设，争取实现中国与邻国之间乃至邻国之间的和平与和谐相处。最后逐步地推动建设“和谐世界”，争取实现全世界的总体和平与基本和谐。

中国以“和谐世界”理念为指导，主张各国在安全上应相互信任，通过互利合作维护地区和国际安全。在处理复杂的国际关系时，应坚持以协商化解矛盾，以合作谋求稳定。主要通过合作、协商解决问题，追求双赢和多赢，而不是一胜一负的零和结果。

（二）中国的周边地缘环境

地缘政治在狭义上说，是指一个国家与周边国家的地缘关系。中国的地缘政治状况是比较复杂的，中国是亚洲诸国中邻国最多，地缘矛盾最多、最复杂的战略主体。中国是一个陆地海洋性国家，陆地和海洋共同构成中国的周边地带。

从地缘政治视角看，中国关于"大国是关键，周边是首要，发展中国家是基础，多边是舞台"的外交战略中，将"周边"置于"首要"位置。

根据地缘政治理论，中国与周边国家所在区域是欧亚大陆地缘战略区和海洋战略区的结合部，周边安全环境在中国未来面临的国际环境中处于特殊地位。周边既是中国安全疆界的延伸，也是中国安全的屏障。

对中国而言，稳定周边是改善国际环境的重要方面。中国地缘战略的根本目的是为和平发展营造一个良好、稳定、安全的周边环境，其中最突出的就是中国尤为关注与周边国家建立和发展友好合作关系。

在与中国毗邻的周边地区中，东南亚和中亚对中国具有重要的战略地位。东南亚地区和中亚地区的安全稳定与否对中国有着重要影响。

由上述地缘政治状况决定，东南亚和中亚成为中国外交关注的重点地区。中国背陆面海的地理位置决定了中国既拥有陆地和海洋两个方面的利益，也面对来自陆地和海洋两个方面的威胁。东南亚地区和中亚地区是中国海上地缘线和陆上地缘线的重要组成部分，是中国的重要利益之所在，对维护中国周边地区的稳定、促进中国和平发展具有重要的战略意义。

（三）安全观与安全困境

新安全观的主要思想是：国际关系及国际格局，不是亘古不变的，而是不断进步、朝着人类发展的"高级方向"慢慢演化的，国际关系虽然仍然没有完全克服无政府状态，但到了当代，它建立了越来越多的协调机制，出现了争取和平与发展的强烈氛围。国际组织与国际法尽管尚无法与国内政府和法律抗衡，但它们毕竟变得比从前更有效和有力。在这种新形势下面，安全观必须加以扩展、转换和充实，它所应当分析和回答的，不仅是与以往的军事冲突和外交斗争有关的内容，而且还要有对全球化时代新现实新问题的关注与探讨。

中国提出一种适合本地区多样性特点的新型地区安全观，强调地区安全合作应加强四个方面：平等、友好和稳定的政治关系，经济合作与交流的经济基础，和平解决争端的方法以及对话与合作的支柱。中国新安全观的核心是互信、互利、平等、合作。新安全观成为指导中国处理包括东盟在内的与其他国家安全关系的准则。时至今日，新安全观不但成为中国解决国际安全问题的根本指导思想和价值观，还日益被国际社会所重视。

安全不是孤立的、零和的、绝对的，任何一国的安全都与地区和全球的安全紧密相连，只有通过国际合作，才能有效解决各国共同的安全问题。这说明，安全是一种合作性的，具有多行为体复合相互依赖特质的模式。鉴于此，安全合作成为维护国际安全的有效途径，共同安全是维护国际安全的最终目标。各国需要通过加强各领域合作扩大共同利益，通过一些因素如国家安全观念的改变、国际安全合作的加强等来促进安全困境的解决，即通过合作性的而不是竞争性的战略来实现共同的安全目标。

（四）中国所处的周边安全环境

周边安全环境是中国面临的国际环境之重要组成部分，也是影响中国国家安全与发展的最直接和最主要的外部因素。

周边安全环境是紧张还是缓和、是友好还是敌对，由多种因素决定，但其中极其重要的一点，就是周边边情。要创造一个长期稳定的周边安全环境和睦邻友好的周边关系，有必要了解中国周边边情及其现状。

中国所处周边环境特别复杂的性质，决定了在中国与邻国之间发生摩擦的概率要更大一些。复杂的地缘关系，决定了中国的安全战略具有多边性。

冷战结束后，中国周边安全环境得到根本改善。进入新世纪以来，中国周边安全环境是总体稳定与局部动荡并存。中国周边从西到东，从南到北的紧邻国家，大多面临传统安全威胁与非传统安全威胁的挑战。中国周边安全环境中既存在不利的因素，也存在着一些有利因素。

正确判断中国周边的安全环境，与周边国家发展良好睦邻关系，不断加强中国与一些周边国家在政治、战略层面的合作，建立起高度稳定的、经得起国际环境变化考验的战略关系，对于共同营造和平稳定、平等互信、合作共赢的良好地区环境，保证中国的国家安全，具有十分重要的意义。

（五）中国与周边国家的安全合作

冷战后，中国与周边国家展开了各种双边与多边合作，在国际和地区事务中保持良好协调与配合，并形成了直接对话机制。

中国非常重视与周边国家的区域性组织以及同周边国家建立良好的协调合作机制，积极参与地区安全对话与合作，致力于加强与周边国家的安全互信。中国以上海合作组织、东盟地区论坛为代表的多边安全合作框架为依托，宣传自己的安全观念、践行自己的安全主张，在参与周边多边外交时推动周边地区制度化安全合作机制的建立。

中国和东盟国家努力通过对话增进互信，通过磋商和平解决争议，通过合作实现地区安全。在中国与东盟之间关于主权和领土争端等传统安全问题基本得到控制或解决的情况下，非传统安全问题的负面影响不断显现。中国高度重视与东南亚各国在非传统安全领域的合作，主张采取综合措施，标本兼治，共同应对非传统安全威胁。近年来，中国与东盟在非传统安全领域已经开展了有效的合作，并且取得了明显的效果。

根据中国与中亚共同面临的非传统安全问题，中国与中亚地区的安全合作表现在两个方面：首先，抑制“东突”分裂势力；其次，使中亚成为中国能源进口多元化的渠道之一和区域经济合作的对象。中国积极地参与和推动了上海合作组织构架下的反恐合作。中国已经与中亚一些国家进行石油合作。

虽然说，目前中国周边地区还不存在制度化的多边安全合作机制，安全合作主要还停留在条约和协议的层面，但以上海合作组织、东盟地区论坛为代表的多边安全合作框架已经出现。

（六）对中国与东南亚、中亚地区安全合作的比较研究

中国与东南亚和中亚地区安全合作的状态呈现出一定的共性。由地缘政治状况决定，东南亚和中亚是中国新世纪周边地缘战略需要重点经营的地区。东南亚地区和中亚地区的稳定和安全对中国有直接的影响。

中国与东南亚和中亚地区安全合作的状态也呈现出较大的差异性。由于受多种因素的影响，中国在东南亚和中亚地区现有安全合作框架中起着不同的作用。

中国积极推动与东南亚地区和中亚地区国家的安全合作尤其是非传统安全合作并取得了较大成果，但中国推动的周边安全合作面临新的挑战，安全合作的进程受到多方影响。

中国与东南亚和中亚安全合作均未形成制度化的机制。目前中国与东南亚、中亚多边安全合作机制构建已经取得一定成效，由不同层次的多种安全合作对话机制构成的网络已经初步形成，多边安全合作的内容更加深入务实，功能性合作领域大为增加，但要建立一个为各方认可的、具有最大程度包容性且具有效力的

多边安全合作机制，尚待时日。

三、研究成果的学术价值、应用价值及社会影响和效益

该课题对研究当前中国的地区安全合作进程中安全架构缺失的问题及中国作为地区性大国，如何在对外开放不断扩大的背景下积极开展与周边国家在地区安全机制建构中的合作，拓展自己的地缘政治空间，共同寻求安全困境的出路，营造和平稳定、平等互信、合作共赢的周边环境，构建持久和平、共同繁荣的和谐世界，极具学术价值和应用价值。

课题名称：和谐世界与周边安全合作
课题负责人：李晓伟
所在单位：云南师范大学
主要参加人：张国林　张晓霞　熊明昌　许太琴　卓海丹
结项时间：2010 年 6 月 29 日

加强国有企业领导班子反腐倡廉建设问题研究

一、课题研究的目的和意义

国有企业是国民经济的重要支柱，是我们党执政的重要经济基础，是发展中国特色社会主义的核心力量。推进国有企业改革发展，关键在党、关键在人、关键在领导班子。国有企业领导班子是国有企业改革发展的直接领导者、经营决策者、组织管理和推动者，领导班子特别是“一把手”综合素质的高低直接影响到企业的健康发展。因此，以国有企业领导班子为重点，从教育、制度、监督、改革等方面入手，加强国有企业领导班子反腐倡廉建设，是深入贯彻落实科学发展观、整体推进国有企业反腐倡廉建设、确保国有企业健康发展的关键。

新世纪、新阶段，面对当今世界正在发生的广泛而深刻的变化和当代中国正在发生的广泛而深刻的变革，国有企业改革发展面临着前所未有的机遇和挑战。在国有企业应对国际金融危机和深化企业公司股份制改革的关键时期，深入研究国有企业领导班子反腐倡廉建设遇到的新情况、新问题，把完善公司治理结构同强化权力制约、加强企业管理同健全反腐倡廉机制、提高企业科学发展能力同增强惩治和预防腐败能力有机地结合，积极探索具有中国特色国有企业的惩治和预防腐败体系的新路子，对于提高国有企业反腐倡廉建设的科学化水平，为国有企业改革发展提供有力保证，具有重要的现实意义。

二、研究成果的主要内容、重要观点

（一）主要内容

该课题研究始终坚持以科学发展观为指导，坚持围绕中心、服务大局，坚持以改革创新精神推进课题研究工作。首先，从全局和战略的高度，阐述了加强国有企业领导班子反腐倡廉建设的重要性和必要性，以提高认识，增强政治责任感和紧迫感。其次，深入分析了国有企业反腐倡廉建设面临的新形势、新挑战，深刻认识国有企业领导班子反腐倡廉建设的复杂性。再次，深入研究社会主义市场经济条件下国有企业领导班子反腐倡廉建设的五个方面的特点和规律，认真分析国有企业领导班子反腐倡廉建设存在的六个方面的问题及原因。最后，在深入、系统调查研究、综合分析的基础上，从教育、制度、监督等六个方面明确提出加强国有企业领导班子反腐倡廉建设的对策建议，即完善教育长效机制，发挥国企领导人员廉洁从业教育的先导作用；完善企业领导干部权力运行约束、制衡机制，发挥权力运行制约和监督的关键作用；完善国有企业领导人员激励和约束机制，发挥制度建设的基础作用；完善国有企业违纪违法案件的查处机制，发挥惩治腐败的治本功能；强化领导体制和工作机制，发挥国企领导班子反腐倡廉建设的推动作用；努力提高教育的说服力、制度的约束力、监督的制衡力、惩治的威慑力，增强国有企业领导班子反腐倡廉建设的综合效能。

（二）重要观点

（1）实行党政分设制度。设董事会的企业，实行董事长、总经理分设，符合条件的党委书记可通过法定程序担任董事长；未设董事会的企业，实行党委书记、总经理分设；坚持“双向进入、交叉任职”的领导体制，党委书记和董事长分设的，党委书记可兼任副董事长，是党员的董事长可兼任党委副书记。

（2）建立健全财务总监委派制度。集团公司财务总监由出资人委派，二级企业财务总监由集团公司委派；集团公司财务总监的选聘、任免、考核应由国资委负责，薪酬由国资委确定发放，所需费用由国资委在国有资本收益中列支。

（3）建立健全董事会决策支持系统，建立健全董事会下设战略委员会、提名委员会、薪酬委员会、审计委员会等若干专门委员会。

（4）完善境外投资及境外国有资产监管制度，加强出资人监管和投资单位监管。

（5）建立国有企业领导人员任期制，按照有利于企业发展和企业经营管理者成长的规律，国有企业主要领导人员的任职一般为3～5年一届，经考核可以连任，原则上任职一般不超过两届。

（6）建立完善的干部交流制度，疏通党政机关干部、国有企业领导人员交流渠道。

（7）以培养高素质的企业家为目标，完善国有企业领导人员培养机制。

（8）完善国有企业领导人员薪酬激励机制，合理确定国有企业负责人和高层管理人员基本年薪，将企业领导人员薪酬管理纳入统一的规范体系。

（9）完善国有企业反腐倡廉建设领导体制，建议省国资委纪委书记进入省纪委常委，便于省委加强对国有企业领导班子反腐倡廉建设的领导，深入推进国有企业反腐倡廉建设。

（10）加强国有企业纪检监察机构和队伍建设。实行企业纪检监察人员与经营管理人员双向交流制度，把懂经营管理、善于发现腐败易发多发部位和管理漏洞等的业务部门人员交流到纪检监察岗位，把懂政策、明规纪的纪检监察人员交流到经营管理岗位，使纪检监察工作与经营管理有效地融合为一体，及时防止经营管理中的违法违纪行为。

三、研究成果的学术价值、应用价值及社会影响和效益

该课题研究成果坚持实践创新、理论创新和制度创新有机统一的原则，在深入调查研究的基础上，以改革的精神、创新的思路、发展的办法，积极探索有效惩治和预防腐败的新思路、新办法、新途径，着力构建有利于企业领导班子建设、企业家成长和企业发展的反腐倡廉建设的制度体系，体现了时代性，着力把握规律性，力求创造性，不断提高国有企业反腐倡廉建设的整体性、系统性、针对性和实效性。提出的对策建议具有较强的指导性、可操作性，能够为省委、省政府领导提供较好的决策参考。

课题名称：加强国有企业领导班子反腐倡廉建设问题研究
课题负责人：郑维川
所在单位：云南省委研究室
主要参加人：张翔林　赵建勋　赵　玉　尚金城　周华萍
结项时间：2010 年 11 月 2 日

云南新农村建设中的基层政府职能转换机制研究

一、课题研究的目的和意义

（一）基层政府职能转换机制研究的视角为思考新农村建设提供了新的视野和突破口

党的十六届五中全会提出新农村建设的重大战略任务，要顺利推进新农村建设，实现这一重大战略任务需要开拓新的视野和找到新的突破口，尽快实现基层政府职能转换便是关键。基层政府职能转换机制研究的视角，从政府职能转换的生成机制、生态机制、辅助机制、保障机制四个方面，构建基层政府职能转换机制。

（二）基层政府职能转换机制研究的视角提出了新农村建设的主导力量

基层政府是我国直接面向广大农村的最末一级公共政权组织，在新农村建设的重大战略任务面前，成为推动新农村建设的主导力量。我国农村人口众多，农村地域广阔，情况复杂且极具差异，离开基层政府这一政权组织，新农村建设是不可想象的。而要更好地发挥基层政府在新农村建设中的主导力量，其职能转换机制的研究是首先必须厘清的问题。

（三）在新农村建设中研究基层政府职能转换机制问题有着丰富的政策含义

新农村建设重大战略任务的提出，农业税在我国的全面取消，基层政府再度成为政界和学界关注的焦点，它的职能定位以至存续问题受到广泛的关注。笔者通过对云南省倘甸镇镇政府及邓家村、黄坪镇镇政府及雷钵寺村、七星乡乡政府及桥上村、小坝者村和黑麦地村进行了封闭式问卷调查和访谈分析认为，我国广大农村离不开基层政府这一政权组织，目前基层政府治理面临的重点问题是其职能的科学定位和有效发挥，调整和完善其职能以适应农村经济和社会发展的需要，更好地促进新农村建设的历史进程。因此，该课题在新农村建设的背景下来研究基层政府职能转换机制问题，既对基层政府体制改革有着重大的理论意义和实践意义，又对新农村建设产生实质性作用。该课题的研究符合时代发展要求，并体现出深刻的政策含义。

二、研究成果的主要内容

（一）我国基层政府发展的历史沿革及其中西政府职能特性分析

1. 西方主要发达国家地方政府的职能特性

第一，合理划分各级政府的事权。西方国家普遍的做法是不同级别的政府职能有所侧重，事权有一定的分工。在英国，郡政府一般负责警务、消防、教育和社会福利等事务，区政府担负住房管理和环境保护等事务，最基层的教区或者社区管理丧葬火化、人行道和体育娱乐设施等。

第二，确立地方政府的财权与事权相统一的原则。西方国家各级地方政府在合理和清晰地划分各级政府事权的基础上，确立各级政府的事权与财权相统一的原则，以立法形式明确确立各级政府的税种。地方政府财政收入上都有较强的相对独立性，中央主要靠财政转移支付控制地方政府。

第三，尊重地方政府的相对自主地位。民主不仅仅意味着国家政权要有人民的选举、人民的参与，也意味着各级政府之间的相互尊重和平等的商议权、讨论权和知情权，尤其是最基层政府相对于上级政府或部门的相对自主权、表达权和商议权。基层政府享有独立公法人资格，能在各自的职权范围内行使独立自主权。

2. 我国基层政府的职能特性

第一，基层政府职能的直接性。乡镇基层政府与群众之间、生产者经营者之间没有任何作为国家政权机关的中介组织，他们同群众、生产者、经营者的关系是完全直接的关系。

第二，基层政府职能的综合性。乡镇基层政府编制小、人员少，职能部门设置数量有限。但是它的上级机关分工较细，一般都设有许多职能部门，这些部门都分门别类地管着乡镇，要把它们的工作落实到乡镇上来。

第三，基层政府职能的具体性。乡镇基层政府的工作直接面对着农村群众，面对着生产者、经营者，面对着大量的具体问题，如群众的生产生活、农村社会治安的维护、民间纠纷的调解、国家政策的宣传贯彻、农业科技信息的推广等。在这些具体问题上，乡镇基层政府在履行职能过程中必须具体化，才能真正解决问题，使工作向前推进。

第四，基层政府职能的实效性。由于乡镇基层政府直接面向农村，面对群众，其所做的一切工作都在老百姓的监督之下，都被老百姓看在眼里，记在心里，所以没有实效不行。

（二）目前新农村建设中，基层政府职能定位存在的问题及其原因分析

1. 基层政府职能定位存在的问题

第一，在社会管理上，基层政府的权力运行存在“越位”现象。

第二，在发展经济上，基层政府存在认识上的偏差，往往直接介入经济活动，成为经济活动的主体。

第三，在文化建设上，农村文化生活单调和稀缺，基层政府未能保障相应的文化设施和环境，对不健康文化侵入农村缺乏有效的监管。

第四，在公共服务职能上，基层政府提供的农村公共服务严重不足，农村缺乏应有的社会保障体系。

2. 基层政府职能定位存在的问题探源

第一，乡镇基层政府人员思想认识和综合素质的制约。

第二，传统行政理念和体制缺陷的影响。

第三，乡镇基层政府“事权”与“财权”严重失衡，“条条”与“块块”互相分割。

第四，基层政府职能履行缺乏有效的监管。

（三）构建基层政府职能转换机制，促进新农村建设的思考

目前，我国基层政府职能状况与新农村建设的新形势、新发展，还存在着很多不相适应的方面，当务之急是尽快实现基层政府职能转换，有效发挥基层政府职能，推进新农村建设，促进农村经济和社会的发展。

1. 实现基层政府职能新定位：构建基层政府职能转换的生成机制

第一，乡镇基层政府的社会管理职能定位在服务。

第二，乡镇基层政府的经济服务职能定位在调控。

第三，乡镇基层政府的文化建设职能定位在教育。

第四，乡镇基层政府的指导职能定位在监督与建制。

2. 充分利用农村本土资源：构建基层政府职能转换的生态机制

第一，发挥家庭家族这一农村基本细胞的功能和作用。

第二，形成村民议论性参与制度化。

第三，人际关系网络的有效利用。

3. 大力发展农村合作组织：构建基层政府职能转换的辅助机制

第一，村庄的封闭性决定了发展农村合作组织的必要性。

第二，农村社会力量的薄弱决定了发展农村合作组织的紧迫性。

第三，农民自身利益保护的脆弱性决定了发展农村合作组织的重要性。

4. 完善监控体系：构建基层政府职能转换的保障机制

第一，完善相关的法律体系。

第二，发挥各方面的力量对基层政府进行监督，促使其职能规范化。

第三，建立民主合作的乡镇权力运行机制。

三、研究成果的学术价值和应用价值

该课题研究不仅可以深化和丰富基层政府职能的理论研究，特别是为实现新农村文化建设的“生产发展、生活宽裕、乡风文明、村容整洁、管理民主”目标创建体制保障环境，还可以为政府和相关部门制定新农村建设的具体政策提供实证依据，为实现新农村建设中的政治建设提供针对性和操作性的政策建议。

课题名称：云南新农村建设中的基层政府职能转换机制研究
课题负责人：兰青松
所在单位：云南师范大学
主要参加人：王茂美　黄金泉　魏芳芳　周政龙　邓永海
　　　　　　张维薇　潘　嵩　胥晓雪
结项时间：2010 年 11 月 12 日

云南边疆少数民族地区群体性突发事件的原因及应对措施研究

一、课题研究的目的和意义

群体性事件的发生是当前我国社会各种矛盾的综合反映。群体性事件往往会给国家和社会的正常管理秩序和生产生活秩序造成严重的破坏，情节特别严重的还可能引起社会动荡，我们必须高度重视群体性突发事件的预防与处置。

近年来，云南的群体性突发事件呈上升趋势，已经成为云南当前较为突出的社会问题。因此，要构建和谐云南，确保云南经济发展、社会和谐、人心安定、民族团结、边疆稳定，加快云南面向东南亚、南亚开放的桥头堡建设，就必须对云南群体性突发事件产生的原因进行深入分析及预测，研究预防对策，制定预警机制，从根本上预防和处置群体性突发事件。政府在面对群体性突发事件时，如何正确判断事件的性质，准确掌握事件的缘由，及时化解矛盾，采取切实、有效、妥当的应对措施十分重要。

该课题一方面运用多学科知识，从理论上探讨了云南群体性突发事件产生的原因，正确揭示了云南群体性突发事件的特点，科学地预测了云南群体性突发事件的发展趋势；另一方面，从实际出发，给出了当前应对云南群体性事件的宏观对策和极具时效性、针对性和可操作性的具体措施。为云南各级党委和政府应对群体性事件，关注民生，解决社会矛盾，维护社会稳定，顺利推行“桥头堡”战略提供了理论支撑和智力支持。

二、研究成果的主要内容、重要观点

（一）云南边疆少数民族地区群体性突发事件的现状

（1）云南边疆少数民族地区和群体性突发事件的界定。

（2）云南省近五年来发生的群体性突发事件比较。

该课题的研究，在收集资料的基础上作出了具有直观和比较意义的数据统计：2005 年到 2009 年的五年间全省共发生群体性突发事件 6 693 起，参与人数达 34 万余人。在已发生的群体性突发事件中，社会性群体性事件最为多见，其次是经济性群体性事件，再次是政治性群体性事件。

（1）政治性事件。主要由对政策不满，腐败、官僚主义，民族、宗教，非法组织等问题导致。2005—2009 年全省共发生政治性群体性突发事件 537 起，占所有群体性突发事件的 8%。

（2）经济性事件。经济性事件在群体性突发事件中数量较多，且增长幅度较大，五年来共有 1 251 起，占所有群体性突发事件的 18.7%。工资福利待遇是经济性事件各项原因中最主要、最突出的问题。

（3）社会性事件。社会性事件是群体性突发事件中所占比例最大、表现形式最激烈、参与人数最多、规模最大的一类。引发的主要原因有征地搬迁、企业改组改制、兼并破产、民间纠纷、执法问题、环境污染等。五年来，社会性群体性事件共发生 3 467 起，占全部群体性突发事件的 51.8%。

（4）其他群体性突发事件。其他群体性突发事件包括闹丧群体性事件、高校学生闹事事件、刑事案件引发的群体性事件等。五年来，此类群体性事件共发生 1 400 起，占全部群体性突发事件的20.9%。

（二）云南边疆少数民族地区群体性突发事件的特点

1. 数量多发

2005—2009年的五年间全省共发生群体性突发事件6 693起，参与人数达34万余人。就边疆少数民族地区而言，西双版纳州和德宏州发生的群体性事件较多，每年均在20起以上，参与人数数千人。

2. 人员众多

2005—2009年云南省参与群体性突发事件的人数为346 560人次。在参与的人中，农民占主要成分，达50%以上。其次，参与人员主要集中在在岗职工和下岗职工。

3. 诉求多元

引发群体性事件的原因呈多元化的趋势，涉及政治、经济、文化等社会生活的各个方面。主要有工资福利等基本生活费（拖欠在职职工工资、拖欠离退休职工工资、拖欠社会保障金）、农村土地问题、征地搬迁、争矿林水草场土地、民间纠纷、执法问题、企业改组改制、兼并破产、对政策不满、腐败官僚主义问题、民族宗教问题、非法组织问题、环境污染问题等。

4. 对抗加剧

2005—2009年群体性突发事件的主要表现形式有非法集会、上访请愿、聚众围堵冲击党政机关、聚众堵塞交通、聚众滋事骚乱、聚众械斗等。其中除上访请愿有明显下降外，其余各种方式均有不同程度的上升。

（三）云南边疆少数民族地区群体性突发事件成因分析

1. 政治原因

民主和法制建设取得了巨大的成就，公民参与政治的权利空间有了进一步的扩大。作为上层建筑的国家权力已经开始松动、收缩、简化，国家权力受到了法律法规的严格规范，国家的社会政治功能受到了极大冲击。在涉及的政治因素中，我们更不可低估某些国家和组织对我国进行的西化和分化阴谋。

2. 经济原因

经济和社会发展的差异较大，存在收入分配不均的现象，加剧了社会各阶级、各阶层的分化；旧的平衡被打破，利益被调整，人员出现新的组合，围绕利益问题，各式各样的矛盾也越来越多。一些企业经营状况不佳，国有资产流失，就业和再就业困难。征地拆迁超过了城市经济的承受力，拆迁补偿不能及时到位，野蛮拆迁引起群众不满。农民失地问题，剥夺了农民的生产资料和生活的来源。

3. 社会原因

社会变动加剧、人口流动加速、贫富差异扩大，导致人口、婚姻、家庭、就业、贫困、环境污染等社会问题错综复杂，社会消极因素增多。收入差别扩大和收入多层次化，形成新富阶层或暴富阶层。住房、教育、医疗、失业、养老保障的不完善，导致百姓不安全感严重，社会不稳定。

4. 文化原因

对外开放和社会经济的发展，促进了社会文化的发展，提高了人民的文化素质，也带来了现代文化与传统文化、西方文化与本土文化、主流文化与亚文化等的大规模交流、融合和冲突。价值取向从一元转向多元。

5. 民族与宗教原因

民族、宗教领域的矛盾十分复杂。由于造成民族、宗教矛盾的部分历史原因依然存在。境外宗教势力引诱胁迫群众信仰某种宗教、发展组织、控制成员，以此策动群众，煽动民族仇恨和民族分裂。

（四）云南边疆少数民族地区群体性突发事件发展趋势预测

1. 群体性事件组织化程度将越来越高

内部组织层次分明，人员分工明确，是一个被组织群体的主要标志。这些群体的活动虽然是公开的，但其内部组织的情况却不会对外公开。

2. 涉及的社会阶层和人员还将不断增多

在目前的社会体制交替的情形下，一种解决问题的方式显然很难使多个利益群体的成员都能满意。解决社会问题的各种方式就有可能不一致，甚至是相互抵触的，有的方法又显然缺乏规范性和连续性，就难免出现此消彼长的状况。

3. 民主政治诉求将会不断增加

随着人们法制意识的提高，市民对政府行为决策进行政治性的抗议或呼吁，表现出广大民众较强的参与意识和较高的政治参与程度。

4. “涉农”问题群体性的城市化倾向

相对工人而言，农民更具有被组织成为群体性事件主体的可能性，以“三农”问题为诱因形成的群体性事件必将在各类群体性事件中占有越来越大的比重。

5. 亚社会意识将会逐步形成与聚合

要及时控制那些具有反社会、反政府倾向的思潮聚合形成。

（五）云南边疆少数民族地区群体性突发事件的宏观预防措施

1. 适应边疆经济社会发展需要，加快云南省民主政治建设

扩大公民有序政治参与，健全民主制度，丰富民主形式，拓宽民主渠道；推进决策科学化、民主化，完善决策信息和智力支持系统；发展基层民主，保证人民依法直接行使民主权利；全面落实依法治国基本方略，弘扬法治精神，维护社会公平正义；加

快行政管理体制改革，强化政府社会管理和公共服务职能。

2. 加快边疆少数民族地区经济发展，实现各民族共同富裕

加快转变经济发展方式，牢牢抓住中国面向西南开放桥头堡建设的战略，调整经济结构，加快沿边开放，推动外向型经济发展，才能从根本上解决边疆少数民族地区发展中面临的矛盾和问题。抓紧落实支持少数民族和民族地区发展的政策措施，优先支持边疆民族地区加快发展，加大扶持人口较少民族发展力度，继续推进兴边富民行动，实现各民族共同富裕的目标。

3. 顺应各民族文化需求，推动少数民族文化建设

加大对边疆少数民族地区的文化投入力度，重视保护少数民族文化遗产，保护各民族文化的多样性，加强公共文化基础设施建设，促进基本公共文化服务均等化，尽快建设和形成公共文化服务体系，保障好边疆少数民族地区人民群众基本文化权益，实现民族文化强省战略。

4. 关注改善民生，加快云南省边疆社会事业发展

保障民生的第一件大事，就是保障就业。通过合理的收入分配制度，让全体人民共享改革发展的成果。大力推进素质教育，努力促进教育公平，公共教育资源配置要向边疆少数民族地区、薄弱地区倾斜。

（六）云南边疆少数民族地区群体性突发事件的微观应对措施

1. 党委、政府高度重视，充分依靠群众力量

及时判定事件性质，迅速果断采取有力措施，有针对性地加强工作力度，分化瓦解闹事群体，有效地把群体性突发事件解决在萌芽状态、起始阶段，防止矛盾激化。向群众讲明事实真相，阐明政策，宣传法制，以理服人，争取多数群众理解和支持。

2. 切实加强情报信息工作，及时发现和预防群体性突发事件

建立多层次、多触角的情报信息网络，密切关注社会动态和热点问题，准确预测、掌握群体性突发事件的趋势、动向。情报信息网络的触角要延伸到村委会、居委会、派出所，并建立情报信息交流制度，实行信息共享。

3. 构建群体性突发事件的预警机制

建立健全群体性突发事件的预警机制，按照“早发现、早报告、早控制、早解决”的工作思路和要求，把预警工作作为重点，切实提高更快、更准、更深、更广地获取情报信息的能力。

4. 明确职责，建立健全快速联动机制

对于群体性事件的处置，必须坚持在党委、政府的统一领导下开展工作，完善责任明确、协调一致、运转高效的联动处置机制，公安机关当好参谋，慎用警力。

5. 以人为本，加强法制宣传教育

深入开展普法活动，在群众中有针对性地进行法制宣传。让他们知法、懂法、守法。

6. 把握处置原则，严格依法办事

按照“宜散不宜聚、宜解不宜结、宜顺不宜激”的方针，做到“情况不明不处置，各级工作做不到位不处置，主使者、挑头者不明不处置，时机不成熟不处置”。

三、研究成果的学术价值、应用价值及社会影响和效益

该课题具有较强的理论特色和突出的实践特色，从对云南边疆少数民族地区群体性事件的特点总结、原因分析、趋势预测、

宏观对策和具体应对措施的研究看，现状描述、原因分析和特点总结具有客观性，趋势预测具有前瞻性，宏观对策具有借鉴性和参考性，应对措施符合现有法律规定，具有针对性、时效性和可操作性，可以作为各级党委和政府预防和处置边疆少数民族地区群体性突发事件决策参考。该研究成果不仅适用于云南边疆少数民族地区群体性事件的预防和处置，同时对其他省份边疆少数民族地区群体性事件的预防和处置也具有一定的借鉴和参考价值。

课题名称：云南边疆少数民族地区群体性突发事件的原因及应对措施研究

课题负责人：莫关耀

所在单位：云南师范大学

主要参加人：宋锡辉　徐　南　张　斌　胡靖勇　王秋俊　张丽华　张凯华　周　丽

结项时间：2011 年 6 月 20 日

网络舆论影响下的政府形象管理研究

——基于舆论危机的视角

一、课题研究的目的和意义

网络传播技术的诞生与发展颠覆了传统媒介下传播主体与客体的关系，建构出即时的、互动的自由信息传播模式，实现了话语权力的平等分配。这样一种传播模式使得政府—公众—媒体关系发生了彻底的变化，“陕西周老虎事件”、“南京周久耕事件”、“云南躲猫猫事件”、“云南小学生卖淫案件”等一系列网络舆论的出现，给新媒体下政府形象管理提出了新的挑战。面对转型时期网络舆论多元化与尖锐化的特点，政府如何运用传播媒介有效化解网络舆论危机，如何创新政府形象管理策略以适应网络时代的要求等问题就成为理论界与实践操作者不得不思考的重大问题。学术界虽然对于政府形象管理、网络舆论传播与引导、网络时代政治特点及政府治理策略都进行过广泛的研究，但是，网络舆论影响下的政府形象管理研究基本上是一个“学术盲区”，不同研究视角的融合还难说进入起步阶段。以政府网络舆论危机处理为切入点，整合传播学、政治学、行政管理学等学科视角，全面系统地研究网络舆论影响下的政府形象管理研究，有助于政府危机管理、政治传播理论的创新，而且结合云南本土化的案例进行研究，向政府决策部门提供网络舆论危机应对策略和政府形象管理对策建议，有利于新时期政府新闻执政能力提升，具有极大的实践价值。

二、研究成果的主要内容、对策建议

课题以云南本土化的案例为重点，结合云南省情，围绕着政府如何应对网络舆论危机，提高形象塑造与传播能力，提升新闻执政能力这一重大问题，提交《网络舆论影响下的政府形象管理对策建议——以“躲猫猫”事件为例》、《云南省建立政府网络发言人制度对策建议》两份决策咨询报告作为最终成果，其具体内容如下：

1.《网络舆论影响下的政府形象管理对策建议——以“躲猫猫”事件为例》主要内容

2009年1月28日，云南玉溪北城镇男子李乔明因盗伐林木被刑事拘留，羁押于晋宁县看守所。2月8日，被刑拘11天的李乔明在看守所受重伤入院，2月12日因“重度颅脑损伤”不治身亡。有媒体报道，当事公安部门调查表明，李乔明在看守所天井玩“躲猫猫”游戏不慎摔伤导致颅脑损伤死亡。此事报道之后立即被天涯网站转发，一时引起网民高度关注，众多网民纷纷跟帖质疑事件的真相，并对晋宁市公安部门调查进行恶搞，甚至有网友把“躲猫猫”与“俯卧撑”、“打酱油”戏称为“中国武林三大顶尖绝学”，对其进行讽刺。随着“躲猫猫”这个“网络热词”的传播，公民李乔明的非正常死亡短时间内演化成一场网络舆论危机。为了更好地满足公众知情权，推进事件的解决，云南省委宣传部召集网民成立“网民调查团”对事件进行调查，但由于刑事案件侦查体制，网民调查团无法查阅相关证据，也就无法还原事件的真相。有关舆论再度激化，使事件进入一个白热化的阶段，到2月27日，在最高人民检察院、云南省人民检察院、昆明市检察院三级检察机关共同努力下，真相才得以公之于众，有关此事的网络舆论慢慢得以平息。

李乔明的死亡本是普通刑事案件，但为何此事引起众多网民关注，最后深化成公共事件并酿成网络舆论危机？其原因主要有三个：

（1）政治信任流失，政府公信力降低，是此事之所以成为公共事件的根本原因。近年来，看守所非正常死亡事件不断被媒体曝光，而相关部门的解释多种多样，有"做梦死"、有"喝开水死"、"自缢死"、"呼吸死"、"睡觉姿势不对死"、"发狂死"等多种多样难以令公众信服的理由，使得此类事件最容易引起公众质疑，吸引公众注意力。当李乔明在看守所非正常死亡以后，有关部门再次做出"躲猫猫"死这样荒谬的结论时，自然引起公众强烈的不满，并借助网络进行抗议，要求有关部门还事件以真相。事件真相越是扑朔迷离，公众不满情绪就越高，事件炒作空间就越大，网民议论热情就越高，难免在极短时间内就演变成公共事件。

（2）网络舆论的"群体极化"规律是事件之所以成为公共事件的外在原因。网络传播的客体主体化彻底改变了政府与公众之间的话语权力分配格局，借助网络信息的自由传播，普通公众的言论自由权得到了极大的提升。当公众对政府信任感不强，有关政府的负面舆论通过网络传播就极容易一边倒，使得事件短时间内向着极端化的方向发展。"躲猫猫"事件之所以在网络飞速传播，与网络舆论的"群体极化"规律有着紧密的联系。

（3）涉事公安部门对事件真相的不当掩饰行为是事件之所以成为公共事件的内在原因。晋宁市公安局违背"多报事实，缓做结论"的公共事件传播原则，不能及时公布事件真相，反而以"躲猫猫"摔伤致死欺瞒公众，激起了公众的不满与质疑，但相关部门依旧听之任之，最后使得事件不断热炒，并演化为舆论危机。

事件结束之后，反观事件的发展过程，我们可以看出，在处理这一舆论危机过程中，相关部门存在四个方面的严重不足：一是部分官员和部门信息公开理念缺失，信息公开机制不畅通。二是危机公关技巧不娴熟，公关策略欠缺，错失公关时机。三是议程重置能力不强，及时化解危机能力欠缺。四是政府形象塑造意识淡薄，对形象传播规律与过程认识不足。

总结事件正反两方面的教训，提出以下三方面建议，以加强网络时代政府形象管理。

（1）立足于网络时代政治发展的特点，明确政府形象管理的目标。政府形象塑造与管理必须与政治发展特点、公众对政府的期望相一致。随着政治民主化、传播数字化、行政管理服务化的逐步推进，公众对于政治民主、行政法治、社会公平、高效的公共服务的期望也越来越高，相应地，我们政府形象管理就必须着力于民主政府形象、法治政府形象、公平政府形象、高效政府形象的塑造与传播。

（2）立足于网络时代政府形象管理难点的解决，侧重于突破政府形象管理的“短板效应”。政治信任流失、政府公信力不高、网络舆论引导难度大、舆论危机处置能力低，这是当前政府形象管理面临的最大难题，也是真正“短板”之所在。为此，我们必须加强网络舆论的引导，为政府形象传播营造良好的舆论环境；加强政治信任关系的建设，提升政府公信力，强化政府正面形象塑造能力；加强政府信息公开制度建设，规范热点事件、敏感事件信息公开行为，提高政府舆论危机应对能力。

（3）立足于网络传播特点，着力于提升政府网络传播能力。网络是“共有媒体”，参与性、权力非中心化、客体主体化是其与传统媒体相区别的最大特点。要适应网络媒体这些特点，政府形象传播能力就必须在话语权争夺能力、议程设置能力、与媒体合作能力方面取得新的突破。

2.《云南省建立政府网络发言人制度对策建议》主要内容

作为“第四媒体”的互联网异军突起，很快成为“思想文化信息的集散地和社会舆论的放大器”，它巨大的舆论能量引起了人们高度的关注。“陕西华南虎事件”、“云南躲猫猫事件”、“上海钓鱼执法”“贵州瓮安事件”、“新疆七·五事件”、“湖北省石首事件”等事件中，我们可以看到互联网信息传播渠道、手段多样化，同时各种力量以网络为手段进行博弈也日益显性化、尖锐化。政府如何通过网络新闻发言人制度设计，针对热点事件、敏感事件及时公开信息，有效地引导网络舆论，促进政府与公众的彼此理解，增强彼此信任，增进彼此合作，对于信息化时代政府管理而言极其重要。

云南省最早提出政府新闻发言人制度的设想，但是，从全国政府新闻发言人制度建设而言，云南省却并没有走在全国的前列。云南省新闻发言人制度现状有三个特点：

（1）发展不平衡性。在新螺蛳湾事件处理、2009 年 8 月的宜良群体性事件舆论报道等方面，政府应对网络舆论采取的策略也很恰当，取得了良好效果，也为政府形象打造创造了良好的契机，但是，同时存在一些州市和部门对政府网络新闻发言人制度认识不够，了解不多的现象，“躲猫猫事件”、“小学生卖淫案”两起重大网络舆论危机事件中，相关政府部门应对能力欠佳，应对策略不当等严重问题依然存在。

（2）理论研究不足。虽然云南省最早提出政府网络新闻发言人的设想，但对于网络新闻发言人的角色，网络新闻发言人信息发布模式、发布渠道、队伍建设等研究还是严重不足。

（3）制度不完善。虽然云南省大部分单位都设立了网络新闻发言人，但是专业化水准不高，还有相当一部分地方政府没有专职的网络新闻发言人，相当一部分处于“兼职”、“轮流”、“临时”的状态，信息发布仅限于“信息回复模式”，离专职化人员配置、专业化水准新闻发布还有较远的距离，政府网络新闻发言人规范化、制度化还有很长的路要走。

政府新闻发言人抓手难找，政府网络新闻发言人能力欠缺，运行环境、配套制度不完善是当前云南省政府新闻发言人制度建设面临的主要难题，为了解决这些难题，咨询报告从三个方面提出政策建议。

（1）政府网络新闻发言人制度建设要以制度化、规范化为出发点和落脚点。设立专业化、专职化政府网络新闻发言人，把政府网络新闻发言人制度当做一项长期规划并完善的制度，完善政府网络新闻发言人工作制度、管理制度、评价制度、奖惩制度，确保政府网络新闻发言人工作专业化、运行规范化、管理制度化。

（2）加强网络新闻发言人的培训工作是政府网络新闻发言人制度建设的核心环节。各级政府部门要运用科研院所、高校、政府智库等各种资源，对网络新闻发言人政治素质、新闻谋略、发言技巧与能力进行全面的培训，提高政府网络新闻发言人专业化水准。

（3）公开透明有技巧地阐述事实是政府网络新闻发言人制度建设的关键环节。公开透明有技巧地阐述事实就是要坚持用事实说话，用事实说话是网民对网络新闻发言人的第一期待，也是政府网络新闻发言人的一项最基本要求。网络新闻发言人不能简单地传递官方态度，而是要将事实的原委告知公众，及时、准确、透明地发布权威信息，满足人们的信息需求，回应社会关注，让公众了解事实真相。

三、研究成果的学术价值及应用价值

两份咨询报告对网络舆论影响下政府形象管理对策、政府新闻发言人制度建设的一些理论进行了总结，从理论上回答了网络时代具体个案如何上升为公共事件，网络舆论发展趋势，政府新闻发言人角色以及模式、技巧等问题，推进了相关问题的理论研究，丰富了网络时代政治传播理论。同时，这两份咨询报告又是以云南本土案例为出发点，着力于本土化问题的解决，对云南省各级政府部门提高新闻执政能力，转变政府形象管理理念，增强政府形象塑造、传播能力有着较高的参考价值。

课题名称：网络舆论影响下的政府形象管理研究——基于舆论危机的视角

课题负责人：谢金林

所在单位：云南财经大学

主要参加人：李　晶　张东辉　杨媛妮　李　洁

结项时间：2011 年 7 月 6 日

法　　学

云南省高原湖泊生态补偿机制的法律研究

一、课题研究的目的和意义

云南省地处祖国江河上游，境内有多条大河，有我国第二深水湖泊——抚仙湖，水资源总量居全国第三位。在水资源不足、水环境恶化已成为制约我国经济社会可持续发展突出矛盾的今天，加强云南省水资源保护工作显得尤为重要。九大高原湖泊及其流域地区由于地形平缓、土壤肥沃和水资源使用便利，历史以来就是云南社会经济发展的密集区域。可以说，九大高原湖泊生态环境的好坏，是云南省生态环境好坏的重要标志。

为此，云南省先后通过了九大高原湖泊管理保护条例，形成了“一湖一法”的立法模式，特别是2007年9月1日起施行的《云南省抚仙湖保护条例》更进一步加大了水资源保护力度。然而，对于居住在湖泊流域周围的群众，环境保护力度的提高必然会影响到他们的经济利益。这种环境保护与经济利益关系的扭曲，不仅使云南的环境保护面临很大困难，而且也影响了地区之间以及利益相关者之间的和谐。要解决这类问题，必须建立湖泊流域生态补偿机制，以调整相关利益主体之间的关系，保护和调动群众保护水环境、防治水污染的积极性。否则，处在生存和发展压力下的群众很可能会成为环保的阻力，这将导致生态环境保护难以奏效。

二、研究成果的主要内容、重要观点和对策建议

1. 提出生态补偿及跨界流域生态补偿的概念

生态补偿是近 20 余年来兴起的一种生态环境保护性措施，建立生态补偿机制具有极其重要的战略意义。尽管在现阶段，生态补偿与扶贫政策有着紧密的联系，但是，生态补偿本身不应当是一种扶贫机制。

跨界流域生态补偿是指在行政区域交界处设定水质监测断面，根据事先确定的断面水质控制目标，考核断面处的出境水质是否达标，凡是达到标准的给予补偿，没有达到标准的则相应扣减其补偿金。目前，其已成为建立流域生态补偿机制的优先领域之一。

2. 指出云南省高原湖泊流域生态补偿的发展方向

云南省一方面在地方性法规中规定了以政府补偿为主的生态补偿机制，另一方面也在积极探索由政府出资购买企业治污成效的市场化补偿方式。然而，总体上看，云南省在开展流域生态补偿方面相对较为滞后。为尽快打破僵局，取得明显突破，有必要借鉴省外经验，先行推进地方政府之间的跨界流域生态补偿，在此基础上，再逐步予以完善。

3. 研究我国跨界流域生态补偿的实施模式

跨界流域生态补偿的实施模式可分为三类：不予补偿模式、上级政府纵向补偿模式和上下游政府横向补偿模式。第一种模式仍然采用传统的行政手段来调整跨界水污染纠纷；第二种模式与第三种模式的区别在于，前者实行的是财政上的“加法”，后者采取的是财政上的“减法”。因此，如要采取第二种模式，需要较为雄厚的地方财力作为保障。从云南省的实际情况看，基于目

前的经济发展水平和财政能力，采取上下级政府之间的横向补偿模式较为可行，同时，考虑到生态补偿是社会公平的体现，上级政府也应该承担一部分生态补偿责任。

4. 分析国外跨区域流域管理

流域问题一般都跨越地理疆界，牵涉到多层次的权限划分，而且在目前的多元化社会，也不可能将所有的水资源管理权力合并由一个机关主管，因此，发达国家在流域管理上都比较重视地方政府之间的区域合作。为促进流域管理的一体化，在实践中，不仅通过权限划分明确中央与地方政府的责任，而且也积极考虑资源、人力、财力的统筹运用。尤其在财政安排上，为增进地方政府相互合作的意愿，激发共同管理流域的行动，发达国家倾向于以流域为定位的整体财政分配，并借助中央政府的奖励诱因及政策推动以实现跨域管理。同时，鉴于中央政府负有财政均衡的责任，因此，对于经济状况不佳的地方政府，通过中央的财政援助能够有效解决地方政府之间的经济发展差距，减少由此引发的水资源保护上的冲突与争议。

5. 建立云南省高原湖泊跨界流域生态补偿机制的设想

(1) 基本原则。在建立高原湖泊跨界流域生态补偿机制的过程中，除了要遵守生态补偿的共同原则外，具体就高原湖泊而言，还应特别重视以下几个原则：一湖一策、全流域系统保护原则；循序渐进，先易后难原则；参与原则；信息公开原则等。

(2) 总体思路。首先，在方案设计上，基于可行性的考量，应有时间进程的先后，以位阶提升型为近期目标，用水整合型或区域管理型为中期目标，地方功能加强型为远期目标。

其次，为实现地方政府之间的区域合作，可通过流域生态补偿协议的签订，解决平级政府间的权责管理问题。中央及云南省人民政府应通过提供政策导向、法规基础和财力支持，推动地方政府之间的合作，以促进流域生态补偿协议的达成。在协议过程中，可以针对目前跨界流域生态补偿中亟待解决的问题，将流域生态补偿协议的内容分解成可管理的各个单元议程，分阶段予以推动。

最后，合理划分中央与地方之间的水资源管理职责，并逐步增加地方政府的财力。跨界流域生态补偿长效机制必须建立在合理划分中央与地方水资源管理职责的基础上，同时，为消除因地方财政困难而对该机制实施造成的阻碍，应根据财力与事权相匹配的原则，由中央及云南省人民政府提供一定的财政支持，否则，难以长期维系下去。

（3）具体建议。其一，科学评估省外的经验和教训；其二，中央及云南省政府引导，下级地方政府实践，共同推动高原湖泊跨界流域生态补偿机制的建立健全；其三，明确湖泊流域的定位和尺度；其四，跨界流域生态补偿概念应具体化，注重政府手段和市场手段的配合；其五，重视科学在解决技术层面问题上的作用。

（4）实施方案。为落实地方政府对辖区内水环境质量负责的法律责任，在云南省高原湖泊流域推行跨界流域生态补偿制度，省、设区的市、县（市）政府分别负责实施本行政区域内跨设区的市、县（市）、乡镇湖泊流域生态补偿工作。以跨设区的市的湖泊流域为例，由云南省有关部门按照规定设立行政交界控制断面和水质目标，上游设区的市出境水质超过控制断面水质目标的，由上游设区的市及所辖县（市）政府根据责任对下游设区的市予以资金补偿；上游设区的市入湖断面水质超过控制断面水质目标的，由上游设区的市及所辖县（市）政府根据责任向省级财政缴纳补偿资金。

三、研究成果的学术价值、应用价值及社会影响和效益

（一）学术价值、应用价值

1. 学术价值

（1）提出云南省高原湖泊流域生态补偿的发展方向，并在此基础上进行相应的方案设计；

（2）提出在跨界流域生态补偿机制的实施过程中，很容易出现上级政府的集权，因此，云南省在引入该机制时，应更多地关注通过区域合作方式来解决高原湖泊流域水资源保护问题；

（3）提出在建立跨界流域生态补偿机制时，应根据财力与事权相匹配的原则，在将生态补偿责任转移给地方政府的同时，也应伴随着相应的资金转移。

2. 应用价值

（1）分清流域内地方政府的水环境保护责任，并通过财政转移支付，促使地方政府在治污成本和经济补偿之间进行权衡，以促进各项水污染治理措施的有效执行；

（2）通过流域生态补偿机制等调整环境利益分配关系的手段，有助于促进云南省内各地区间的协调和公平发展；

（3）通过跨界流域生态补偿机制的建立实施，为云南省内各地方政府之间的区域合作积累经验，促进区域经济合作与一体化建设；

（4）为推进跨省流域生态补偿机制的建立奠定理论及实践基础。

（二）社会影响和效益

（1）实现环境正义，在一个以人为本、强调保障公民权利

的民主社会中，不应该也不允许发生以环境保护的名义对某些地区、某些人群造成损害。

（2）解决跨界水资源纠纷，促进地区之间的和谐及共同发展。

（3）促进生态文明建设。

课题名称：云南省高原湖泊生态补偿机制的法律研究
课题负责人：曾　娜
所在单位：昆明理工大学
主要参加人：罗　巇　舒　旻　刘　敏　高　琥
结项时间：2010 年 9 月 27 日

云南省节能减排法律问题研究

一、课题研究的目的和意义

当前，推进节能减排发展已经逐步成为社会各界的广泛共识，不仅成为国民经济和社会发展规划的战略目标和重要内容，也成为各地区、各部门实施可持续发展的重要方向和实践行动。《中华人民共和国国民经济和社会发展第十一个五年规划纲要》提出了“十一五”期间单位国内生产总值能耗降低20%左右，主要污染物排放总量减少10%的约束性指标。实现“十一五”规划提出的节能降耗和污染减排目标，既是贯彻落实科学发展观、构建社会主义和谐社会的重大举措，也是建设资源节约型、环境友好型社会的必然选择。

从国家层面来看，面对实现2010年单位GDP能耗降低20%左右和主要污染物排放减少10%目标的压力，中国最高立法机构已于2007年修订了实施9年的《节约能源法》，于2008年通过并实施了《循环经济促进法》，希望借助法律制度的完善推动“十一五”节能减排目标如期实现。

从云南省来看，云南省为了深入贯彻落实科学发展观，确保实现“十一五”期间节能减排目标，省委、省政府把节能减排工作作为调整经济结构、转变发展方式的突破口，先后制定出台了《云南省节能减排综合性工作方案》、《云南省人民政府关于进一步加强节能减排工作的若干意见》等15个全面加强节能减排的文件，形成了强有力的节能减排政策支撑体系。运用多学科综合研究方法，探索云南省节能减排工作的规律，设计云南省推进节能减排的法律保障，是云南省学术界将要深入研究的一个课题。

但总体来说，云南省的节能减排立法还处于起步阶段，还没有专门的地方性节能减排法规，离节能减排要求实现的废弃物减量化、再利用和资源化以及建设节约型社会的目标要求还有相当的差距，需要借鉴国内外节能减排立法的经验，进一步加强法制建设，通过地方立法促进节能减排发展。

二、研究成果的主要内容、重要观点

（一）主要内容

以节能减排立法的基本理念为立足点，以总结国内外节能减排立法的实践经验为切入点，全面阐述了云南省节能减排立法的现实、总体思路和框架设计。

1. 节能减排立法理念

立足于节能减排发展规律，较为深入、系统地探讨了节能减排立法理念的基本内涵，并给予富有阐释力的理论解说，即节能减排立法的伦理基础为人本和谐主义；节能减排立法目的体系构建是以促进节能减排为中心，进而在不同层次实现环境公平和环境安全、经济效益和经济自由、经济与环境资源的和谐持续发展；节能减排立法的价值追求是生态和谐和生态效率。

2. 国内外的节能减排立法实践

该部分较为全面地介绍了国内外的节能减排立法实践。除对国际组织近几十年来，为推动国际节能减排发展而颁布的相关立法进行介绍外，重点选择了德国、日本、美国和欧盟的节能减排立法进行介绍。同时，认真梳理了我国节能减排的立法历程，对我国的节能减排立法现状进行了评价性的概述，目的是为云南的节能减排立法指明方向与提供借鉴和参考。

3. 云南节能减排的立法现实

从云南经济发展中突出的资源和环境问题以及云南推动节能减排的迫切性两个方面来阐述云南节能减排立法的紧迫性，并将云南现有的节能减排立法实践以及云南推进节能减排的实践作为云南节能减排立法的基础。

4. 云南节能减排立法的总体思路

节能减排的本质内涵，决定了云南节能减排立法必须以科学发展观和可持续发展为指导思想；以“3R”原则、遵循生态规律原则、预防优先原则和污染者负担原则为基本原则。根据云南省产业结构调整的需要和区域生产力发展及布局状况，决定了云南节能减排立法必须以建设节能减排企业的立法、建设工业节能减排园区的立法、建设农业节能减排园区的立法和建设旅游生态城市的立法作为立法的突破口；以资源和能源的开发利用领域的立法、加工制造产业和服务产业的立法、废弃物处理和资源化领域的立法、社会消费领域的立法为重点领域。

5. 云南节能减排立法的总体框架

在充分考虑与国家法律法规相衔接的前提下，结合云南省情，从综合法层面和专门法层面来构建云南节能减排法规体系，同时构建云南节能减排法规制度，具体节能减排规划制度、绿色经济核算制度、科技信息支持制度、经济激励制度、市场准入制度、循环名录与循环示范制度、重点污染企业强制实施节能减排制度、绿色消费制度、公众参与制度、责任分担制度和节能减排绩效评价制度等。

（二）重要观点

（1）在研究方法上，注重以实地调查为基础研究手段，同时在研究中注重将法学方法论、经济分析法学方法论与生态法学方法论结合运用，力求研究方法的创新，在此基础上，努力实现规范分析与借鉴比较分析相结合、理论分析与实证分析相结合。

（2）在研究思路上，坚持将经济分析法学提出的“法的宗旨是以有效利用自然资源，最大限度地增加社会财富为目的”的立法理念和生态学提出的“生态系统的平衡和人与自然的和谐”的伦理理念相结合，同时将节能减排立法活动中应遵循的“市场规律”与“生态责任”相结合。

（3）在研究视角上，秉承解决实际问题，服务法律实践为主旨，以节能减排为切入点来研究云南节能减排立法中的特殊性与规律性，极大地拓展了课题的研究空间与视野。

（4）在研究内容上，将云南节能减排立法作为一个独立的体系来进行研究，以节能减排本身所具有的独特价值取向为基础，来论证云南节能减排立法体系的内容，极大地增强法律制度设计的科学性与可操作性。

三、研究成果的学术价值、应用价值及社会影响和效益

（一）学术价值

（1）在研究方法上，课题在研究中以实地调查为基础研究方法，同时在研究中注重将法学方法论、经济分析法学方法论与生态法学方法论结合运用，研究方法的创新，可为同类问题的研究提供一个新的研究范式。

（2）在研究内容上，课题以节能减排为视角，以探求云南在推进节能减排立法中的特殊性与规律性为主要内容，可起到抛

砖引玉的作用，引起学界对同类问题的理论研究，也可为同类问题的后续研究提供素材和一定的借鉴意义。

（二）应用价值及社会影响和效益

课题研究以解决实际问题、服务法律实践为主旨，一方面，可为云南立法机关制定节能减排的相关法律法规提供依据，从而实现节能减排立法活动的科学化，进而提升云南节能减排立法水平；另一方面，也为云南各级党政机关制定推进节能减排的政策、推进节能减排工作提供参考，实现推进节能减排决策的科学化，进而推动云南资源节约型、环境友好型社会的形成。

课题名称：云南省节能减排法律问题研究
课题负责人：陶伦康
所在单位：云南师范大学
主要参加人：鄢本凤　杜爱萍　黄　薇　郑　林　肖本运
结项时间：2010 年 11 月 5 日

刑事案件中电子证据适用规则研究

一、课题研究的目的和意义

网络和计算机使用的普及，给现代司法带来了新的机遇和挑战，如恐怖活动犯罪、金融犯罪、赌博犯罪、网络上的财产犯罪及诽谤犯罪等，就大量涉及电子证据问题，这局部修正了传统司法关于证据的收集、认证和采证的理论和实践，但目前与该课题有关的研究内容主要局限于电子证据的诉讼价值、电子证据的采集、电子证据的合法性、电子证据的法律地位以及电子证据的鉴定等领域，致使成果对司法实务的指导性弱，不能为现实司法提供解决之道。故以司法实践为基础展开电子证据的研究，不但是理论发展的需要，而且也是司法实务本身发展的迫切需要。该课题的研究就是要回应现实司法的要求，为云南乃至全国的刑事司法中电子证据的运用提供具有实效性的参考和帮助，简而言之，该课题选题的意义及价值在于以下几方面：

（1）可为将来的立法提供参考和依据。该课题将对刑事案件中电子证据的法律定位、电子证据的定义、电子证据的采集及规格、电子证据的审查及鉴定、电子证据的证明力等一系列内容进行深入研究，为将来云南乃至全国的证据立法提供参考和依据。

（2）为刑事司法实务提供指导和参考。该研究将形成既有理论深度，又有实践可行性，还能为昆明地区、云南省乃至全国各地公检法系统相关规范性文件（包括最高刑事司法机构的司法解释）的出台提供相关的理论基础的研究成果。

二、研究成果的主要内容、重要观点

课题最终成果《刑事案件中电子证据适用规则研究报告》主体由“我国电子证据立法概况”、“我国刑事电子证据亟待解决的问题”、“我国刑事电子证据规则建构的基本思路”和“刑事电子证据规则条文设计”四部分组成，并附有一个关于“刑事电子证据规则”的附录。

第一部分“我国电子证据立法概况”，回顾和梳理了国内电子证据立法的情况，考察了研究和制定我国的刑事电子证据适用规则的相关立法背景。具体而言，在我国的相关法律、司法解释和部门规章中均存在关于电子证据的规定，只是各种规定都较零碎，缺乏体系，而且大多法律效力不高。

第二部分“我国刑事电子证据亟待解决的问题”，首先，指出我国电子证据的适用情况以及其带来的问题，即目前一方面越来越多的刑事案件涉及电子证据，电子证据对于侦查破案和案件的审理作用越来越大；但另一方面电子证据的证明力却相对低下，法院对电子证据的采信相对较少，单凭电子证据定案的案件截至目前还属于新闻事件，绝大多数时候电子证据只有在被转化为其他证据形式后方能进入司法程序。这致使，一是削弱了国家打击犯罪的能力，使对一些犯罪的处理仍停留在行政处罚的阶段；二是不利于实现对合法权利的保护。其次，归纳和梳理了我们在电子证据认证方面面临的任务以及今后应当努力的方向，具体而言有三方面：一要科学定位电子证据；二要完善电子证据规则；三要建立和健全相关配套制度与辅助措施。

第三部分“我国刑事电子证据规则建构的基本思路”，在归纳和总结相关研究的基础上指出完善我国电子证据立法的思路为：首先，要借鉴外国的先进经验，做到洋为中用。在当今世界许多国家都建立了电子证据方面的法律制度，一些国家的法律制度已日趋完善，我们立法时可以借鉴和参照，而完全没有必要另起炉灶，因为电子证据技术性强、普适性高，其所蕴涵的问题具有普遍性，电子证据法比其他法律制度更可能成为世界性的法律制度。其次，要重视研究我国的国情，立法应该建立在我国的现实国情基础之上，以解决我国实际面临的各种现实问题为使命，并与现实保持适当超前。再次，不但要建立完善的取证、举证、质证与认证等程序性规范，而且还应该建立完善的可采性规则，不但要向大陆法系国家学习，而且也要向英美法系国家学习，作为法制后发国家我们拥有后来居上的优势。最后，未来建立的电子证据法律体系一定是多层次一体化的，要由三大诉讼法、证据法、电子签名法，以及其他相关法律来共同完成立法的使命。

第四部分“刑事电子证据规则条文设计”，在借鉴和参考国内相关立法与世界主要法治国家相关立法，以及国内外相关学者的研究成果的基础上逐一设计出了课题组关于刑事电子证据规则的条文。刑事电子证据规则应当包括电子证据定位、定义、可采性、可采性标准、关联性认定、合法性认定、真实性认定、复制件的可采性、几种特殊电子证据的可采性、传闻规则、电子交谈的特免权、证明力标准、可靠性认定、充分性认定、完整性认定、鉴证、签名的推定、复制件的证明力、证明力大小的认定、保全、开示、具结证明的方式、对具结者的质询等内容。

三、研究成果的学术价值、应用价值及社会影响和效益

该课题的研究成果具有较高的学术价值，主要体现在如下两方面：一是开拓了电子证据研究的新课题和新领域。课题组对前人研究成果进行了系统的归纳和总结，为展开对电子证据进一步的深入研究打下了基础，在实地调研的基础上较为全面地归纳和总结了刑事案件中电子证据适用存在的问题，指明电子证据研究、立法和司法实务需要解决的现实问题，不但开拓了研究的新领域，而且也指明了今后努力的方向。立足国情，借鉴各国先进立法经验设计出了刑事电子证据的适用规则。二是在相关研究方法上也有一定的开拓，采用了实证研究的方法，部分成果被人誉为“应用历史文献资料进行法律实证研究的良好范本”，这些努力都具有开拓的意义。

该课题的研究成果也具有较高的应用价值。课题组之所以要研究电子证据的适用问题，就在我国目前司法中电子证据的适用而言，情况不容乐观，存在诸多矛盾和问题，最突出和集中表现于：一方面越来越多的案件涉及电子证据，电子证据对于侦查破案和案件的审理作用越来越大；但另一方面电子证据的证明力相对低下，法院对电子证据的采信相对较少，单凭电子证据定案的案件到目前为止还属于新闻事件，绝大多数时候电子证据只有在被转化为其他证据形式后方能进入司法程序。电子证据在司法中的这种处境带来了一系列问题，首先是削弱了国家打击犯罪的能力，使对一些犯罪的处理仍停留在行政处罚的阶段；其次，导致在没有其他证据或者电子证据不能顺利转化为其他证据的情况下，相关人在诉讼中只有败诉，不利于实现对合法权利的保护。所以该课题的研究基本上是一种对策研究，就是针对现实提出问

题、解决问题，所以该课题的最终研究成果具有较高的应用价值。

该课题成果具有较大的推广价值，随着研究和实践的深入，其社会影响力将不断扩大，取得良好的社会效益。该课题的最终成果也部分用于昆明市公安局的实务之中，对公安民警办理刑事案件起到了一定的指导作用，课题组在以后将不断对其适用效果进行跟踪研究，不断总结经验教训，为在条件成熟时制定全省乃至全国性的刑事电子证据适用规则打下基础，作出贡献。

课题名称：刑事案件中电子证据适用规则研究

课题负责人：何永军

所在单位：昆明理工大学

主要参加人：王嘉懿　蒋涤非　李　霞

结项时间：2011 年 9 月 20 日

国际问题研究

新东盟国家与东盟一体化进程研究

越南、老挝、缅甸和柬埔寨这四个东盟新成员国，虽然加入东盟的时间较短，经济落后、国际地位不高，但因其具有特殊的国情和特别的条件，对东盟的一体化进程必将产生特定的影响。这种影响在现有的研究成果中，由于研究的角度及侧重点、关注点不同，未能充分地、全面地体现出来。该课题结合越南、老挝、缅甸和柬埔寨与其他东盟盟友的共性和其独有的特性，系统地研究了新东盟国家对东盟一体化的作用及影响。课题研究内容主要包括以下几个方面：

（1）研究了冷战时期越南、老挝、缅甸和柬埔寨与东盟的关系概况，分析了冷战结束后这四个国家加入东盟的历史背景、时机条件和动机原因。该部分在研究过程中继承了已有的相关研究成果的思维模式，在框架方面无特别创新之处，但是在具体论证过程中仍有一些独到之处。

（2）从一体化的角度对东盟成立以来的政治、经济合作进行了宏观上的研究；提出了目前为止东盟一体化过程中的四个里程碑和三个发展阶段，有别于一些学者的观点；分析了2003年以来东盟三个共同体目标提出的背景和原因。但是，由于该课题研究的侧重点不是东盟成立以来的整个一体化历程，所以本部分没有进行深度研究。

（3）研究了新东盟国家与东盟经济一体化的关系，这是该课题研究的重点。对于东盟经济一体化的研究，国内多从东盟整体上、宏观上或者是东盟与中国的省市关系上、“10 + X”的关系等角度展开研究。多数研究仅涉及贸易活动或其他经济活动的部分方面，而多角度、多层次、系统全面的研究较少，涉及新东盟国家的研究更少。新东盟国家虽然经济落后、经济规模较小、国内市场对外开放程度不高、在东盟中的经济地位也不高，但新东盟国家存在于东盟之中，就会对东盟的经济一体化产生各种各样的影响。由于新东盟国家具有老东盟国家所不具备的一些特性，对东盟经济一体化的影响也会有别于老东盟国家所产生的影响。为了体现出新东盟国家与东盟一体化的独特关系，该课题收集了大量与东盟相关的统计数据，在这些数据的基础上进行分析计算，确保论证时优先用数据说话，根据数据分析结果下结论，以保证研究结果的公正性、可信度。

根据对东盟各国、新东盟国家群体、老东盟国家群体的人口、国土面积、国内生产总值、人均国内生产总值等数据的分析计算，并比较研究，从数量上表明新老东盟国家之间的发展差距；计算出新东盟国家的对外贸易依存度指标，以说明新东盟国家国内市场的对外开放程度；计算出东盟内部的贸易顺差占GDP的比例，对新老东盟国家（或群体）之间的数据进行比较，用以说明新东盟国家的市场受到东盟盟友的影响程度；分析计算新东盟国家主要出口产品占总出口金额的比例，以说明新东盟国家的这些出口贸易模式可能对东盟自由贸易区产生的影响；分析新东盟国家总的产业结构，结合其出口产品的组成结构、经济发展差距，分析说明了新东盟国家与老东盟国家之间存在较强的互补性。这和以往国内的文献中常笼统地认为“东盟内竞争大于互补”之类的结论不同，该课题是在重点研究了新老东盟国家之间差距的大小、结合数据分析的量化指标后，才得出以上结论。该课题还从新东盟国家落后的经济、落后的教育、重要的地理位置、廉价的劳动力、丰富的资源（特别是能源）等角度，说明了新东盟国家对东盟经济共同体建设可能产生的多种影响。

新东盟国家加入东盟至今已十年有余，新东盟国家在经济上“融入”东盟的程度如何？与其他东盟盟友的经贸联系情况如何？这是课题在研究新东盟国家与东盟经济一体化进程方面所要重点解决的一个问题。课题还从目前东盟经济一体化所要做的最重要的工作——贸易一体化，着手研究，引入贸易结合度这一指标，以数据计算结果去量化说明新老东盟国家之间、东盟任一成员与其他东盟盟友之间贸易联系的紧密程度。研究结果表明，柬埔寨 2004 年和 2005 年对东盟盟友的贸易联系还不密切（其对盟友的贸易结合度值分别为 0.6、0.8，达到 1.0 才能算是对盟友贸易联系紧密），但其在 2006 年和 2007 年对东盟盟友的贸易结合度值已超过 1.0，说明了柬埔寨对东盟盟友的贸易联系达到了紧密的程度。2004 年至 2007 年，贸易结合度指标显示，老挝、缅甸与其东盟盟友的贸易联系十分密切；越南对东盟盟友的贸易联系也算得上密切，但没有达到老挝和缅甸那样的程度。新东盟国家盟内进出口占其外贸总额的比例，也佐证了按贸易结合度值所分析出的结果的可信性。计算结果显示，至 2007 年，所有东盟国家对其余东盟盟友的贸易结合度值均大于 1.0，说明每个东盟成员国对其余的东盟盟友的贸易联系均达密切程度，该课题用数据指标说明了东盟经济一体化工作已取得了良好的成效。

通过系统的数据分析计算，引入量化指标去研究说明新东盟国家与东盟经济一体化的关系及东盟一体化所取得的成效，是该课题研究的一大特色。系统地使用量化指标，全方位、多角度地研究新东盟国家与东盟经济一体化的关系，这在目前公开出版的东盟研究成果中还未曾见到。

（4）研究了新东盟国家与东盟政治安全共同体建设。首先分析了 21 世纪初东盟确立政治安全共同体目标的背景和基础，接着对新东盟国家与东盟政治安全共同体建设的关系作了具体研究。新东盟国家在经济发展水平、政治模式、东盟意识和外交取向等方面，均与老东盟国家存在一定的差异。在东盟政治安全共同体建设队伍中出现这些差异，很容易表现为政见的不统一、步伐的不一致、声音的不和谐，对建设“同一个愿景、同一个身份和同一个关爱和共享”的东盟政治安全共同体必定会有一定的影响。该课题从新东盟国家参加东盟政治安全共同体建设的意愿、新东盟国家的国内局势、新东盟国家的东盟意识等方面，论证了新东盟国家对东盟政治安全共同体建设的有利条件；用新东盟国家在东盟共同体建设中的实际行动去论述其贡献。该课题还从新东盟国家落后的经济水平和对外承受能力方面分析了其可能对东盟政治安全共同体建设的不利影响。该课题还研究了新老东盟国家之间的差异、分歧和争端等因素对东盟政治安全共同体建设的不利影响。所有这些从新东盟国家的角度去系统地研究其对东盟政治安全共同体建设的影响，是该课题的创新。

（5）研究了新东盟国家与东盟社会文化共同体建设。该课题在有关东盟社会文化合作方面的资料相对较少的情况下，根据东盟秘书处公布的文献，研究了东盟成立以来社会文化合作的特点，对东盟社会文化共同体建设的纲领性文件之一的《东盟社会文化共同体蓝图》进行了全面分析研究。研究的重点放在东盟社会文化共同体建设的重要目标——东盟认同感上。该课题从经济发展差距、东盟对成员国的支持或庇护、东盟如何处理内部冲突、政治体制的差异和宗教信仰的差异等角度，论证了新东盟国家的东盟认同感可能受到的影响。此外，还研究了新东盟国家对社会文化共同体建设的影响。该课题在上述东盟社会文化方面所作的研究，在已有的东盟相关成果中尚未见到。

课题从“新东盟国”这个东盟中的群体的角度着手，研究新东盟国家与东盟的经济、政治安全、社会文化共同体建设的关系，研究的角度有别于国内的其他相关的“东盟一体化”的研究。“东盟一体化”的相关研究，目前国内的成果多数是研究“东盟一体化”本身或把这一研究目标放到“东盟与某一区域组织的关系”、“10 + X”、“东盟与中国的某一省市”等框架内展开研究，研究的内容也多是局限于“东盟一体化”的部分内容，而没有从“与新东盟国家关系”的角度，系统地、多层次地研究“东盟一体化的各个方面”。研究角度的不同，决定了研究的出发点、侧重点、关注点以及研究结论的不同；研究中对研究对象的特殊性的体现等方面也会不同。

课题从新东盟国家的角度，研究新东盟国家与东盟一体化的关系，体现了“新东盟国家”的特殊身份、特别国情及对东盟一体化的特别作用、特别影响，可作为当前对东盟一体化研究中关注较少部分、薄弱部分的补充。

2010年1月1日，中国—东盟自由贸易区正式启动。相比之下，新东盟国家和当初参加东盟自由贸易区时，与其他盟友的发展差距类似，在缩减关税、开放市场、设定敏感性产品等方面均享受类似的特别优待。新东盟国家在刚加入这两个贸易区时，有类似的处境、发展中有类似的问题，东盟自由贸易区针对新东盟国家的特殊情况，采取了一些特殊的有利于东盟自由贸易区建设的政策。因此，研究新东盟国家与东盟经济一体化的关系，可为研究新东盟国家与中国—东盟自由贸易区的关系，提供一定的借鉴，也可为中国—东盟自由贸易区的政策制定，提供一定的参考。

此外，研究新东盟国家与东盟共同体的关系，也有助于为中国在发展与其相邻或相近的四个新东盟国家的关系时，提供参考。

课题名称：新东盟国家与东盟一体化进程研究
课题负责人：于　臻
所在单位：云南师范大学
主要参加人：李晨阳　马　勇
结项时间：2010年10月3日

构建云南沿边开放经济区研究

一、课题研究的目的和意义

国内经济区的相继建立是加快区域经济发展的重要部署，是我国经济发展到地域分工和功能性区域日益明显阶段的必然要求，是新形势下中国区域经济协调发展的必然选择，也是实现全面小康社会总体目标的战略布局。

党的十七大报告中明确提出了“提升沿边开放”的重大任务。沿边地区在应对国际和周边环境变化中处于前沿的地位。把云南定位为中国面向西南开放的桥头堡是国家提升沿边开放的重要战略布局，而桥头堡建设需要把云南建成中国沿边开放经济区。

课题研究首次定义了“云南沿边开放经济区是以建设中国面向西南开放的桥头堡为目标的地域经济综合体”，并将功能与范围界定为“云南沿边开放经济区是以云南为主体，‘9+2’区域为支撑的具有中国面向西南开放的内外联动，东西互动，沟通两湾（两洋），带动沿边，走向东南亚、南亚及印度洋地区的地域经济综合体。以云南为主体的沿边开放经济区南接 GMS 次区域、东南亚和南太平洋地区；西连 BCIM 次区域、孟加拉湾和印度洋地区；东部与北部湾、‘9+2’区域、珠三角、长三角衔接；北部与重庆、四川、陕西等西部经济重心相连”。为构建云南沿边开放经济区提供全面而可行的规划方案，从理论和实践两方面为提高云南省面向南亚、东南亚开放水平提供了一系列理论研究和实地调研的成果支持。

二、研究成果的主要内容、重要观点和对策建议

（一）主要内容

（1）创造性地提出和论证了在“一桥两湾”和“两轴一湾”的开放构架下形成“π”字形的战略格局。“一桥两湾”是把面向东南亚的北部湾和面向南亚的孟加拉湾通过第三亚欧大陆桥西南通道的国内段连接起来，为云南依托“9+2”地区面向西南开放、打通西向贸易通道奠定基础，同时为“两轴一湾”的形成创造国内条件。“两轴一湾”则是在中国云南的周边地区，形成以南亚地区的印度半岛与东南亚地区的中南半岛这两条轴线为两翼，以这两翼环抱的孟加拉湾为中心的一个海陆皆备的对外开放新格局。它是中国为实现全方位对外开放而进入印度洋地区的一条便捷之道，也是中国要在太平洋和印度洋连接的地区进一步发挥作用的有力支撑。“π”字形的开放战略构想：“π”字形格局是一桥连两轴的形象比喻。“一桥”即第三亚欧大陆桥，一头向西连接缅甸、孟加拉国、印度、巴基斯坦，另一头向东南与广西、广东等沿海港口群及港澳相连，形成一条横向经济带。“两轴”，其中的一轴是指从印度到斯里兰卡纵向经济带，另一轴则是指从昆明到泰国，乃至新加坡的纵向经济带。这三条经济带构成了一种相互支撑的关系，覆盖了亚洲最活跃的新兴市场地区。这一战略格局是中国面向西南开放的直接区域，是我国向西和向南开放的重要区域。

（2）首创设计了云南沿边开放经济区“一区、一带、三线

联动、五条国际经济走廊、三个经济圈”的空间布局：“一区”是滇中经济区；“一带”是口岸经济带；“三线”即泛亚铁路东、中、西三线大动脉形成的内外联动的交通沿线经济区；“五条国际经济合作走廊”指昆河、昆曼、昆仰、昆吉、昆加五条经济走廊；“三个经济圈”是滇中经济圈，GMS 和 BCIM 次区域经济圈，以云南、贵州、四川（包括重庆市）、广西为主的西南经济圈，并延伸到以“9+2”地区为主的东南经济圈。

（3）课题指出了云南沿边开放经济区建设的五个重点领域：一是国际大通道建设；二是面向东南亚、南亚的外向型产业集群；三是国际国内区域合作和次区域合作；四是建设开发开放试验区；五是人民币周边化实验示范区。

（二）重要观点和对策建议

（1）编制沿边开放经济区规划；（2）用足、用好、用活现有的开发、开放政策；（3）营造互利共赢的开放环境；（4）促进生产要素跨区域流动和优化配置；（5）加快经济走廊和边境经济合作区建设；（6）加大西向合作机制的建立；（7）实施云南企业“走出去”培育计划；（8）加大人力资源的开发和人文交流；（9）加快发展对外贸易。课题研究还提出了构建云南沿边开放经济区应向国家争取以下政策支持：（1）争取国家把云南列为我国面向西南开放的沿边开放经济区；（2）从国家层面推动国际次区域合作；（3）加快推进出境国际大通道建设；（4）授权云南省建立健全与周边国家的经济合作协调机制；（5）促进区域贸易投资便利化；（6）推动企业“走出去”；（7）金融支持政策。

三、研究成果的学术价值、应用价值及社会影响和效益

课题所研究的云南沿边开放经济区建设问题，既对当前云南省提升面向南亚、东南亚开放水平及桥头堡建设具有十分重要的应用价值，也对我国面向东南亚、南亚开放战略及西部大开发战略的进一步推进具有重要的政策咨询和建议价值。另外，通过大量翔实的实地考察，课题组获得了关于云南边境贸易和口岸运行、广西边贸建设经验及老挝等邻国对我国向西南开放的态度和建议等方面的大量一手资料，为决策咨询和相关研究提供了宝贵资料和重要信息。

在学术价值方面，课题以云南沿边开放经济区建设的实证研究，实现了区域经济学、国际政治经济学、地缘政治学、公共管理学与公共政策分析等多个学科领域的交叉研究和突破，是学术研究向实证领域的重要拓展，也为学科研究和理论建设提供了典型的实证案例，对促进学科交叉研究具有重要的意义。

同时，课题研究也受到了云南省人民政府的重点关注，是省政府关于桥头堡建设决策参考的研究支持。课题研究有关论文的公开发表，引起了媒体和社会的较多关注。

课题名称：构建云南沿边开放经济区研究
课题负责人：任　佳
所在单位：云南省社会科学院
主要参加人：王崇理　陈利君　卢晓昆　杨思灵　李东云
　　　　　　李　敏　李　丽
结项时间：2011 年 5 月 11 日

社会学

边疆民族地区经济社会发展中的社会歧视研究

——以云南省为例

一、课题研究的目的和意义

云南作为边疆民族地区省份，经济社会发展较内地落后，社会歧视在云南的经济社会发展中，也有着不同于内地省份的独特表现形式，对其进行研究，有以下意义：

首先，研究边疆民族地区经济社会发展中的社会歧视，可以为良好人际关系的建立奠定基础，有利于和谐人际关系的营造以及良好心理氛围的培养。

其次，研究边疆民族地区经济社会发展中的社会歧视，有利于促进和谐民族关系、阶层关系的建立。在云南省，由不同民族、不同文化以及经济发展差异等原因而产生的民族间、阶层间的社会歧视具有特殊的表现形式。因此，有必要研究这种特殊形式的社会歧视，为促进和谐的民族关系和阶层关系奠定基础。

最后，研究边疆民族地区经济社会发展中的社会歧视，有利于促进和谐边疆、和谐社会的构建。本研究对于减少由于社会歧视而引发的社会矛盾和社会冲突、维护社会稳定具有一定的现实意义。本研究也将对西部地区和边疆民族地区的社会歧视研究提供启发性的建议，为促进这些地区的和谐社会建设提供理论和实践上的参考。

二、研究成果的主要内容、对策建议

（一）主要内容

首先，该研究界定了“社会歧视”的含义，主要从三个方面加以表述。其一是把歧视界定为一种社会现象。当然，这种社会现象既可以是个体的，也可以是集体的行为。其二是认为歧视的主体是包括他本人在内的所有人，与此相对应的就是自我歧视。其三是指出歧视是一种自觉或不自觉、有意识或无意识的行为。该课题对“歧视”的定义为“歧视是指任何人对包括自己在内的其他人或事、基于自觉或不自觉原因基础上不平等对待的行为”。

其次，该研究论述了以云南省为例的边疆民族地区经济社会发展中社会歧视的表现形式。主要为地域歧视、性别歧视、农民工歧视和疾病歧视。

地域歧视的表现主要有三种形式，即表现为户籍歧视即城乡歧视的地域歧视；表现为就业歧视的地域歧视，以就业歧视为表现形式的地域歧视在农民工身上的表现最为明显；表现为语言歧视的地域歧视。地域歧视源于经济社会发展中的差距，是极度膨胀的自我优越感的产物，也是“社会刻板印象”的一种体现，地域歧视体现了从众心理或集体无意识的结果。缩减地域歧视，最根本的一条还是要靠发展，特别要促进贫困落后地区的发展。其次，解决目前“三农”问题，也是减少地域歧视问题的根本办法。

从实地调查中可以看出边疆民族地区经济社会发展中的性别歧视主要表现为就业领域的性别歧视和对女童的性别歧视。需要注意的是，在云南的一些少数民族中，尤其是傣族，妇女具有较高的社会地位。性别歧视在就业领域的表现最为突出。尽管有很多法律法规提出在就业领域反对性别歧视，但并没有具体可行的实施机制，也就不能真正起到反就业歧视的作用。因此，缩减就业市场的性别歧视仍需要政府、社会的全力协调，也是一条漫长而艰辛的抗争之路。

另外，进城务工的农民由于职业和生活缺乏制度化的保障，不能享受城市居民的最低生活保障，不断地受到来自城市的方方面面的歧视。歧视直接导致农民工们权益的损失，权益的损失又直接影响着他们的经济收入和社会地位。因此，对农民工的歧视也是需要立法和政策制度关注的问题。农民工是农村剩余劳动力转移的主要渠道，对工业化、城市化和现代化的进程与发展起到了重要的劳动力资源的支持作用，因而，消除对农民工的歧视具有重大的、现实的经济意义和社会意义。

疾病歧视在该研究中主要表现为艾滋病歧视。该研究的调查地点云南德宏傣族景颇族自治州盈江县是云南省艾滋病高发地区，艾滋病歧视在一定程度上普遍存在着。艾滋病歧视的存在是对边疆民族地区和谐人际关系、和谐社区、和谐社会建立的阻碍，因此，减少由于艾滋病而引发的社会歧视具有重要的社会意义。相应地，完善相关法律、建立有效的社会保障制度、加强新闻媒体的宣传、设立专门的反疾病歧视自律性组织等措施，能够有效地解决我国现存的疾病歧视问题。

最后，该研究着力建构边疆民族地区反歧视的社会网络。

（二）对策建议

歧视的产生，归根结底都是与经济的发展状况紧密相关。而西部地区落后的经济社会发展则成了歧视产生的根本原因。因此，在边疆民族地区反歧视的建设中，也需要从发展民族地区的经济入手，从根本上为反歧视的建设奠定基础。贯彻实施民族政策，加大对民族地区经济建设的投资，发展民族地区教育和培训事业，以此来促进民族地区的经济发展，发挥资源优势、发展民族特色产业等都是促进民族地区经济社会发展的有力措施。

在构建边疆民族地区反歧视的社会网络时，还要从政策、制度和个人层面完善现有的边疆民族地区的政策、法规，这将为社会歧视的消减起到制度层面的作用。从社会层面入手构建反歧视的社会网络，着重要发展和建设新型农村社区。发展优秀的民族文化，加强民族文化的认同和民族融合的促进是从文化层面上构建反歧视的社会网络的措施。反歧视社会网络的建立，还需要从个人层面入手，完善健全的人格体系。建立反歧视的社会网络只是奠定了基础，而最终要达到的目的是从社会排斥过渡到社会融合，进而达到人与人之间、人与群体之间、群体与群体之间的融合，从心理上构筑反歧视的防线，这样才能最终建立牢固的反歧视社会网络。

三、研究成果的学术价值、应用价值及社会影响和效益

该研究主要是针对云南省在经济社会发展中的歧视研究，可以为云南经济社会发展中、矛盾冲突中出现的歧视问题的解决提供理论上的参考。

从应用价值上看，首先，研究着力构建反歧视的社会网络，以其在边疆社会建立从政府、制度到个人的反歧视网络系统。其次，研究有利于促进和谐民族关系、和谐阶层关系的建立。最后，研究着眼于减少由于歧视而引发的社会矛盾和社会冲突，着眼于和谐边疆、和谐社会的构建，对维护边疆地区社会稳定具有一定的现实意义。另外，由于云南省在地域、民族、经济发展上的特点能在一定程度上代表西部和边疆民族地区，因此，研究也

将对西部地区和边疆民族地区的社会歧视研究提供启发性的建议，为促进这些地区的和谐社会建设提供理论和实践上的参考。

课题名称：边疆民族地区经济社会发展中的社会歧视研究
——以云南省为例
课题负责人：曲凯音
所在单位：云南师范大学
主要参加人：禹江宁　李　薇　双晓爱
结项时间：2011 年 5 月 17 日

法律社会学视野中的组织残疾人、儿童乞讨罪研究

一、课题研究的目的和意义

乞讨现象自古有之，在当前我国社会转型背景下，乞讨现象也呈现出一些新情况。虽然自1982年国务院发布《城市流浪乞讨人员收容遣送办法》以来，我国签署联合国《儿童权利公约》并出台了各种法律法规、规章、制度来保障残疾人及儿童的合法权益，并取得了明显成效。特别是近年来，我国经济迅速发展，社会管理水平不断提高，社会救助制度日渐完善，流浪儿童、残疾人基本生活权益保障工作取得有目共睹的成就。但由于目前我国正处于社会转型期，在新旧体制交换、整合，新旧观念交替转换的过程中难免存在漏洞和间隙，加之社会调控体系不健全、社会控制力弱化等原因，各种违法现象，特别是刑事犯罪率急剧上升，尤其是近年来全国各地出现的组织残疾人、儿童乞讨行为，让人触目惊心。一些“幕后操纵者”，组织、威逼、利诱老年人、残疾人、未成年人进行乞讨，从而达到为自己聚敛财富的目的。其中存在大量的虐待婴儿、儿童、残疾人的行为，情节恶劣，其卑劣行径令人发指。一些组织者还教唆乞讨的未成年人实施犯罪行为，对未成年人的身心健康造成了恶劣的影响，同时也严重影响了社会秩序与社会的发展。为了更好地保护儿童、残疾人的合法权益、

身心健康和人格尊严，严厉打击组织残疾人、儿童乞讨的行为，构建一个“民主法治、公平正义、诚信友爱、充满活力、安定有序、与自然和谐相处”的社会，2006年《中华人民共和国刑法修正案（六）》第十七条规定了组织残疾人、儿童乞讨罪，为打击该类犯罪行为提供了法律依据。该课题主要从法律社会学的视角对组织残疾人、儿童乞讨罪的产生背景、现状、原因进行分析并积极探讨其防范对策，不仅可以深化和丰富组织残疾人、儿童乞讨罪的理论研究，还可以为公安机关和司法机关在实践中全面认识和有效打击该类犯罪提供有价值的参考，也可以为相关政府部门面对社会转型期出现的该类新的违法、犯罪现象如何采取“综合治理”思路，如何对残疾人和儿童等弱势群体提供更多的权益保障提出可行性对策和建议，以此推进组织残疾人、儿童乞讨罪及相关弱势群体的权益保障研究走向深入化、具体化和实证化。

二、研究成果的主要内容、重要观点

（一）主要内容

1. 组织残疾人、儿童乞讨罪的社会背景

我国正处于社会转型时期，一方面，人的思想观念、生活方式、行为模式等发生深刻变化，整个社会充满生机和活力；另一方面，由于新旧体制、新旧观念在交换、整合，交替转换过程中难免存在漏洞和间隙，加之社会调控体系不健全、社会控制力弱化等原因，各种违法现象，特别是刑事犯罪率急剧上升，尤其是近年来全国各地出现的组织残疾人、儿童乞讨罪，让人触目惊心，严重影响社会秩序与发展。

2. 组织残疾人、儿童乞讨罪的界定

由于我国刑法关于犯罪构成的核心理论认为，任何一个犯罪的成立，都必须同时具备主体、主观、客体、客观四个要件，缺一不可，由此，该罪的构成特征为：本罪的犯罪主体为一般主体。即凡年满16周岁具有刑事责任能力的自然人，均可构成本罪。本罪的主观方面为故意，即行为人明知自己是以暴力、胁迫手段组织残疾人或不满14周岁的未成年人乞讨，侵犯残疾人或不满14周岁的未成年人的合法权益，而决意实施。本罪的客观方面，表现为以暴力、胁迫手段组织残疾人或者不满14周岁的未成年人乞讨的行为。本罪的客体是双重客体，包括残疾人、儿童的人身权利和社会管理秩序。

3. 组织残疾人、儿童乞讨罪的现状及特点

该课题通过问卷调查公众对乞讨现象的认识，访问公安部门、法院和检察院，整理相关文献资料，并结合收集的实际案例与统计数据，分析目前组织残疾人、儿童乞讨罪的表现形式、主要特点、产生规律和发展趋势：

（1）犯罪现象有蔓延之势。

（2）犯罪手段呈多样化、恶性化。

（3）作案成员外来化，具有极大的流动性。

（4）作案成本低、犯罪成功率高，“风险小、回报厚”。

（5）日趋职业化、团伙化。

（6）具有较强的隐蔽性，侦破难、证据收集难，打击不力。

4. 组织残疾人、儿童乞讨罪的社会危害

组织残疾人、儿童乞讨罪既是一种犯罪行为也是一种非人道行为，除了具有一般犯罪的共同危害性之外，还有一些特殊的社会危害性：

（1）组织残疾人、儿童乞讨行为严重侵害了残疾人、儿童的法定基本权利，损害了儿童的身心健康和尊严。

（2）严重扰乱了城市社会治安秩序及和谐社会的构建。

（3）严重破坏了公民的社会信任感和善良风俗。

（4）助长了组织者好逸恶劳的惰性风气和不顾廉耻的丑恶

行径，加重城市文明的危机态势。

5. 组织残疾人、儿童乞讨罪产生的原因

犯罪是社会环境的产物，犯罪现象的产生受多种因素的影响，组织残疾人、儿童乞讨罪产生的原因既有法律制度的不完善，也有社会转型过程中一些社会政策的滞后，除此之外还有经济、文化及行为人的个体因素。因此组织残疾人、儿童乞讨罪产生的原因复杂而多元：

（1）贫困、资源配置失衡是造成组织残疾人、儿童乞讨现象产生的根本经济原因。

（2）流动失范、社会控制力弱化是造成组织残疾人、儿童乞讨现象的重要的社会原因。

（3）家庭监护不力、社会保障和社会救助政策不健全，是加速组织残疾人、儿童乞讨群体形成的客观原因。

（4）立法、司法的不完善及相关部门职责不明确是导致组织残疾人、儿童乞讨行为监管、打击不力的重要原因。

这些综合性原因决定组织残疾人、儿童乞讨现象的滋生和蔓延。

6. 组织残疾人、儿童乞讨罪的防范和打击对策

（1）大力发展经济，提高人民生活水平。

（2）健全社会保障和社会救助体系。

(3) 加强社会控制力度，严厉打击组织残疾人、儿童乞讨犯罪。

第一，加大法制宣传力度，强化家庭的监护职责，调动公众参与防范、打击犯罪的积极性。

第二，从源头上控制乡村犯罪等越轨行为的发生。

第三，完善立法和司法，真正做到有法可依、执法必严。

第四，完善举报制度，建立各部门之间有效的联动机制。

整合社会资源，综合治理，全方位预防和打击组织残疾人、儿童乞讨罪。

（二）重要观点

（1）对组织残疾人、儿童乞讨罪的研究仅有刑法学的视角是不够的，对一种犯罪现象的研究，应从刑法内、刑法外去研究，法律社会学的视角能够帮助研究者更加全面深入地透视组织残疾人、儿童乞讨罪。

（2）组织残疾人、儿童乞讨罪产生的原因复杂而多元：贫困、资源配置失衡是造成组织残疾人、儿童乞讨现象产生的根本经济原因；流动失范、社会控制力弱化是造成组织残疾人、儿童乞讨现象的重要的社会原因；家庭监护不力、社会保障和社会救助政策不健全，是加速组织残疾人、儿童乞讨群体形成的客观原因；立法、司法的不完善及相关部门职责不明确是导致组织残疾人、儿童乞讨行为监管、打击不力的重要原因。这些综合性原因决定组织残疾人、儿童乞讨现象的滋生和蔓延。

（3）组织残疾人、儿童乞讨罪有悖和谐社会的构建，是社会发展过程中出现的丑陋现象，对公民的社会信任感和“扶弱济困”的传统美德及社会公德产生冲击与破坏，助长了组织者好逸恶劳的惰性风气和不顾廉耻的丑恶行径，加重城市文明的危机态势，严重扰乱社会治安秩序，对该类犯罪的打击和防范有助于和谐社会的构建，有助于促进社会的文明和进步。

（4）预防和打击组织残疾人、儿童乞讨罪是一项社会系统工程，应该树立并强化从刑法之内到刑法之外去寻找全方位的综合治理的防控理念，真正做到标本兼治：要大力发展经济，提高人民生活水平；健全社会保障和社会救助体系；应加大法制宣传力度，强化家庭的监护职责，调动公众参与防范、打击犯罪的积极性；从源头上控制乡村犯罪等越轨行为的发生；完善立法和司法，真正做到有法可依、执法必严；完善举报制度，建立各部门之间有效的联动机制来加强社会控制的力度，整合社会资源，综合治理，全方位预防和打击组织残疾人、儿童乞讨罪。

三、研究成果的学术价值、应用价值及社会影响和效益

该课题从法律社会学的视角出发研究组织残疾人、儿童乞讨罪，它与目前仅从刑事法律规范角度出发重点关注对规范本身的理解、解释的研究视角之间存在较大的区别。在研究方法上，在已经检索到的研究文献中，尚未见到将理论研究与实证方法结合起来研究组织残疾人、儿童乞讨罪的研究成果，也很少见到将刑法与其他学科结合来研究相关犯罪的研究成果。因此，该课题的研究成果有助于推动组织残疾人、儿童乞讨犯罪研究的实证化、深入化；而且对相关司法机关的打击防范和相关行政执法部门的治理提供了积极的建设性意见和建议；也将引起人们对弱势群体的关注、关爱，并对如何对残疾人和儿童等弱势群体提供更多的权益保障提出可行性对策和建议，呼吁公众对组织残疾人、儿童乞讨犯罪防范、打击的积极参与，以强化预防和打击组织残疾人、儿童乞讨罪是一项社会系统工程，应该树立并强化从刑法之内到刑法之外去寻找全方位的综合治理的防控理念，真正做到标本兼治。积极促进和谐社会的构建，促进社会的文明和进步。

课题名称：法律社会学视野中的组织残疾人、儿童乞讨罪研究

课题负责人：李　涛

所在单位：云南师范大学

主要参加人：毕天云　王海云　陈明珍　莫崇斌　张丽华　韩佳宏　胡立振

结项时间：2011 年 6 月 10 日

云南省土地流转问题及对策研究

——基于对昆明和大理的调查

一、课题研究的目的和意义

（一）研究目的

该课题在总结前人研究的基础上，以实地调查研究的最新资料为依据，对西部欠发达地区的云南省土地流转的现状及存在的主要问题进行深入的剖析，同时，应用社会学的方法和视角考察土地流转过程中作为流转主体的农民对于流转的意愿和行为选择，从微观的视角透视宏观背景下中国西部欠发达地区农村土地流转的制约因素，探讨适合西部地区的土地流转差异式发展模式，进而探讨在城市化进程中如何更好地利用土地资本，实现土地资源的优化利用，形成土地流转市场化机制。

（二）研究意义

1. 理论意义

该课题从农户主体的角度对其在土地流转过程中的行为进行微观社会学研究，同时结合云南土地流转现状的宏观背景，将微观和宏观、一般与特殊有机结合，对我国土地流转理论方面作出一些新的探索，有利于社会学对与人民群众利益密切相关的社会问题研究的进一步深化。

2. 现实意义

土地问题是“三农”问题的核心，土地流转是破解“三农”问题的关键，当前的土地承包经营权流转在规模上呈现出不断扩大的趋势，法律法规不断完善，但在实践中仍存在着诸如土地产权关系不明确、城乡二元户籍体制、农村社会保障不健全、征地补偿不到位、农民土地纠纷多、农民的观念意识等问题，制约着土地大规模流转的实现和农民切身利益的维护。同时由于西部地区市场经济发展的不充分，土地流转较东部地区起步晚，加之政策的规范度和执行过程中都存在较多问题，农民在土地流转中维护自身合理利益的意愿和行为往往得不到充分的表达，由此极易引发冲突进而产生社会问题。本研究通过对西部欠发达地区的云南省土地流转过程中的农户行为进行田野调查，充分了解转入和转出农户的行为动因，从而为各级政府科学地制定土地流转政策、规范和指导农户的土地流转行为、共同构建和谐的土地使用权流转机制作出有益的贡献，对云南省在新形势下土地承包经营权的流转工作具有一定的咨政作用，同时，对深入理解中国转型时期农村社会发展的实质也具有一定的现实意义。

二、研究成果的主要内容、重要观点

（一）主要内容

该研究所涉及的土地流转问题，是在中央关于农村土地工作的指导精神下展开的，对西部土地流转的现象和问题展开充分的调研和有益的论证，为欠发达地区土地流转工作提供智力支持和方法建议。

该课题在研究内容上主要基于西部欠发达地区的土地流转现状，与全国范围内土地流转研究内容相比，侧重于西部欠发达地区；与西部欠发达地区的相关研究相比，侧重于有关农民土地流转意愿的研究。

在相关的土地流转问题研究中，就研究内容而言，全国范围内的土地流转问题研究大体可分为中东部地区和西部欠发达地区。中东部地区由于市场经济发展相对较早，与市场化的接触较为充分，土地流转问题趋于固定和市场化，其流转规模、流转形式、各方利益的协调在一定程度上呈现出了明显的地域色彩。西部欠发达地区与其相比较，在人口分布、市场经济发育程度、农作物的种类与分布、行政干预上都与中东部地区存在明显差异。现阶段关于西部欠发达地区的土地流转问题研究，主要还限于一些基层土地工作者局部的经验总结与现状描述，这种总结与描述虽然为外界认识该地区的土地流转中存在的一些问题提供了参考的依据，但是在研究视角、研究方法、理论的深度和广度及代表性方面均存在遗憾，呈现出片段性与局部性的特征。

为充分体现西部欠发达地区土地流转的特征，体现出研究的创新性，该研究一方面在研究区域上选取了云南省具有代表性的众多调查点，充分体现了西部欠发达地区的区域特点，以此区别于中东部地区；另一方面，所选取调查点中，涵盖了市场发育程度不同、土地流转规模各异的众多调查点，确保了研究的全面性。在关于土地流转问题的相关研究中，有关农民意愿的研究日益成为一个考察农村问题的有益视角，在中央大力提倡“以人为本”的方针下，对于农民的重视成为众多研究者关注的对象，但是在有关西部欠发达地区的相关研究中，还缺少将其作为研究视角的有益尝试，该课题在充分调研基础上，将农民意愿作为该课题一个重要的研究内容，以此作出有益的学术探索。

在研究方法上，坚持马克思主义有关生产力和生产关系的经典论述，同时充分借鉴国内外关于土地问题的相关理论。以此为基础展开研究，在占有大量感性材料的基础上，通过 SPSS 数据分析，对相关问题进行定量研究，并结合相关理论得出有价值的研究成果。

（二）重要观点

在对土地流转现状和问题进行深入探讨后，该课题提出云南省土地流转的若干创新观点。土地流转作为中央统筹城乡发展，解决农村问题的关键举措，其实施的成效如何，将在很大程度上决定农民的切身利益和农村的发展与稳定。目前，各地根据中央的精神和规定所进行的土地流转，取得了很大的成绩，但是也暴露出了许多问题。要实现土地的正常和规范流转，各地在土地流转中需要进行相应的创新。该课题从思路创新、制度创新、工作方式创新和流转模式创新几个方面进行了相关论述。

（1）思路创新——充分尊重土地流转中农民的主体地位。从保护农民完整意义上的土地财产权；根据农户土地流转意愿和行为选择，尊重农民主体性地位；引导村民转变观念，树立现代市场意识，依法进行土地流转三个方面充分论证了土地流转过程中充分尊重农民意愿的重要性和必要性。

（2）制度创新——积极培育土地流转市场，加快户籍和社会保障制度改革。提出加强管理和引导，建立健全农村土地承包经营权流转市场的重要性，同时改革户籍制度和社会保障制度，为土地流转创造条件。作者建议，在推进土地流转制度变迁的同时，我们要有一个整体的观念，不能顾此失彼，而应该进行土地流转制度——社会保障制度——户籍制度整体性制度变迁的研究。

（3）工作方式创新——政府（村集体）把握好自己在土地流转中的角色定位，实现从管理向服务的转变。作为西部欠发达地区的云南的土地流转才刚刚起步，由于相关的配套设施不完善，也即农村的积聚效应没有实现，不可能大规模地推进土地流转，而是应该循序渐进，因势利导，在土地流转过程中把握好引导作用的“度”，而不是充当一个“主人”的角色，政府的作用主要是引导和服务。

（4）流转模式创新——差异式土地流转模式。推进农村土地承包经营权的流转，必须因地制宜、分类指导，各地应该根据生产力发展水平、非农产业发展程度、农村劳动力转移情况以及农民的意愿来决定是否流转，或者采用什么样的模式进行流转。结合所调查的农村，应该根据市场的发育程度推行差异式的土地流转模式。劳动力转移充分、二三产业发展迅速的村落应该快速推进土地流转。邻近县城的坝区土地流转快速推进，而山区则逐步推进。基于实证调查及相应地区的经验总结，研究提出三种差异式的土地流转模式：市场发展非常完善，自身具有良好产业基础的村落则选择市场主导型土地流转模式；经济发展滞后，非农产业不发达的农村则创造条件、逐步推进；市场发展相对完善的村落，则选择“政府+市场+农户型”或者政府引导型土地流转模式。

三、研究成果的学术价值、应用价值及社会影响和效益

（一）学术价值和应用价值

全国各地土地流转都在如火如荼地进行中，西部欠发达地区也加快了土地流转速度，东西部地区农村社区发展程度、生产力发展水平和农民的心理态势差异都呈现出差异性，且西部较东部而言，农村市场行为成熟度偏低，各种土地流转配套政策及实践还处在发展阶段，由于地域和观念的限制，农民土地流转意愿相对东部地区受大环境干扰较小，土地流转规模相对较小，国内学术界对西部欠发达地区土地流转的研究还处于起步阶段。

该课题在深入了解云南省土地流转的特点以及存在问题的基

础上，通过对农户土地流转意愿和行为的实证研究，进而对西部欠发达地区土地流转的模式进行探讨，以期根据不同的农村社区发展情况和不同的农民心理态势进行土地流转发展模式的创新研究，从而为建立土地流转差异式发展模式奠定理论基础。同时使之在固定范式下与东部已有研究进行定量比较，或许对于破解西部欠发达地区土地流转问题能作出有益贡献。

该课题研究特别突出农民主体意识的研究。以往的研究往往忽视对土地流转的主体——农民主体意识的研究，或者对于农民的主体意识不进行引导。在宏观背景下，进行微观农民土地流转主体意愿的研究是该课题研究的创新点之一。

土地问题是“三农”问题的核心，土地流转是破解“三农”问题的关键，当前的土地承包经营权流转在规模上呈现出不断扩大的趋势，法律法规不断完善，但在实践中仍存在着诸如土地产权关系不明确、城乡二元户籍体制、农村社会保障不健全、征地补偿不到位、农民土地纠纷多、农民的观念意识等问题，制约着土地大规模流转的实现和农民切身利益的维护。同时由于西部地区市场经济发展的不充分，土地流转较东部地区起步晚，加之政策的规范度和执行过程中都存在较多问题，农民在土地流转中维护自身合理利益的意愿和行为往往得不到充分的表达，由此极易引发冲突进而产生社会问题。该课题研究通过对西部欠发达地区的云南省土地流转过程中农户行为进行的田野调查，充分了解转入和转出农户的行为动因，从而为各级政府科学地制定土地流转政策、规范和指导农户的土地流转行为、共同构建和谐的土地使用权流转机制作出有益的贡献，对我省新形势下土地承包经营权的流转工作具有一定的咨政作用，同时，课题研究对深入理解中国转型时期农村社会发展的实质也具有一定的现实意义。

(二) 社会影响和效益

该课题研究紧紧围绕党中央和国务院关于农村土地工作的相关精神和要求，在研究内容和方法上进行有益的创新，获取大量客观真实的信息，了解农民的利益诉求，掌握基层政府对于中央精神的领会程度以及根据当地实际情况展开相应工作的情况。对于上级政府机关了解舆情、掌握土地流转过程中各地取得的成绩与存在的问题，从而作出科学的决策具有重要的借鉴价值。同时，根据西部欠发达地区实际，课题提出了一系列的创新研究思路与建议对策，对于调动农民积极性、贯彻落实中央农村工作精神、丰富土地流转研究现状所进行的社会学本土化研究具有重要意义。

课题名称：云南省土地流转问题及对策研究——基于对昆明和大理的调查

课题负责人：张金鹏

所在单位：云南民族大学

主要参加人：张 含 刘 莉 保跃平 何晓波

结项时间：2011 年 6 月 17 日

云南农村民间组织在农村社区建设中的作用研究

——以大理白族自治州为例

一、课题研究的目的和意义

课题研究的目的和意义体现在以下几方面：

首先，有利于农村和谐社区的建设。农村社区建设是社会主义新农村建设的重要组成部分，党的十六届六中全会提出，要积极推进农村社区建设，健全新兴社区管理和服务体制，把社区建设成管理有序、服务完善、文明祥和的社会生活共同体，强调要注重发挥民间社区组织在社区建设中的积极作用。在我国建设社会主义新农村的今天，农村民间组织在农村和谐社区建设中发挥着不可替代的作用，农村民间组织植根于农村社区，因此对农村民间组织的研究有利于社会主义新农村建设，有利于加快建设社会主义和谐社会的进程。

其次，目前宗教信仰问题已成为新世纪的重要课题。宗教信仰作为传统文化的有机组成部分，具有重要的研究价值。农村宗教信仰文化悠久，影响深远。在我国广大的农村地区，存在着佛教、道教、基督教、伊斯兰教等宗教的同时，也存在着形式多样的民间宗教信仰的形式。农村地区居住着我国大部分的人口且社会转型较为剧烈，因此，对农村宗教信仰以及其依托的形式——

民间宗教信仰组织进行研究，引导农村地区宗教信仰组织走有利于社会稳定运行并协调发展的轨道，对全面推进建设社会主义和谐社会有着极为重要的现实意义。

最后，有利于边疆少数民族地区构建社会主义和谐社会。云南省地处我国西南边境，是少数民族聚居的大省。大理白族自治州位于云南省中部偏西，是一个以白族为主的少数民族自治州，其历史悠久，有着灿烂的古代文明，素有“文献名邦”之称。唐宋时期，南诏、大理国均在此立国。大理地区宗教信仰丰富多元，对白族宗教信仰的研究一直是白族文化研究的重点。同时，在老龄化问题突出、家庭养老模式倍受冲击的今天，对活跃在广大的白族农村社区的民间宗教组织——莲池会的研究对农村老年人生活及农村社区建设都起着重要的作用。该课题将对此民间宗教信仰组织进行深入的分析研究，有助于少数民族农村地区和谐社区的建设。

二、研究成果的主要内容、重要观点

改革开放以来，我国农村民间组织迅速崛起，推进农村民间组织的健康发展，是构建社会主义和谐新农村的一项重要议题。对民间组织的研究，特别是在云南省有着重要的现实意义。该研究第一部分主要是现状研究。对国内外有关民间信仰、民间组织发展研究情况及该课题选取的调查点背景、现状作具体的分析研究。第二部分主要是对活跃于大理白族地区的民间宗教信仰组织莲池会的信仰、组织结构、活动等内容作具体而深入的分析。第三部分主要是功能、影响的研究，该部分也是核心部分。我国是个多宗教并存的国家，宗教作为一种意识形态的产物和现象，对社会各个体系发挥着不同的作用。它是一种被制度化了的人类行为形式，对社会政治、经济、文化等方面都发挥着作用，并且同时又对社会稳定、发展等具有重要的影响。莲池会作为一种普遍存在于白族地区的民间宗教信仰组织，具有很强的社会功能，具体表现在：

(1) 对少数民族农村社区的整合功能。在大理白族自治州的广大农村社区，莲池会对其成员具有较大的吸引力，潜移默化了大家的集体观念。

(2) 对白族老年妇女的心理慰藉功能。在农村社区，养老基本上是以家庭的模式来完成，许多老年人在农村只能依靠自己的子女来养老，而现在受经济利益的驱使，农村人口流动性加大，越来越多的子女远离父母外出打工，空巢家庭大量涌现。在大理白族地区，农村中老年妇女多数为文盲和半文盲，生活单调，一定程度上，宗教信仰可以看做是她们老年生活中最大的精神寄托。信仰宗教后的老年人心灵得到了寄托，心理上更加平静。

(3) 对传统文化的传承功能。白族文化是一个开放性、多元性的文化，文化中包含了许多爱国统一、仁孝礼义、勤俭节约、和睦献身的民族意识和伦理道德观念。莲池会这一传统的民间宗教信仰组织在其中便发挥着极其关键的作用，它无形中承担着对优良传统及文化的继承和发展的重任。莲池会成员们所念诵的经文里大都包含了中华民族优秀的品德，而且年轻人跟随自己家的老人去参加活动，老人们都会对年轻人加以教导，不能做坏事，因为这样会触犯神灵，相比于一般的世俗的教导，建立在民间信仰上的教导对人会更有约束力。其次，民间信仰组织对传统伦理道德起到一定的维护作用。民间宗教信仰包含着大量的中华民族传统的伦理道德规范，这些规范是以社会的和谐与统一为价值取向的。伦理道德对社会行为的约束力是最强的，违背伦理道德要受到社会舆论的谴责和内心的自责。莲池会虽说信仰杂而多，但是它在价值取向上依然具有共同的伦理道德特质。莲池会所崇拜的对象大多是建功立业，能保民济老，有道德，忠勇慈孝的，将这些具有中华民族优秀品德、为民做善事的人尊为神而加以膜拜，其中包含着对传统伦理道德规范推崇的意义。

（4）对后代及自身的教育功能。在白族社会中，本主崇拜是白族老年妇女继续社会化和对后代进行教育的一种重要方式，莲池会中大多数成员是文盲或者只有小学文化的老年人，然而加入该组织后，因为念经的需要，她们不得不学习或者记忆一些经文，潜移默化地学习一些知识和文化；其次，在大理白族农村地区，多数青壮年出去打工挣钱养家，家里的小孩就只能留给老年人来照顾，一旦有大型的或是日常的祭祀活动，他们都是将自己的孙儿带到活动的地方，这些地方都是神圣不可侵犯的场所，老年人们都会教育自己的孙儿要尊重神灵，爱护村庙里的花花草草，不乱涂乱写乱画，要讲究卫生等，这样一来小孩也从小懂得要爱护公物、讲究卫生等一些基本的道德品质。

（5）娱乐功能。在民间信仰中，神祇的庆典仪式同时也是一个村子中最重要的节日，通过本主节或是其他神祇诞辰日的庆典仪式，村民们和民间组织的成员们不仅祭拜了自己心目中的神灵，而且还参与了许多的活动，放松了自己的心情。特别是白族民间的“绕山灵”活动，民间宗教信仰组织里的老年人们借助活动，唱唱跳跳，欢声笑语，在娱神的同时也娱乐了自己，对老年人的身体健康有极大的好处。研究的第四部分是对策研究。农村民间宗教信仰组织由于具有本土性和根植于广大的农村社会成员之中，其在解决社会发展问题和提供各种社会服务方面起到不可或缺的作用，正确引导和促进莲池会的健康发展是边疆农村社区建设中的重大任务。对农村民间宗教信仰组织的研究要清醒地认识到它所存在的消极、糟粕的内容，需要我们遗弃；而存在的健康、积极的内容则要加以保护、利用、传承。民间宗教信仰组织作为农村社区建设不可或缺的一部分，要求我们要对其进行合理有效的引导利用，使其在边疆少数民族地区构建社会主义和谐社会中发挥重要作用。

三、研究成果的学术价值、应用价值及社会影响和效益

该课题主要以农村民间宗教信仰组织为研究对象，运用宗教社会学理论进行系统而全面的分析研究，引入组织社会学的观点，就农村民间宗教信仰组织从组织学角度进行深入分析，引入社会系统论和功能主义，采用社会学定性的分析方法，对云南大理白族农村社区中活跃的民间宗教信仰组织莲池会进行研究，从而探讨民间宗教信仰组织在农村社区建设中的作用。目前学术界对少数民族宗教信仰的研究多数从文化、民俗方面入手，而该课题的研究拓展了新的视角，从宗教社会学的视角切入，引入组织社会学和社会学功能学派的观点，采用社会学的调查方法进行分析，就学术方面而言具有一定的创新性。而该课题的研究旨在探讨少数民族地区民间宗教信仰组织在农村社区中发挥的作用，对当地政府对民间宗教信仰组织的管理能提供一定的素材，具备一定的应用价值。而活跃在大理白族农村社区中的民间宗教信仰组织莲池会具有较强的社会影响力，吸引许多专家、学者前去探究，目前面临的一个传承问题也是民间宗教信仰组织得以在农村社区继续发挥作用的关键，通过研究认识，对少数民族文化的传承及保护起到一定作用。因此，对农村民间组织特别是民间宗教信仰组织的研究就显得尤为必要和重要。

课题名称：云南农村民间组织在农村社区建设中的作用研究
——以大理白族自治州为例

课题负责人：赵 静

所在单位：云南民族大学

主要参加人：穆 智 赵金萍 何勒腊

结项时间：2011 年 7 月 16 日

民族问题研究

缅甸与泰国跨境民族的历史与现状

一、课题研究的目的和意义

缅泰跨境民族的分布状况以及这些民族在东南亚历史发展进程中的重要性决定了缅泰跨国民族这一特殊民族形式不仅是认识缅泰民族乃至两国周边尤其是中南半岛地区相关民族历史与现状的关键，也是了解上述地区其他方面情况的重要基础。对缅泰跨国民族的历史与现状进行认真研究，不仅于推进中国的国际民族研究和跨境民族研究有重要意义，也是促进中缅、中泰友好交往的需要。

对跨境民族历史与现状的研究可以拓展我国民族史、民族学、国际关系等相关学科的研究视野，并为这些学科在一些新领域的研究打下坚实的基础，或称为相关研究的重要补充。以民族问题研究为例，除已充分融入当地社会的华人华侨外，缅泰跨境民族中有许多分布于我国西南边疆等地的民族或族群，他们或与中国的一些民族有着密切的渊源关系，或与中国的一些民族属于同一民族，彼此间存在着强烈的民族认同感。对其在缅甸与泰国的历史、迁徙、分布及其族际关系等问题进行研究，是中国相关民族研究的重要补充。

对跨境民族历史与现状的研究有利于我们阐明一些缅甸与泰国跨境民族群体的民族认同与国家认同之间以及跨境民族与国家

疆域之间的关系，而了解这一点，又有助于我们在反对民族分裂势力在利用跨境民族这一特殊民族形式进行分裂活动时，从正面利用同源民族和跨境民族这些国际纽带，使我国边疆民族地区的社会经济能够在更加和谐的环境中稳定地发展。

二、研究成果的主要内容、重要观点和对策建议

（一）主要内容

1. 缅泰跨境民族的种类、分布、人口

缅泰跨境民族至少有18种：泰—掸、华人、孟、拉佤（佤）、崩龙（德昂）、布朗、克木、克伦、克钦（景颇）、阿卡（哈尼）、拉祜、傈僳、毕苏、巴洞、苗、瑶、回、马来人等民族。两国还有一定数量的印度、越南等国侨民。

从分布特点来看，几乎所有缅甸与泰国交界的两国边疆地区皆有民族群体跨境而居。随着两国边境地区由北向南逐渐变窄，越往南走，缅甸跨国民族的种类和数量逐渐减少的趋势就越明显。其中，泰北山地与缅甸掸邦、克耶邦、克伦邦等交界地区是缅泰跨境民族分布最集中的地区。

2. 相关民族的迁徙及其跨国境分布格局的形成

孟高棉语民族孟人和拉佤人在泰语民族入主缅泰边境地区之前是当地至少是泰北地区的主要居民，而克伦人也较早进入这一地区。待北方泰人崛起并建立了兰那王国之后，上述民族成为被统治民族。他们一部分迁到了别的地区，留在当地的部分要么进入山区和半山区，要么被泰语民族所同化。缅甸方面，缅族崛起并建立王朝之后，逐步统一了缅甸全境，并控制了孟人、拉佤人、克伦人、掸人等少数民族。后来，由于时局变化、经济发展、环境变迁、自然灾害等多方面的原因，拉祜、阿卡、傈僳、

苗、瑶、克木、崩龙等民族在不同的历史时期从不同方向进入缅甸与泰国，并在泰缅边境地区辗转迁徙，至20世纪80年代崩龙族、布朗族、巴洞人等民族从缅甸迁入泰国后，缅泰相关民族的跨境分布格局最终形成。

3. 缅泰跨境民族的政治经济与社会生活状况

一般来说，缅泰跨境民族中，除泰国的主体民族泰族在缅甸的对应族体掸人和已充分融入当地社会的华人以及在两国人口非常悬殊的马来人外，缅甸相关跨境民族的政治地位要高于泰国的对应民族群体，经济地位则反之。除了人口数量外，这主要与缅甸相关民族长期的独立运动以及缅泰两国政府的民族政策有关。政治经济地位的差异与民族文化的多样性对相关缅泰跨境民族的民族认同和国家认同产生了重要影响，同时也是制约缅泰跨境民族族际关系走向的重要因素。

4. 缅泰跨境民族社会经济状况与语言文字、宗教信仰等文化层面的问题

在缅泰跨境民族中，有很大一部分是山地民族。他们在漫长的历史发展进程中创造了独特的民族文化。在外部世界的影响和各种异文化的冲击下，缅泰跨境民族的文化发生了一些变化，但其主要文化却得以传承和延续，为世界民族文化多样性作出了重要贡献。

（二）重要观点和对策建议

1. 加强缅甸与泰国相关跨境民族的比较研究

加强缅甸与泰国相关跨境民族的比较研究包括对相关民族基本情况和缅甸与泰国民族政策的研究。在研究的过程中，既要求同，也要寻异，更为重要的是造成这些异同的深层次原因。在寻异的过程中，要注意到造成差异的原因，如地理环境、历史发展、经济基础、国家政策等因素的影响，尤其要注意分析缅甸与

泰国的民族政策的差别；在求同的过程中，首先要对缅泰相关跨境民族的民族观念和国家观念有较为深入的了解，同时还要注意缅泰跨境民族在历史长河中传承下来的独特的文化现象，因为这些文化现象既是相关民族群体作为民族存在的重要标志，也是对世界文化多样性的重要贡献。

2. 加强缅泰跨境民族相关民族关系的研究

就研究对象而言，既要注意到各民族群体与缅甸统治民族缅族、泰国统治民族泰族的关系，又要充分了解各跨境民族群体之间的关系，还要对相关民族的支系划分和族内关系有充分的认识。从研究内容来看，一方面要注意到民族关系中的友好交往，另一方面要注意到因利益博弈而出现的矛盾冲突，并阐明这些矛盾冲突对缅泰跨境民族关系的影响。

三、研究成果的学术价值、应用价值及社会影响和效益

该成果为国内第一个从整体上对缅泰跨境民族进行考察的研究成果。从整体上对缅甸与泰国至少 18 种跨境民族的历史与现状进行了较为全面的考察，从微观上较为客观、全面、系统地反映缅甸与泰国各大跨国民族的基本情况，从宏观上较为准确、深入地把握作为有机整体的缅泰跨国民族的主要特点，较为准确和详细地考证了缅泰跨境民族的历史与现状，在运用新材料、提出新观点的同时，对国内外关于缅泰跨境民族的一些待商榷的问题提出了自己的看法，其研究位于其学术领域的前沿，具有较高的学术价值。

同时，研究成果中的相关数据和结论不仅可以让读者更好地了解缅泰跨境民族的历史，关注他们的现实生活，并激发其对缅泰跨境民族的兴趣，也可以为相关部门所借鉴，或成为我国从事

相关研究的学者的重要参考资料。

课题名称：缅甸与泰国跨境民族的历史与现状

课题负责人：赵永胜

所在单位：玉溪师范学院

主要参加人：杨文学　陈　勰　石常艳　赵树芬　刘　洁　艾军婷

结项时间：2010 年 11 月 14 日

彝族《指路经》的审美研究

一、课题研究的目的和意义

彝族是中国西南地区最为古老的民族之一，在亘古绵延的历史长河中，彝族人民创造了深邃厚重、璀璨多姿的文化成果，为中华文化宝库增添了夺目的光彩。独具特色的语言文字，浩如烟海的彝文文献，精彩纷呈的文学艺术，充满睿智的哲学宗教，完备深刻的道德伦理，嘉惠众生的彝族医药，等等，共同构筑了彝族文化的基本内容，为中华文化的繁荣作出了不可或缺的贡献。

彝文文献作为彝族文化的载体，承载着彝族人民古远鲜活的历史记忆和纷繁多彩的文化形态。就内容而言，涵盖了文学、宗教、历史、哲学、天文等众多学科与领域，多姿多彩，蔚为大观；从数量观之，彝文文献卷帙浩繁，枝叶繁茂。在梳理、甄别彝文文献的工作中，诸多彝文文献由于受制于地域、支系或方言，只能流传于某地、某支系或某方言区。宗教类文献《指路经》以宗教祭祀活动指路仪式为依托，千百年来以其独特的功能和多重的价值，在滇、川、黔、桂四省区彝族各支系中流布、赓续。其不仅调适、规范着人们的文化心理、伦理行为，而且强化着彝族人的认同感和凝聚力。《指路经》是彝族在宗教祭祀活动指路仪式上，由祭司毕摩念诵的一种诗体经文文献，旨在引导亡灵回归“祖界”。一部《指路经》就是一个支系的迁徙史，一部《指路经》就是一个家支的创业史，一部《指路经》就是一幅纷繁斑斓的艺术画卷。探赜索隐《指路经》，文献情感充沛，诗意浓郁，构思精巧，想象奇崛，语言生动素朴，洋溢着积极的浪漫主义精神，具有较高的艺术审美价值。

迄今，众多学者已对《指路经》进行了开拓性且卓有成效的研究，但多停滞于文本解析的层面。彝族文化的要义，多被记载在汗牛充栋的文献中，对文献的钩沉，有助于准确把握彝族文化的精髓。但我们知道，彝族文化的众多因子，以非文本的形式存留于社会生活之中，就学理层面而言，势必要求把研究视野扩大到文本之外的宽阔的社会生活领域，将典籍研习与社会考察结合起来。

对《指路经》的研究只有放置也只能放置于彝族文化的背景下，才能更好地阐释其价值。《指路经》的创作主体与传播主体——祭司毕摩，在彝族的丧葬仪礼上，通过宗教祭祀活动——指路仪式，吟诵文献——《指路经》，以导引逝者魂灵回归到祖灵的聚居地——祖界。在这一宗教仪式活动中，主要关涉毕摩、指路仪式、《指路经》、彝族民众（生者和“亡灵”）等要素，它们共同构成一个有核心、多层次，而又具有开放性的、生气灌注的意义系统，各要素间互为依存、相互交融。对《指路经》、指路仪式、毕摩和彝族民众所构成的意义系统进行综合的研究，应是《指路经》研究的题中应有之义。只有依托指路仪式的活态性质，才能更好地挖掘《指路经》文本的艺术审美价值。正如薛富兴先生所言：审美，是指人们对一切美好对象、事物的感知、欣赏、体验和享受，它是人类以感性形式、感性对象求得即时性生理、心理快感的精神活动，它与科学、哲学、宗教、伦理一样，是人类最基本的精神活动形式。审美活动的现实亲和性，使我们更为深刻地意识到，对某一文化事象抑或对不同族群文化的研究，如果缺失了审美观照将是不完整的，也是不深刻的。该课题在文献典籍研究与深入实地调研的基础上，运用美学、文艺学和文化人类学等相关理论与方法，从审美的视角，对《指路经》、指路仪式、毕摩和彝族民众所构成的意义系统进行探析、钩沉，以动态地、全面地把握《指路经》的审美价值，揭示指路仪式在展演中所彰显的审美风格。

二、研究成果的主要内容

课题主要由导论、正文和结语组成。

第一章，导论。主要说明选题的缘由与价值，并对田野点进行概述；介绍本论文的研究状况，阐明研究的理论视角与方法；介绍本论文的主要内容以及创新点和难点。

第二章，详尽阐释了以《指路经》为中心所构成的意义系统。

介绍《指路经》的创作与传播主体：毕摩。探寻毕摩的源流以及毕摩文化的形成与发展。在毕摩文化的语境中，挖掘《指路经》文本和指路仪式产生的根本原因，以更好地服务于主题的研究。阐释了毕摩主要的思维特征。介绍毕摩的社会职能，重点探讨毕摩在指路仪式中沟通天地人、导魂归祖的功用。

探寻《指路经》中“指”和“路”的丰富内涵，以及《指路经》“人死归祖”的宗教诉求。通过对《指路经》文本的梳理，归纳其内容程式。从作品的主体思想和语义内涵、艺术心理和思维机制两方面，把握《指路经》的艺术特征。

概述彝族名目繁多的宗教仪式，在此基础上凸显指路仪式的重要性与不可或缺性；对《指路经》的接受主体：彝族民众的接受心理与精神诉求进行阐释。

第三章，运用美学和文艺学的相关理论与方法，对《指路经》文本进行探析。

通过对《指路经》文本内在结构与质素的析读，展示了《指路经》审美情感之多重交织：忧愁、依恋与决绝。

从语言之诗性美与语言之程式美两个维度，充分展示《指路经》的语言美：从诗歌的句式、诗歌的句型和艺术表现手法上探寻《指路经》语言的诗性美；运用“口头程式理论”，梳理了《指路经》中与人物相关的语词程式，数字和方位的语词程式，具有地域特色的语词程式，以彰显诗歌语言的程式美与艺术特性。

通过对归祖旅途、“火化”情节和毕摩勇斗妖魔等场景的析读，展示了《指路经》的想象美。

第四章，依托《指路经》文本，运用美学与文化人类学的理论与方法，通过对文献典籍的考辨，再结合田野作业资料，对指路仪式给予动态的审美的解析，以揭示指路仪式的审美风格。

在指路仪式中，对享受指路仪式的逝者和举行指路仪式的毕摩都有严格的规定。仪式严格的规定性与仪式繁简相间、不容更改的程式性都集中体现了庄重美。

在指路仪式中，实现了人自我的和谐，人与人的和谐，人与社会的和谐，集中体现了指路仪式的和谐之美。

指路仪式的指归——祖界，结合文本对其进行审美分析，揭示祖界的多重饱满的象征意蕴和审美价值。结合招魂仪式与招魂诗进行分析，揭示彝族人民对待死亡和生命的态度。在送魂与招魂这一结构中，体现了指路仪式的圆满之美。

第五章，结语。总结强调了《指路经》及指路仪式在彝族社会的审美教育功能。

三、研究成果的理论视角与方法

（1）课题研究主要运用美学、文艺学的相关理论与方法，对《指路经》文本的内在结构要素进行探讨，挖掘《指路经》的审美价值。在阐释文本的基础上，通过对指路仪式的展演性与象征性的探寻，揭示指路仪式的庄重美、和谐美与圆满之美；在静态研究的基础上，进行动态的分析，使研究由封闭走向开放，更加贴近研究对象的文化语境。

（2）文献搜集与田野调查相结合的方法。梳理与该课题相关的文献典籍，在深入田野作业的基础上，力求做到文献与田野的互证，从而为理论分析提供翔实可靠的材料支撑。

（3）遵循理论与实践相统一的原则，具体与抽象相观照，宏观把握与微观分析相结合的方法，从实践上升到理论，并在实践中检验观照。

（4）比较、归纳的方法。这一方法贯穿于课题研究的始终，通过对《指路经》异文本的梳理、比较，在把握版本差异性的基础上，探寻其共通性；通过对指路仪式的探寻，析解仪式的程式性。如对《指路经》内容程式、语词程式的梳理等，都是在比较的基础上，加以归纳提炼，进而把握住核心要素，以使研究更加全面深入。

四、研究成果的主要价值

（1）挖掘、整合少数民族文化中的审美文化资源，充实现有的美学研究。回眸中国美学的百年历程，美学研究往往被研究者单向度拘囿在汉民族文化的视阈中，一部中国美学史就是一部汉民族的美学史。蕴涵在少数民族文化中的丰富、多元的审美文化往往被遗弃、搁置，其间的缺漏与偏颇，使人倍感尴尬与遗憾。任何一种文化都是几千年积累而发展形成的结果，人类各文化间有其相通性，但也有各自的独立性与独创性，每一种文化的经验和智能以及信息库藏是其他文化所无法完全替代的。少数民族文化不仅是中华民族多元一体化的印证，更是世界文明财富的重要组成部分。“重建中国话语”、“建设有中国特色的中国美学格局”，是当下诸多学人的学术目标，也是美学学科的生存定位。少数民族审美话语的“不在场”或“失语”，都是对中华美学丰富性、完整性的损伤。审美文化的多元互补不仅能弥合其间的裂痕，而且有利于拓展美学研究的新领域，有利于展现“各美其美，美人之美，美美与共，天下大同”之大观。

（2）丰富、深化彝族文献的研究。通过对以《指路经》为中心的意义系统的研究，挖掘《指路经》的审美价值，揭示其审美意蕴的多重性与丰富性；通过对指路仪式的阐释，揭示其在展演过程中，在满足宗教诉求的同时，所呈现的庄重美、和谐美与圆满之美。通过研究，更加全面地了解彝族人对待死亡和生命的态度，“祖界”的构拟，不仅淡化人们对死亡的恐惧，也在“归祖”观念的引导下，规范人们的行为，以一种积极健康的态度对待生命。

（3）深化彝族人民的文化认同感与历史责任感，增强民族凝聚力。涂尔干曾言：人民举行仪式，是为了将过去的信念保存下来，将群体的正常面貌保持下来，而不是因为仪式可能会产生物质效果。《指路经》的主要功用是在毕摩的导引下，在指路仪式上，让逝者魂灵顺利沿着祖先迁徙的路线回归“祖界”。对《指路经》及其指路仪式进行综合的立体的研究，有助于深化彝族人民的文化认同感与历史责任感，增强民族凝聚力。

五、研究成果的主要创新点

（1）运用美学、文艺学的理论与方法，对《指路经》文本的内在结构要素进行探讨，挖掘《指路经》的审美价值；在文本阐释的基础上，通过对指路仪式的展演性、象征性的探寻，揭示指路仪式的庄重美、和谐美与圆满之美；揭示《指路经》与指路仪式的审美教育功能。

（2）在研究的视角上，从审美的角度切入，更好地揭示了《指路经》所蕴涵的审美价值，指路仪式的审美风格及其审美教育功能；对《指路经》和指路仪式进行整体系统研究，改变了研究的单一性，使研究由静态走向动态，由封闭走向开放，更加贴近研究对象的文化语境。

课题名称：彝族《指路经》的审美研究
课题负责人：龙　珊
所在单位：云南民族大学
主要参加人：昂自明　刘彦彦　郝金文　孔淑芳　路倩倩
结项时间：2011 年 4 月 29 日

云南省扶持7个人口较少民族发展政策实施效果研究

一、课题研究的目的和意义

在我国55个少数民族中，有22个少数民族的人口在10万人以下，总人口63万人（2000年第五次全国人口普查数据），统称人口较少民族。新中国成立以来，这些民族政治上得到翻身，经济社会持续发展，生活得到明显改善。但是，由于历史、自然条件等方面的原因，这些民族的经济和社会发展总体水平还比较落后，贫困问题仍较突出。党中央、国务院高度重视人口较少民族的发展。胡锦涛总书记、温家宝总理、回良玉副总理多次批示要求加大对人口较少民族的扶持。按照各民族“共同团结奋斗、共同繁荣发展”的精神，根据党中央、国务院的要求，制定扶持人口较少民族发展规划，采取特殊政策措施，集中力量帮助这些民族加快发展步伐，走上共同富裕道路，对于贯彻落实科学发展观，进一步增强民族团结，维护边疆稳定，实现全面建设小康社会的奋斗目标，构建社会主义和谐社会，具有十分重要的意义。

云南有独龙、德昂、基诺、怒、阿昌、普米、布朗7个人口较少民族，占全国人口较少民族种类的32%，总人口22.9万，扶持任务极其繁重。云南省委、省政府高度关注，按照国家

《扶持人口较少民族发展规划（2005—2010 年）》的要求，结合实际率先出台了《云南省扶持人口较少民族发展规划（2006—2010 年）》、《云南省扶持人口较少民族发展建设项目规划》和《关于采取特殊措施加快我省 7 个人口较少特有民族脱贫发展步伐的通知》，实施政策较完备、针对性强、措施得力，对人口较少民族聚居的 175 个村委会实施温饱和农业产业化、基础设施建设、科教、民族文化和人才培养扶贫“五大工程”，实现“四通五有一消除”等成效显著。2007 年 5 月，由国家发改委、国家民委等部门组成的“全国扶持人口较少民族发展工作”调研组到云南畹町德昂族聚居村回环村进行了考察，7 月国务院在云南德宏州专门召开了“全国人口较少民族发展工作现场经验交流会”；2009 年 2 月国家民委“扶少动态监测数据南方片区汇总会议”在昆明召开，进一步突出了云南扶持人口较少民族发展的特点、经验和政策实施效果。因此，进行云南扶持 7 个人口较少民族政策的实施效果研究，客观分析取得的成绩和经验，揭示存在的问题与面临的困难，可为扶持人口较少民族发展政策的调整与完善提供对策建议，对“十二五”期间进一步促进扶持人口较少民族发展工作有着重要的启示和借鉴意义。

二、研究成果的主要内容、重要观点和对策建议

（一）主要内容

（1）从政治发展、经济发展、社会发展（特别是保护和弘扬文化）及对实践和完善中国特色社会主义民族理论分析的角度，梳理和探讨了扶持人口较少民族发展的战略意义。

（2）从政治效益、经济效益、社会效益、民族效益四个维度分析了扶持云南人口较少民族发展政策的实践成效。

(3) 从云南扶持人口较少民族发展的政策现状，扶持人口较少民族发展政策实施的主要途径、经验与启示，云南扶持人口较少民族发展政策及其实践中存在的主要问题及原因等方面具体揭示了云南扶持人口较少民族发展政策的实践状况。

(4) 通过对中央、各省（区）扶持人口较少民族发展的政策经验及启示的比较分析与归纳总结，提出完善云南扶持人口较少民族发展政策的指导思想、主要原则、重点和要求、对策措施，并对云南制定"十二五"期间扶持人口较少民族发展的政策提出五方面具体建议。

（二）重要观点和对策建议

(1) 扶持发展人口较少民族政策的实践成效。

第一，从政治效益看，通过扶持人口较少民族发展政策的实践，切实体现了我国坚持民族平等、团结、共同繁荣的原则，符合新时期各民族"共同团结奋斗、共同繁荣发展"的主题，是加快少数民族和民族地区经济社会发展的重要内容。

第二，从经济效益看，通过扶持人口较少民族发展政策的实践，人口较少民族及其聚居地区经济结构不断优化、经济发展迅速、人民群众的收入不断增加，贫困面貌得到改善。

第三，从社会效益看，通过扶持发展政策的实践，人口较少民族及其聚居地区社会事业得到迅速发展、生存环境得到改善、人力资源获得开发。

第四，从民族效益看，通过扶持人口较少民族发展政策的实践，人口较少民族自身的权益获得更加全面的实现，民族自豪感、自信心不断增强。

(2) 云南扶持人口较少民族发展的政策现状：一是云南建立健全了扶持人口较少民族发展政策体系；二是明确了实施扶持发展政策主体的具体任务和责任；三是强化了实施扶持发展政策

主体的责任心和执行力；四是有力而有效地实施了扶持发展政策监控。

(3) 扶持人口较少民族发展政策实施的经验与启示：第一，认真总结政策实践经验，建立健全并完备政策体系，是保障政策全面、深入、有效实践的前提；第二，领导的高度重视，工作机制的形成，是保障政策全面、深入、有效实践的关键；第三，坚持对口帮扶、社会参与、多方支援，是保障政策全面、深入、有效实践的重要途径；第四，深入实施科教扶贫，加快人口较少民族干部人才培养，是保障政策全面、深入、有效实践的基础；第五，因族施策、整合资源、注重实效、抓好项目，是保障政策全面、深入、有效实践的重点。

(4) 云南扶持人口较少民族发展政策及其实践中存在的主要问题：①云南扶持人口较少民族发展政策的系统性不足，难以形成政策合力；②云南扶持人口较少民族发展政策目标的实现不平衡，未能科学体现民族发展的实际；③云南扶持人口较少民族发展政策的执行程度有差别，政策实施效果有差异；④扶持人口较少民族发展政策实施主体的自觉意识有差距，对政策及其实践的认同度不一致；⑤扶持人口较少民族发展政策对实践地区民族关系、民族共同发展因素考虑不够全面，民族关系发展中不和谐因素有所显现。

(5) 中央、各省（区）扶持人口较少民族发展的四方面政策经验及启示：一是党中央、国务院以及国家有关部门的大力支持是实践好扶持发展政策的根本保障；二是各级领导高度重视，干部群众发扬“人一之我十之，人十之我百之”的拼搏精神，是实践好扶持发展政策的前提条件；三是找准和解决制约人口较少民族和民族地区发展瓶颈，是实践好扶持发展政策的关键；四是统筹兼顾、突出重点是实践好扶持发展政策的根本方法。

(6) 扶持人口较少民族发展，是新时期促进民族团结进步的民心工程，是推动各民族共同繁荣发展的德政工程，是造福人口较少民族群众的幸福工程。应坚持“三个代表”重要思想和科学发展观为指导，坚持统筹与协调相结合的原则、因地与因族相结合的原则、发展与稳定相统一的原则、团结与和谐相统一的原则。

（7）完善云南扶持人口较少民族发展政策的对策措施：一是进一步促进云南扶持人口较少民族发展政策的系统化、体系化，保障扶持资源的有效整合及扶持力量的增强。二是与时俱进，根据云南7个人口较少民族发展现状与要求，确定不同阶段扶持发展的重点及具体任务。在“十二五”期间，应根据7个人口较少民族发展的现有基础和当前存在的主要问题，重新确定发展重点和具体任务。三是规范和完备扶持发展政策的执行机制，保证扶持人口较少民族政策的实践出新成效、创新佳绩。四是建立健全政策监督机制，保障扶持人口较少民族政策的实施具体、到位并多出效益。

（8）对“十二五”期间扶持人口较少民族发展的政策建议：一是在加大对人口较少民族人力资源的开发方面，从教育入手，采取医疗卫生、健康保障等特殊优惠措施，特别是专门设置小学、中学、高中级高校预科班等人口较少民族班的方式，着力提升人口较少民族人力资源的素质。二是在加大对人口较少民族聚居地区支柱产业的培育方面，可采取对口支援的方式，根据不同地区的资源富集状况特殊扶持，可在税收减免等方面制定相应优惠政策。三是在加大对人口较少民族的民族优秀传统文化的保护、传承方面，每年在云南少民族非物质文化遗产保护专项经费中列出一定比例的经费，通过项目方式加以研究和实践。四是在加大对人口较少民族社会保障体系的构建方面，可按照人口较少民族的发展实际和生活状况，单独在教育、就业、养老、医疗卫生、体育、健康等方面制定专门的具体措施，切实保障人口较少民族群众切身利益得到实现。五是在调整和完善扶持人口较少民族发展政策时，可将人口较少民族聚居地区、散杂居地区经济社会发展相似的村寨纳入扶持发展领域。

三、研究成果的学术价值、应用价值及社会影响和效益

作为一项系统研究云南省扶持人口较少民族发展政策实践的项目，该成果具有重要的理论和现实运用价值。一是将为验证中国特色社会主义民族理论与党的民族政策在边疆少数民族地区的贯彻落实及取得重大成绩的现实性、重要性和必然性，进一步为完善民族理论和民族政策提供现实的实践依据及启示。二是通过项目研究，可进一步彰显我国民族平等团结政策对实现各民族“共同团结奋斗、共同繁荣发展”民族工作主题的保障与促进作用，为各民族相互之间构建平等、团结、互助、和谐的新型民族关系提供实践的经验。三是全面分析云南扶持人口较少民族发展政策，可为完善和制定新时期新阶段解决新产生的民族问题提供有效的尝试及启示，为推动各民族共同建设和谐社会和小康社会提供示范。四是通过对“十一五”期间扶持发展政策及其实施效果的研究，进一步总结经验，为“十二五”进一步促进人口较少民族发展提供更加可行的对策建议。

课题名称：云南省扶持7个人口较少民族发展政策实施效果研究

课题负责人：李若青

所在单位：云南民族大学

主要参加人：张亚雄　穆　智　贾玉超　字文君

结项时间：2011年5月12日

兴边富民行动及其成效的调查研究

——以耿马傣族佤族自治县为个案

一、课题研究的目的和意义

兴边富民行动是根据党中央的精神，为配合西部大开发战略，由国家民委于1999年发起，并于2000年正式启动的以加快边境地区发展为目标的配套工程。经过试点探索、重点推进、全面推进三个阶段，到2009年年底，兴边富民已逾10年，2007年国务院颁布的《兴边富民行动“十一五”规划》也将于2010年全面完成。兴边富民行动实施以来，边境9个省区136个陆地边境县和新疆生产建设兵团58个边境团场的经济社会发展取得了哪些成就，这需要通过实地调研，深入考察各地兴边富民行动的成效给予解答。调研兴边富民行动的成效，认真总结所取得的成绩、经验和存在的问题，为科学谋划兴边富民行动“十二五”规划提供借鉴与参考，以进一步提高兴边富民行动的成效。

以耿马傣族佤族自治县为个案调研兴边富民行动的成效问题，具有重要意义：一是以耿马县为个案，全面、系统考察兴边富民行动的实施背景、主要过程、阶段目标任务、主要内容和措施等，认真总结兴边富民行动所取得的主要成效、经验和存在的问题，科学谋划“十二五”期间的兴边富民行动；二是从边境地区经济社会多元复杂的现实出发，揭示单个边境县的特殊矛盾与问题，强化并提高兴边富民行动的针对性与实效性；三是以兴边富民行动的成效为依据，证明它是实践“三个代表”重要思想、落实科学发展观的重要体现，是促进边境地区经济发展、民族团结、社会和谐、边疆稳固的有效途径，是边境地区各族群众，特别是少数民族贫困群众脱贫致富的重要举措，是顺民心、合民意的德政、惠民工程。

二、研究成果的主要内容、重要观点和对策建议

（一）主要内容

1. 耿马县基本县情

介绍了耿马县地理位置、行政区划、历史沿革与社会变革以及民族文化与历史等基本情况。

2. 耿马县实施兴边富民行动的重要意义

回顾耿马县实施兴边富民行动前的经济社会发展情况，阐明耿马县实施兴边富民行动的重要性与紧迫性。考察耿马县区位、资源、环境等因素，揭示耿马县实施兴边富民行动的有利条件与制约因素。

3. 耿马县实施兴边富民行动的主要过程与绩效

把耿马县的兴边富民行动分为2005—2007年和2008—2010年两个阶段，对照各个阶段所制定的兴边富民行动发展规划，全面、系统考察耿马县兴边富民行动规划目标、任务、项目保障措施的实施、执行与落实情况，通过纵向和横向比较，从经济综合实力、基础设施投资、群众生产生活条件改善、优势产业培育、社会事业进步、对外开放、民族团结等方面全面分析耿马县经济社会发展所取得的成就，科学评价耿马县实施兴边富民行动取得的绩效。

4. 耿马县实施兴边富民行动的主要政策措施与经验

以耿马县兴边富民行动所取得的成绩为基础，从加强领导、健全机构，调查研究、编制规划，提高认识、加强汇报，抓好基础设施、改善生产生活条件，突出重点、培育产业，规范管理、强化监督，广泛动员、形成合力等方面，认真总结耿马县兴边富民行动取得成效的主要做法与经验，并以实际案例和翔实数据给予证明。

5. 耿马县实施兴边富民行动的长期性与艰巨性

由于地质构成状况较差，属于“直过区”，民族成分多且素质低等因素，耿马县兴边富民行动的成效是初步的，县域经济社会发展水平与全国、云南省平均水平还有较大差距，在云南25个边境县中也居于中间位置，耿马县的兴边富民行动具有长期性与艰巨性。“十二五”期间，要从加强领导、突出重点、拓宽筹资渠道、完善帮扶机制、发挥群众的主导作用、健全监督考评机制等方面，进一步提高耿马县兴边富民行动的成效。

（二）重要观点和对策建议

（1）耿马县属于典型的边疆民族县、贫困县和“直过区”，实施兴边富民行动具有必要性和紧迫性。多年来，在社会发育程度低、生产方式落后、自然环境恶劣、基础设施薄弱、脱贫难度大、社会事业发展落后及数十年固守边防、备战备荒而多次错失发展和建设机会等诸多因素制约下，耿马县与全国、全省的发展差距越拉越大，经济社会发展不仅滞后且极不平衡。兴边富民行动的实施，将有力地促进地区和城乡间协调发展，加强边境一带与缅甸之间的经济、文化等各方面的交流，提高边境地区的城镇化水平，使边境地区各族群众的生产、生活条件得到不断改善和提高，实现耿马县经济和社会各项事业全面、快速发展，为把耿马县建设成为经济繁荣、文化进步、民族团结、边疆稳定的沿边经济带起到积极作用。实施兴边富民行动，不仅是一个经济发展问题，而且是一个重要的政治问题。

（2）兴边富民行动实施以来，在各级党委政府的领导下，通过对口帮扶单位的支持和耿马各族群众的积极参与和努力奋斗，耿马县经济和社会各项事业得到全面、快速发展，兴边富民行动成效显著。这充分证明：兴边富民行动是实践“三个代表”重要思想、树立和落实科学发展观的具体体现，是深化和扩大改革开放的客观需要，是边境地区各族群众特别是少数民族贫困群众脱贫致富的重要举措。持续深入地实施好兴边富民行动，有利于边境地区的经济发展、民族团结、社会和谐、边疆稳定和边防巩固，对于促进我国经济社会全面协调快速可持续发展，实现物质文明、政治文明和精神文明的全面进步具有重大而深远的意义。

（3）在实施兴边富民行动中，耿马县探索、总结出了一些适应边境地区实际的做法，主要体现在：加强领导、健全机构；调查研究、编制规划；提高认识、加强汇报；抓好基础设施、改善群众生产生活条件；突出重点、培育产业；规范管理、强化监督；广泛动员、形成合力等方面。这些做法保证了耿马县兴边富民行动计划的顺利实施，也成为耿马县兴边富民行动成效显著的重要经验。

（4）边境地区的兴边富民行动具有长期性与艰巨性。由于受自然环境差、社会发育程度低、经济总量小、基础设施薄弱、民族成分多且素质低等诸多因素制约，耿马县兴边富民行动的成效是初步的，主要人均经济社会发展指标与全国平均水平相比还有较大差距，在云南省 25 个边境县中也居于中间位置，耿马县的兴边富民行动具有长期性与艰巨性。

（5）“十二五”期间，要在认真总结所取得的成绩、经验和存在的问题的基础上，从科学领导、突出重点、拓宽筹资渠道、完善“3+1”帮扶机制、充分发挥群众的主体作用、健全监督审计和绩效考评机制等方面，进一步提高耿马县兴边富民行动的成效。

三、研究成果的学术价值、应用价值及社会影响和效益

（1）理论来源于实践，实践需要理论指导。调研兴边富民行动的成效，有利于丰富和提升兴边富民行动的理论基础与层次，进而提升党员干部和各族群众对兴边富民行动的认识水平。

（2）通对对耿马县兴边富民行动实施情况的全面、系统考察，以及对所取得的成绩、经验和存在问题的认真总结，将为耿马县乃至临沧市及云南省正确、科学地认识和评价耿马县兴边富民行动提供有益参考，为耿马县科学谋划“十二五”期间的兴边富民行动提供有效参考。

（3）在实施兴边富民行动中，耿马县所总结出的若干成功经验与做法，既有县域特殊性，又有普适性，对云南省及全国其他边境地区具有重要借鉴与参考价值，很值得推广。比如，建立健全联席会议制度，不仅建立了县级兴边富民行动计划工作联席会议制度，而且与三个省级帮扶单位建立联席会议制度，定期不定期地向帮扶单位汇报行动计划实施情况，加强沟通与协调，积极争取帮扶单位更多、更有针对性的支持；重视调查研究，做好项目规划工作，强调抓好项目前期论证工作，加强同省市领导及有关部门的汇报沟通，力争有更多的项目列入国家和省市计划；坚持和完善“3+1”对口帮扶机制，与帮扶效果好的云天化集团有限公司保持稳定的帮扶关系，保持了帮扶工作的延续性，有效提升了帮扶效果；等等。

课题名称：兴边富民行动及其成效的调查研究——以耿马傣族佤族自治县为个案

课题负责人：廖乐焕

所在单位：云南民族大学

主要参加人：陈世荣　谢霄亭　李新武　孙　丹

结项时间：2011 年 5 月 16 日

云南少数民族价值观的心理学调查

一、课题研究的目的和意义

价值观是一个文化系统构成的基本基因，一个民族文化的核心就是本族认同的价值观。国内已见到少量关于少数民族价值观的调查研究，但从心理学视角、针对少数民族民众群体基本价值观的系统研究还十分少见。该项目基于心理学视角，在前期研究的基础上，运用具有良好信度、效度的问卷，对云南少数民族群众价值观的现状进行调查，分析当代云南少数民族价值观变迁的特点及其相关影响因素，探索建构云南少数民族价值观正确导向的合理传承途径。

就理论意义而言，该课题研究基于跨文化心理学，它能揭示不同文化背景中人类行为与心理的普遍性与差异性。该研究既可以使我们具体地了解云南各少数民族价值行为的差异及其原因，又可以提示其间的相融性，并由此扩展人类的知识领域，丰富跨文化心理学的理论。就实践意义来讲，在建设社会主义和谐社会的进程中，边疆地区的民族团结始终是一个必须重视和深入研究的问题，而民族团结的实现既需要利益共享，也需要达成价值选择方面的共识。该课题的研究有助于我们真切地了解云南各少数民族价值观的历史和现状、个性和共性，促进各民族的相互理解和认同，自觉维护中华民族“多元一体”的和谐局面。

在中国这样一个多民族国家中，民族关系的和谐是构建社会主义和谐社会的重要基石。强化中华民族的国家意识和各族群众共有价值观的核心地位，承认、尊重各族特有的少数民族价值观，是“多元”和“一体”完整和完善的结合，是建设和谐民族关系的有力举措。因此，了解少数民族群体价值观的结构、特征、变迁，弘扬各族群众先进的价值观，对实现民族和谐起着重要的促进作用。从心理学角度研究少数民族价值观问题，既是我国价值观研究领域的一个崭新课题，又是当前我国构建和谐社会进程中，实现民族团结与社会和谐，必须深入研究和认真对待的一个重要问题。

二、研究成果的主要内容、重要观点和对策建议

该研究展开的过程实际就是对少数民族价值观理解与诠释的过程，也是试图不断逼近少数民族价值观本来面貌的过程。为了达到研究目的，整个研究由文献综述与实证探索两个部分有机构成，文献分析试图把握少数民族价值观的传统以及变迁脉络，实证调查意在建构少数民族价值观的结构和理解少数民族价值观的现状特点，从少数民族价值观的传统、现状、变迁的整个发展历程，来考察少数民族价值观的本质与演化过程。

该研究在研究对象上选取少数民族群众这个社会群体，按照“传统—现状—变迁”的思路，通过对少数民族民间文学的梳理，总结少数民族传统价值观的特征。研究前期基于文献、访谈、开放式调查的结果，运用符合心理测量学要求的少数民族价值观的测量工具，探索少数民族价值观的结构。在前期研究结果基础上，系统考察少数民族价值观的现状、特点，初步揭示少数民族价值观与主观幸福感的关系，采用实地调查，以傣族婚俗

——“拴线礼”的变迁为个案，尝试讨论少数民族价值观的变迁。研究发现，少数民族传统价值观在存优择良民族文化变迁的基调下，传统价值观的先进部分得到保持和弘扬。其变迁的趋势是：趋同性与多元化并存、从非理性到理性的嬗变、传统与现代的互动结合。提出少数民族传统优秀文化的传承和保护工作亟待加强的观点。

综合来看，该研究在以下几方面有所发展和创新：

（1）在研究对象上，以18岁~60岁的云南少数民族群众为主体，拓展了已有价值观研究的对象范围。

（2）在研究内容上，运用自编的具有较好信度、效度指标的少数民族价值观问卷为测量工具，探讨了云南少数民族群众个人背景变量对云南少数民族价值观的影响，揭示了当前云南少数民族群众价值观的现状特点。

（3）在研究取向上，从该研究的特定内容出发，在跨文化研究的视角下，打破少数民族价值观单一的研究取向导致的研究局限，该研究基于学科的交叉和整合取向，围绕“传统—现状—变迁”的逻辑，阐述和分析了少数民族价值观的发展和演化过程，充分体现了研究的整合性。

（4）在研究方法上，传统问卷调查有其优势，但难以避免社会系统误差，研究以问卷调查为主，同时结合实地调查、案例分析、访谈、文献等方法，即采用理论与实证的交叉验证，量化研究与质性研究相结合，既弥补了单纯问卷法的不足，同时又推动了少数民族价值观研究方法的多元化与综合化。

（5）在研究结果上，立足于少数民族传统文化系统的三个层面，结合对傣族传统文化的价值观内涵阐述，分析了少数民族价值观的传统特点；以心理学视角为切入点，分析了少数民族价值观的现状特点；以傣族婚俗——“拴线礼”为个案的实地调查，透视了少数民族价值观的变迁，并初步揭示了少数民族价值观与主观幸福感的关系。

少数民族价值观是少数民族文化的核心，从某种意义上说，少数民族价值观的传承需依靠少数民族文化系统实物层次、心物层次的元素（如服饰、建筑、歌舞等）的传承来加以维系。基于前述研究结果，提出针对云南少数民族地区开展工作的启示与建议：第一，弘扬各民族传统文化中追求人与自然和谐的自然生态价值观；第二，创设适当的公众舆论氛围；第三，加强少数民族年青一代对本民族文化的认同意识；第四，加强和培育少数民族的民族自信。

传统少数民族优秀文化的渐渐滑落，其实际内涵是价值观的缺失。而一个缺乏恒定价值观、缺乏坚定信仰的民族，不可能成为一流的民族。继承和发展多元民族文化，重点是要保护和挖掘民族文化中蕴涵的传统知识和智慧，在几千年的历史长河中，积淀和传承云南少数民族先进的价值观，正是云南少数民族优秀文化传统生生不息、薪火相传的核心力量，滋养和丰富着人们的精神世界，并进一步丰富我国和谐文化的内涵，从而推动和谐社会的建设。

三、研究成果的学术价值、应用价值及社会影响和效益

该课题所形成的成果，具有一定的学术价值和应用价值：

该研究在研究对象上选取少数民族群众这个社会群体，着重研究少数民族群众的基本价值观，辅以与个体日常生活密切相关的几个领域的问题调查，以凸显价值观研究内容的综合化，并运用多元方法对少数民族价值观的测量工具、发展水平和特点、相关因素等进行系统的探索，这不仅有助于拓展国内一般价值观研究的成果、丰富国内少数民族价值观研究的内容，而且有助于全面系统地了解和把握少数民族群众的价值观现状，从而实现民族工作针对性、有效性的提高。我国是一个多民族的国家，每个民

族都是中华民族的重要成员，都有着自己民族的文化和传统。由于历史和地理等多方面原因，各民族在政治、经济和文化发展上极不平衡，形成我国少数民族文化的差异性、多元性、复杂性，这为我们采用跨文化方法开展研究提供了有利条件。该研究采用多方法、多内容的思路，以不同方法分析不同亚文化背景下少数民族价值观的特点及其发展变迁，试图在价值观的理论构想和研究方法方面作出新的探索，成为我国相关研究的一个有益补充。

该课题所形成的成果，发挥了一定的社会影响和效益：

（1）形成了多个阶段性研究报告：《云南少数民族传统价值观内涵分析——以傣族为例》；《云南少数民族价值观现状调查》；《云南少数民族价值观与主观幸福感的相关研究》；《云南少数民族价值观当代变迁的特点实地调查——以傣族为例》；《云南少数民族价值观的个性和共性分析》。

（2）以研究报告为基础，进一步丰富和完善，形成著作，拟申请云南社科学术著作出版基金或云南师范大学学术著作出版基金实现公开出版。

（3）人才培养：侯阿冰 2010 年由助理研究员晋升为副研究员；刘虹 2009 年获得硕士学位，职称由研究实习员晋升为助理研究员；赖怡 2009 年由讲师晋升为副教授。

（4）参加国际、国内重大学术会议，论文《国内少数民族价值观研究综述》已获接受，拟在第九届亚洲社会心理学大会（AASP2011）上进行交流。

课题名称：云南少数民族价值观的心理学调查

课题负责人：侯阿冰

所在单位：云南师范大学

主要参加人：张劲梅　黄丽辉　刘　虹　赖　怡

结项时间：2011 年 12 月 10 日

[illegible]，由[illegible]，各[illegible]，[illegible]

[illegible]

（6）[illegible]

（7）[illegible]

（8）[illegible]2010[illegible]2009年[illegible]2007[illegible]

（9）[illegible]

课题名称：[illegible]

课题负责人：[illegible]

所在单位：[illegible]

主要参加人：[illegible]

完成时间：2010年12月10日

宗教学

宗教渗透与边疆民族地区意识形态安全研究

——以云南跨境民族地区为例

一

一、课题研究的目的和意义

宗教渗透对国家安全的威胁最先体现在意识形态领域。所谓“西化”，其实质是企图以以宗教为核心价值理念的西方思潮取代我国马克思主义的政治信仰和国家指导思想，改造并同化中华民族的道德观念、文化传统和民族精神。所谓“分化”，其实质是企图以以宗教为核心价值理念的西方思潮挑战中华民族认同、国家认同和社会主义制度认同。宗教渗透首先在意识形态领域制造混乱，使人们对既有的国家指导思想发生怀疑，政治信仰产生动摇，文化传统丧失信心，伦理纲常产生逆反，进而移植一套完全迥异的价值体系。

在构建社会主义和谐社会的今天，和谐的国内国际环境不可缺少，而宗教无论在维持国内稳定局面还是在营造友好国际氛围方面都有重要作用。因此，对于宗教渗透我们应该保持清醒的认识，既不能无限扩大化，打击正常的宗教交流与传播；又不能对严重危害国家安全的宗教渗透不闻不问。应该在马克思主义世界观和方法论的指导下对宗教渗透的演进历程、表现特征、惯用手法以及危害性等作出理论概括，正确认识宗教渗透与宗教交流、传播，在此基础上结合实际工作部门的具体经验，提出有效的反宗教渗透对策，抵御宗教渗透，维护我国意识形态安全。

课题研究以马克思主义为指导，立足全球一体化和文化多元化的国际背景，综合多学科的方法和视角，结合云南“建设南亚东南亚国际大通道”的具体省情，客观分析宗教渗透对跨境民族地区意识形态安全带来的问题与危害，较深入地探讨意识形态安全战略的目标、原则、具体措施，对增强社会主义核心价值体系的吸引力和凝聚力，推动民族团结、边疆稳定和云南经济社会发展具有积极的意义。

二、研究成果的主要内容、重要观点和对策建议

（一）主要内容

1. 宗教渗透理论概说

一是系统梳理了意识形态的概念内涵、理论流派、层次结构、模式特征、现实功能，并提出了自己的见解，如意识形态由宏观、中观、微观有机构成的三维结构，意识形态合法性辩护、合理性解释、合情性引导的三大功能等；二是对宗教渗透的概念内涵、表现特征、惯用手法、演进历程、作用机制、现实危害、抵御对策等作出了较为深入的理论概括，提出了宗教在文化、社会、政治意义上的三种渗透方式，提出了区分宗教渗透与正常宗教传播和宗教交流之间不同的两种模式即资源模式和层次转化模式，阐述了中共中央第三代领导集体关于宗教渗透的重要理论和基本观点，归纳了宗教渗透政治恶意性、文化侵略性、活动国际性、手段多样性、组织秘密性、破坏严重性等六大特征，探讨了宗教与社会主义意识形态的关系，为宗教与社会主义社会相适应寻求现实路径，为抵御宗教渗透、维护国家意识形态安全作出理

论铺垫。

2. 云南跨境民族地区的宗教渗透现状

对云南跨境民族地区宗教渗透现状进行全面调查，包括主要渗透势力及其背景、渗透的主要方式及其特点等。

3. 宗教渗透对云南跨境民族地区意识形态安全的危害

从传统宗教信仰、传统文化、民族情感等方面出发，调查分析宗教渗透对跨境民族国家认同和中华民族认同带来的现实挑战，摸清宗教渗透对跨境民族意识形态安全的影响机制、具体途径和主要威胁。认为其危害主要集中在如下四个方面：大力宣传宗教，挑战马克思主义的主流意识形态；制造分裂，挑战中华民族认同和社会主义制度认同；散布反动言论，动摇党的群众基础；危害正常宗教秩序，削弱宗教与社会主义社会相适应的基础。

（二）重要观点和对策建议

（1）从跨境民族地区特殊的地理位置、文化环境、生存状态出发，推动民族地区经济、社会、文化发展与抵御宗教渗透、维护意识形态安全的双赢机制，需要夯实思想基础，加强社会主义核心价值体系建设。应进一步加强马克思主义教育力度，增强中华民族凝聚力和向心力；培育国家政治认同和社会主义制度认同；保护与发展跨境民族传统文化，使主流意识形态与非主流意识形态联合起来，共同抵御反主流意识形态的宗教渗透活动。

（2）加强理论研究，全面落实党的宗教工作方针。应立足抵御宗教渗透的工作实际，认真研究宗教渗透的相关理论；强调反宗教渗透的长期性与艰巨性，使各级领导充分从政治高度重视反宗教渗透工作；不断提高跨境民族地区社会成员辨别宗教渗透与宗教交流、传播的能力；大力宣传党的宗教政策，坚持独立自主自办的原则，依法加强对宗教事务的管理，积极引导宗教与社会主义社会相适应。

（3）提供制度保障，建立防渗反渗的联动网络。建议政府有关部门切实负起责任，夯实抵御宗教渗透的制度基础；进一步加强宗教工作人才队伍建设，做好抵御宗教渗透的人力保障；紧紧依靠群众，构筑抵御宗教渗透的社会基础。

（4）落实具体措施，依靠社会主义自身的力量战胜境外宗教渗透。应尽快制定和完善相关的法律法规，建立健全政府管理宗教渗透事务的专门机构，建立健全涉外宗教事务制度；改进工作方法，加大经费投入；切实采取措施，提高跨境民族经济、社会和文化综合发展水平。

三、研究成果的学术价值、应用价值及社会影响和效益

云南地处祖国西南边陲，边境线长达4 060千米，民族众多，宗教多样，文化多元，接壤和毗邻的国家情况复杂。在不断加大对外开放的今天，云南因其特殊的地理位置、复杂的文化环境和特殊的国防意义，已成为敌对势力渗透的重点对象，并试图以此为跳板向内地扩展势力。对宗教渗透防范不力，势必危及社会主义核心价值体系，导致民族文化和民族精神的流逝，产生严重的国家认同危机和马克思主义信仰危机。如何有效抵御宗教渗透，维护国家意识形态安全，为构建社会主义和谐社会、实现中华民族伟大复兴提供强大的精神动力和共同的精神家园，是必须认真研究的重大课题。

实际上，云南所面临的问题，在全国其他边疆省份也不同程度地存在。因而该课题的研究意义并不囿于云南，其产生的学术示范效应，将会有力推动其他省市相关研究的发展，研究取得的成果和经验还可以在全国推广，具有较高的学术价值、应用价值

以及较大的社会影响和效益。

课题名称：宗教渗透与边疆民族地区意识形态安全研究
——以云南跨境民族地区为例
课题负责人：孙浩然
所在单位：云南民族大学
主要参加人：欧　燕　方　文　曾　黎　刘文娜　雷安平
结项时间：2011 年 3 月 20 日

历史学

近代云南的生态变迁
——以传染病为中心

一、课题研究的目的和意义

（一）研究目的

随着人类对生态环境问题的密切关注，生态环境史成为学术研究的热点。生态环境史研究人类与自然环境之间的相互关系及其互动演变过程。中国生态环境史目前还是一个新领域，从学科理论建设到研究实践都处在探索阶段，海内外学者集中探讨生态恶化的成因与防治思路，研究地域偏重于江南、黄土高原和西北，代表性的成果有大陆余新忠博士的《清代江南的瘟疫与社会》，台湾刘翠溶、伊懋可主编的《积渐所至：中国环境史论文集》和海外学者 Carol Benedict 关于腺鼠疫的作品。云南生态环境史的研究，陆续发表过瘴气（周琼）和鼠疫（李玉尚、曹树基）等数种论著，套用云南学者尹绍亭的话说是“开拓性的作业”，但仍较为薄弱。云南传染病问题是构成云南生态环境变迁史的重要组成部分。该研究采用跨学科方法，通过对晚清、民国时期云南传染病问题的剖析，力图呈现云南生态变迁的过程。

（二）研究意义

晚清、民国时期，云南传染病病种多，流行时间长，流行地域广，危害严重。课题选择传染病问题作为切面探讨近代云南生态环境变迁的过程，边疆民族地区人与环境关系的演变，总结经验教训，促进学科创新，为当今传染病防治工作和生态文明建设提供历史借鉴。

二、研究成果的主要内容、重要观点和对策建议

（一）主要内容

课题从时间上分成晚清、民国两大时段，以传染病流行的相关问题为线索展开，逐步阐释各个时段内云南传染病暴发流行的种类、流行时间、流行范围、规模、危害、影响、防治等，在此基础上总结归纳传染病流行与生态环境之间的联系，传染病流行的成因，官方、医界、民众和外籍人士对传染病的认知情况，在防治过程中如何逐步意识到改善和建设公共卫生的艰难历程，建立现代卫生防疫机构和建设卫生防疫体制。该课题重点梳理了近代云南传染病流行的总体情况，对疟疾、鼠疫、霍乱三种传染病进行个案分析，提出科学、有力的数据资料。

（二）重要观点

（1）晚清、民国时期，云南传染病种类多，流行时间长，波及地域广，危害严重，是影响社会发展进程的重要变量之一。暴发流行的传染病有疟疾、鼠疫、霍乱、天花、伤寒、斑疹伤寒、赤痢、猩红热、白喉、麻疹、百日咳、回归热、流行性脑脊髓膜炎、麻风病、血吸虫病等，可以说我国主要的传染病病型在这一时期的云南均有发生，不少传染病出现大流行，其中疟疾、

鼠疫、霍乱三种传染病具有研究的代表性。

（2）传染病暴发流行与自然环境密切相关。疟疾主要流行于热带和亚热带，疟疾的传播媒介疟蚊的滋生，与气温、雨量、植被、地形、土壤等因素有关。晚清、民国时期云南疟疾流行区分布在云南省西南、南部、东南部和江河河谷低地地理范围极广的地区，患者人数庞大，死亡惨烈，其中最重要的原因在于上述地区的自然环境高度满足疟疾流行的条件，于是疟疾变成了云南的头号地方病。滇越铁路云南段修筑期间自然环境的恶劣艰险，民国年间思茅县的生态环境，都是造成疟疾超高度流行的基础。作为一种自然疫源地传染病，云南剑川大绒鼠鼠疫自然疫源地和滇西梁河、盈江黄胸鼠鼠疫自然疫源地的发现，为晚清、民国时期云南鼠疫大流行作出了科学、合理的生态解释。霍乱的流行规律反映出环境肮脏，人的排泄物污染食物和水源，苍蝇滋生，既是生态环境问题，又与人群的卫生观念和卫生习惯不良有直接关系。从这个角度说，预防、控制和消除传染病需要从改善生态环境的高度着手。另外，传染病暴发流行与地震、水旱灾等自然灾害有关。

（3）传染病暴发流行与人类活动密切相关，它是自然环境、病原体、人三者之间相互影响、相互作用的结果。在正常情况下，生态环境缓慢变化，病原体与人之间大体上维持着平衡。大规模和持久性的战争对生态系统干扰强烈，引起自然环境剧烈变化，病原体与人之间的平衡结构被打破。战争导致军人和平民死伤，如果得不到及时救治或者掩埋，为鼠、蝇、蚊、虫等传播媒介传播传染病提供了天然条件；战争破坏正常的生产生活秩序，容易造成普遍的饥荒、露宿和逃亡，使人的肌体免疫力直线下降，感染疾病和传播疾病的几率增大；战火让城市和乡村经历浩劫，变成瓦砾废墟，人口减少，田园荒芜，生态环境退化，为病原体出没创造了活动的空间；战争期间军队频繁调动，不断转换生态系统或者环境，容易水土不服，受到常见疾病的侵袭或者引发疫源性疾病。从这个意义上说，战争本身就是一场生态灾难。晚清咸同年间长达18年遍及云南全省的战乱给生态环境带来巨大灾难，人口损失严重，是云南生态环境的重要转折点。鼠疫席卷全省，每岁必疫，死于传染病的人口远超过战争本身的伤亡，传染病肆虐反过来加剧了生态环境的恶化，形成恶性循环，人与环境持续失衡，形成“传染病陷阱”。无独有偶，思茅疟疾超高度流行30年，与民国初年的两次战争、军队移动有关。1938年、1942年云南霍乱大流行，1942年滇西鼠疫暴发流行，与日本法西斯发动的侵华战争有关。

其他人类活动的影响还有许多，例如交通道路的修筑，交通便利导致的人口流动加速了传染病的流行，经商、旅游活动对传染病的蔓延扩散也起到推波助澜的作用。当然，传染病流行还与人类社会的生产力水平、人群生活方式、卫生习惯、疾病观念和社会医疗条件、医疗水平直接相关。

（4）晚清、民国时期官、医、民三方对传染病的认识和防治经历了从传统走向现代的过程。晚清时期云南官方防疫力量薄弱，没有专门的防疫机构，疫情暴发后才作出反应，无妙计可施，仅限于施药抚恤，或者交给地方社会自行处置，听之任之，效果非常有限。1909年云南设立警务公所，内设卫生科，是云南公共卫生行政机构的发轫。1912年，云南地方政府颁布实施《防疫章程》，标志着云南卫生防疫机制建设的起步。随着西方现代医学在云南的落地扎根，1936年7月在省会昆明创设云南全省卫生实验处，具体负责包括传染病防治在内的全省医疗卫生事务，是云南公共卫生专职机构的肇始。卫生实验处实际领导了20世纪三四十年代全省鼠疫、霍乱、疟疾等传染病的防治工作。在实践中，云南现代卫生防疫体制基本形成。尽管存在重治不重防、缺少具有前瞻性的全省整体传染病防治规划等不足，我们仍应该对卫生防疫体制的进步给予积极评价。另外，在传染病防治方面，传统的中医和民族医药也发挥了力所能及的作用。

(三) 对策建议

课题组以史为鉴，对做好当前云南省的传染病防治工作，提出以下对策建议：

(1) 传染病防治工作预防与治疗并重，首在预防。传染病进入暴发流行阶段，发现控制传染源、切断传播途径，工作难度大，设立专门的收治医院，患病人数激增，治疗费用高昂，给国家、社会和个人造成巨大的经济负担。所以，搞好传染病预防工作，做好群体性的预防接种，防患于未然，是最直接、最经济、最有效的办法。

(2) 做好传染病防治的宣传，普及传染病防治知识，增强民众的卫生意识，养成良好的个人卫生习惯，不断改善城乡卫生环境，消除蚊、蝇、鼠、虫滋生的卫生死角，创造良好的生活环境、工作环境。在重大疫情出现时，会产生人心浮动，谣言四起，影响社会稳定。充分发挥电视、广播、报刊、互联网等大众传媒的作用，以群众喜闻乐见的形式普及传染病防治知识，消除他们的心理恐慌情绪。传染病防治是一项社会系统工程，涉及卫生行政部门、疾病控制部门、医院、财政部门、宣传部门、市政建设部门等，需要紧密协作，建立统一高效的防疫机制。

(3) 加强疫情监测与报告，疫情监测对重大疫情及早发现十分关键，增加相关的经费，落实责任，防止瞒报和漏报。在地区开发时，注意生态环境影响评估，增强传染病发生的预见性。

(4) 加强边境口岸的出入境检疫工作，密切关注周边国家的传染病流行态势，加强分析和评估，防止输入型病例进入省内、国内。

(5) 建立健全医疗卫生体系，保障向公众提供基本的医疗服务，尤其对重大传染病暴发流行期间患者的治疗，有条件则实行免费治疗，这对于迅速、有效控制传染病至关重要。

三、研究成果的学术价值、应用价值及社会影响和效益

（一）学术价值

生态环境史是学术热点，研究人类与自然环境之间的相互关系及其互动演变过程。云南生态环境史研究目前比较薄弱，该课题的研究虽只做了一些基础性工作，但对拓宽研究视野、丰富学科内容、推动学科发展是很好的尝试。

（二）应用价值及社会影响

晚清、民国时期云南生态环境发生了剧烈变化，打破了病原体与人之间的平衡，传染病大流行，造成巨大社会灾难。研究历史时期云南传染病问题，探索其中的规律，总结经验教训，对做好当前云南省的传染病防治工作，具有参考价值。2003 年以来，我国先后暴发了非典型肺炎、人感染高致病性禽流感、鼠疫、甲型流感、手足口病、肺结核等传染病，在人民群众心理上产生过不同程度的恐慌，引起党和政府的高度关注。近年来，云南省先后报告过登革热、霍乱疫情，2005 年 7 月，按规定报告 27 种甲、乙类传染病中，全省共报告 18 种，发现病例 13 333 例，发病率 30. 1980/10 万，死亡 33 例，病死率 0. 25%，与上年同期相比，报告发病率上升 29. 45%，报告死亡率上升 71. 29% [张体伟：《云南重大疫情（人、畜）及其防治报告》]，确实需要引起密切关注。从传染病流行史来看，人类与传染病的斗争永远不会停止，加之土地不合理开发、资源过度开发、乱砍滥伐森林、工业污染导致生态环境破坏，影响人民健康，在云南省局部地区仍

然没有得到有效遏制，传染病防治这根弦，更要时刻绷紧，绝对不能掉以轻心。

相信通过扎实推进社会主义生态文明建设，努力做好传染病防治的各方面工作，人民就一定会过得更健康、更幸福、更有尊严。

课题名称：近代云南的生态变迁——以传染病为中心
课题负责人：许新民
所在单位：云南师范大学
主要参加人：康春华　梁　建
结项时间：2010年11月15日

堂琅文化研究

一、课题研究的目的和意义

堂琅文化之名源起于古代在巧家老店镇一带设立的堂琅县，而堂琅县之名则来源于县治所在的古堂狼山（今巧家县境内以药山为主峰西北—东南走向绵延80余里的山脉）。1992年，中共巧家县委、县人民政府提出了县域文化建设概念——堂琅文化，并将其作为巧家的文化品牌进行建设。这一概念提出后，得到了相关领域专家的高度关注，一些学者也对此进行了研究，并撰写了相关文本。为进一步考证堂狼（也作“琅”）山、堂琅县地理位置；发掘历史久远、内涵丰富的文化，探讨堂狼山古代彝族的分化融合；探索古堂狼山的矿冶文化，尤其是古堂狼山矿冶和三星堆、殷商等青铜器矿料之间的关系，发掘古堂狼山博大精深的中药文化，对堂琅文化进行全面、系统、深入的研究，使之更好地为巧家社会、经济和文化发展服务，中共巧家县委、县人民政府于2008年2月成立了巧家县堂琅文化研究课题组，对堂琅文化开展专题研究。该课题于2009年被中共云南省委宣传部批准立项为省社科规划课题，现课题研究工作已结束，完成最终研究成果《堂琅文化研究》、《巧家编年史》两个文本。

《堂琅文化研究》是迄今唯一一部系统研究、阐述堂琅文化的学术专著。该文本从考证古堂琅城、堂琅县治所所在地和古堂琅县因之而得名的古堂狼山入手，对生发于古堂狼山的堂琅文化的概念、内涵进行了深入阐述。堂琅文化是一个以历史文化、民族民间文化等内容为主的文化体系。在这一体系中，以历史文化中的堂狼山矿冶文化最为辉煌、深厚、久远，是堂琅文化的主要内涵。该文本对古堂狼山中发生、演绎的堂琅文化的矿冶文化、彝族发祥文化、中药文化等在周边地区，乃至中国文化史上的重要地位作出了有益探索。

二、研究成果的主要内容

《堂琅文化研究》文本的内容为五部分：

1. “堂琅文化概述”

该部分介绍了“堂琅文化”是中共巧家县委、县人民政府为全面、系统、深入地研究、弘扬自古以来堂狼山的堂琅人创造的灿烂文化，而提出的县域文化建设概念和举全县之力建设的文化品牌，并将其作为重大社科课题，成立课题组对其进行专题研究。堂琅文化是古堂狼山及其周边（今巧家全境）自有人类居住以来，由原住民族文化、外来民族文化及两者碰撞、交融形成的由历史文化、民族民间文化、文学艺术等构成的辉煌灿烂、博大精深的复合型文化。在堂琅文化体系中，核心要素是堂琅文化发生、演绎的背景和载体——堂狼山，主要内涵是辉煌、深厚、久远的堂狼山矿冶文化及堂狼山彝族发祥文化、中药文化。

2. “千古堂狼山”

通过对《华阳国志》、《续汉志》、《水经注》等历代典籍、专著的梳理及深入的田野调查，巧家堂琅文化研究课题组认定史上著名的堂狼山在巧家县境内以今天药山为主峰的山脉。

古堂狼山的罗邑（今巧家老店镇一带）是彝族再生始祖笃慕故里，自古蜀国时期设堂琅城以控制堂狼山区域丰富而高品位的铜、铅等矿产资源后即成为古堂琅区域的政治、经济、文化中心。这里古矿开采的规模及矿料的特殊性足以证明古堂狼山是古代西南矿冶中心。

古堂狼山区域的泸津（今巧家县白鹤滩一带），地处金沙江大峡谷，是古代西南民族大走廊上的重要枢纽，是彝族典籍里记载的彝族始祖希慕遮从“牦牛徼外”带领部族跋山涉水入住的地方、彝族的重要祖居地“邛之卤”，是藏彝走廊的重要组成部分。距今3 000多年的新石器历史遗存见证了早期族群迁徙生存的状况；诸葛亮“五月渡泸”平定南中即是从今巧家县白鹤滩老渡口渡江南下的；今巧家县白鹤滩一带是李骧与姚崇堂琅大战的主战场；今巧家白鹤滩镇一带清代乾隆年间为实现水运东川“京铜”至京而开修过金沙江航道；太平天国翼王石达开即是从今巧家白鹤滩镇一带渡金沙江北上的。

3.“古堂狼山：矿冶之源”

在梳理《韩非子·内储说上》、《史记·西南夷列传》、《华阳国志》、《禹贡》、《幼学琼林》、《云南通志》等典籍及布里尔、E. V. Sayre、巴勒斯、山崎一雄、金正耀、朱炳泉、李晓岑、尤中、陈本明、范文钟、吉筱林等国内外专家、学者深入研究所取得成果的基础上，巧家堂琅文化研究课题组对巧家堂狼山的矿冶文化进行深入研究，认为三星堆、殷商等青铜器物中与自然铜一致、区别于铜硫化物和氧化铜矿物的铜矿料，来自于260 000 000年前大量火山喷发而在巧家古堂狼山诸多火山口附近形成的丰富的自然铜。铅矿料来自于通过科技检测确认为与商代青铜器中所含铅的铅同位素比值匹配的巧家老店镇老铅厂铅矿遗址所冶炼的高放射性低比值铅。该遗址所冶炼的铅矿原料来自巧家老店镇的迤西卡、三合、大火地、牛角、团林堡等村开采的古铅矿矿铜；巧家古堂狼山丰富的自然铜资源及现存最古老、最原始的锻打技术——斑铜工艺，是人类最早使用金属的活的见证，是中国青铜文明的源头；巧家堂狼山有现存中国最大的钴矿开采遗址群，印证了北京科技大学李晓岑教授提出的商代含高放射成因铅与氧化钴的铅钡玻璃来自于古堂狼山的观点。从另一侧面佐证了巧家堂狼山高放射成因的铅矿远在商代即得到开采，为中国青铜文明、陶瓷业的发展作出了巨大贡献，巧家堂狼山也因此成为名副其实的“中国钴矿之乡”；古堂狼山是古丽水（金沙江）最重要的砂金产地；进入汉代，当青铜文明的辉煌在世界渐次消逝，巧家古堂狼山无须向周边王公贵族提供青铜矿料的时候，古堂琅人于是将青铜矿料铸成民间的生活器具——堂琅铜洗等，行销全国，形成世界青铜文明最后一个时间极长、规模极大、影响极深的辉煌时期，被誉为“世界最后的青铜文明”；《华阳国志》关于巧家堂狼山产白铜的记述，是全世界最早关于白铜产地的记载，这一记载比西方仿制出白铜早了近15个世纪，学术界普遍认为巧家古堂狼山是白铜的故乡。

4.“古堂狼山：彝祖故里”

在查考《列子·周穆王篇》、《华阳国志》、《水经注》、《大定府志》、《贵州通志》、《夷书》、《彝族古代史》、《西南彝志》、《勒俄特依》、《彝族源流》、《昭通历史文化论述》、《彝族史探》、《中国彝族通史纲要》、《彝族简史》、《古芒部彝族的源和流》等历代典籍及深入田野调查的基础上，巧家堂琅文化研究课题组认为商末周初的彝族始祖希慕遮带领部族从“牦牛徼外”跋山涉水迁到今天巧家白鹤滩镇一带的古“邛之卤”。随着部族的强大，希慕遮部族的后裔不断分支，28代以前，只有世系，没有其他活动的记载，直到29代武老撮时有一次民族大分支，武老撮的11个哥哥都“过河变了”，只有武老撮留在原地继续发展为彝族。离开“邛之卤”的古彝族一群群地从堂狼山出发，沿着金沙江流域往南部、西部和东部不断分支迁徙，至今聚居在丽江市玉龙县太安乡红麦行政村现有人口1 027人的堂琅人即是巧家古彝族的直系后裔。留在“邛之卤”的武老撮部族，到其孙子笃慕时，“邛之卤”发生洪水，笃慕领着族群避水进入“邛之卤”附近的堂狼山中，展开了更加辉煌的民族发展史。

笃慕进入堂狼山（也称罗邑山、洛尼山、堂狼山、堂螂山、妥鲁山、罗尼山、罗尼白、罗宜白、螳螂白子、洛尼本、洛祖业、土尔山、土鲁山等）中，成为彝族的第三十一世首领。笃慕族群凭借资源和环境优势，一天天强大起来，并不断分化、融合，最后由他的六个儿子分别率领一个部落向四周发展而去，形成今天分布于滇、川、黔、桂、渝等地的彝族。巧家堂狼山（罗邑山）作为笃慕原住地、故里，因其在彝族历史上的重要地位而成为彝族人民心中永恒的圣山。

5.“古堂狼山：大西南天然药库”

查考《华阳国志》、《本草经集注·草木下品·附子》等典籍，早在东晋，就有堂狼山区域出产“堂螂附子”等“杂药”的记述，特别是明清时期，随着大批汉族移民的涌入，堂狼山的主峰被称为药山。古堂狼山自古即为盛产中药材的天然药库，对周边地区各个族群的健康作出过巨大贡献，历代彝族、苗族、汉族依托于堂狼山的中药材建构了具有鲜明特色的医学理论和医药验方，对后世产生巨大影响。从现实来看，巧家境内的药山是乌蒙山脉向东北延伸的山体，立体的气候囊括了从热带到寒带的所有类型，植物种类丰富，堪称天然药材基因库。如何保护、研究、开发、利用好这些生物资源，使其特有的生物资源能够永久地、持续地良性发展，让这座现存的、独特的和完整的生物基地和世界残留物种基因库，永远屹立于世界东方的中华大地上造福人类，是摆在世人面前的重要课题。

三、研究成果的价值和影响

《堂琅文化研究》文本通过考证、调查、借鉴相关领域专家的权威检验结论和合理阐释，从而揭开和古堂狼山相关的一系列重大历史之谜，如彝族发祥史上重要的祖居地在巧家堂狼山，三星堆、殷商青铜器矿料来自古堂狼山，堂狼山有着中国古代最大规模的钴矿开采遗址群，堂狼山是世界上有记载的最早开采白铜之地，都具有重要的学术价值。期望这一文本能起到抛砖引玉的作用，引起更多专家、学者对堂琅文化予以足够的关注和进行更深入的探讨；发掘、研究堂琅文化，开掘出最具价值的思想元素，为今天社会、经济、文化建设提供强劲的软实力，具有重要的现实意义；借世界第二大水电站——白鹤滩巨型水电站建设的契机，以巧家“两江（金沙江、牛栏江）一山（药山）”原生态的自然景观为载体，以古堂琅民族民间文化、矿冶文化、中医药文化为灵魂，全力打造巧家文化生态旅游品牌，为滇东北旅游书写最具内涵和神韵的一笔。

《堂琅文化研究》所阐述的关于古堂狼山矿冶文化跟三星堆等周边青铜文明之间的关系，目前已取得了重大的研究成果，但这只是初步的研究结果，尚需省、市、县各级各部门对这一课题的几个重大而核心的问题加以重视并支持对其进行进一步的深入研究：一是金正耀教授等正在继续对 2011 年 4 月在巧家老铅厂高放射性成因铅矿遗址所采集文化层进行测年断代问题；二是对来自老店镇的迤西卡、三合、大火地、牛角、团林堡等村开采的老铅厂所冶炼的高放射性成因铅矿料的开采遗址进行更深入的田野调查，并采样进行检测；三是对巧家老店镇、马树镇、炉房乡、金塘乡、蒙姑乡等乡镇丰富的自然铜开采情况作深入的专项调查。相信通过以上工作，关于商代青铜器物中的自然铜、高放射成因铅矿料来自巧家堂狼山最终研究成果必将对巧家、昭通的文化建设起到重要的推动作用，并为云南的文化建设作出积极贡献。

《巧家编年史》（专著）是迄今唯一一部以编年体形式对巧家从古代至清末的历史进行系统编撰的专著。该文本以时间顺序为主线，对巧家从古代至清末的历史事件以编年体进行辑著，是了解、研究巧家古代、近代历史的重要文本。同时，为全面反映出巧家历史全貌，文本中还对周边地区发生的与巧家历史相关的历史事件和滇东北矿冶情况进行了记述。

通过"堂琅文化研究"的研究，特别是随着进一步对关于巧家古堂狼山矿冶与三星堆等西南地区青铜器矿料来源间关系的研究，其最终成果必将为巧家、昭通的文化建设和云南建设文化强省作出积极贡献。

课题名称：堂琅文化研究
课题负责人：邓天玲
所在单位：中共巧家县委宣传部
主要参加人：孙世美　陈正彪　马应富
结项时间：2011 年 7 月 6 日

文　学

文字学视野下的先秦文体发生动因研究

一、课题研究的目的和意义

该课题研究的目的在于揭示先秦文体发生的动因。以先秦文章篇题代表文字作为切入点，研究先秦文体的产生，对揭示文学的产生和本质也很有参考价值。

二、研究成果的主要内容、重要观点

文由集句而成，句由集字而成，因此，要把握文学作品的最初本质，从考察文字入手是一个切实可行的办法。中国传统的文体以体裁为核心，关注文章辨体，关注文体分类，而最初的文体分类往往就体现在作品的不同篇题上。基于这种原因，该课题便以几个作为先秦文体篇题的文字为切入的角度，展开对先秦文体发生动因的研究。

从篇题来看，“言”、“语”、“论”、“说”是文章常见的，也是极具代表性的篇题。

“言”最初的意义是普通的言说。从最早的甲骨文资料来看，殷商时期，“言”是一种祭名。这种祭名“言”应该与一定形式或内容的祭祀语言相关。但是，这种祭祀语言的不同在语体或内容上是如何表现的，现在仍不得而知。不同的祭名最多只能视为最初的文体萌芽。

春秋时期，“言”是教育的内容，“士”传之“言”是辅政的必须的内容。这时人们常将教令、格言警句叫做“言”，与此形式相类的还有“箴”。从文体的角度来说，这种“言”在先秦常以格言警句集锦的形式出现。春秋时期，以“言”命名的格言警句集锦的文本有《道德经》中提到的《建言》。

战国时期，以“言”命名的文本有《文子》中的《符言》和《鬼谷子》中的《符言》。战国时期的文献中，还提到一些以“言”命名的典籍，例如：《庄子·人间世》中提到《法言》、《鹖冠子·天权》中提到《逸言》、《鬼谷子·谋篇》中提到《阴言》、《韩非子·诡使》中提到的《本言》等。《汉书·艺文志》诸子略儒家著录《谰言》十篇。从一些残文和其他证据来看，上面这些以“言”为篇题的文章或书籍应该是格言警句的集锦。战国时期的《大戴礼记·曾子制言》也是纯粹的格言警句集锦，其中也有一些记事成分。战国时期，人们还将诸子的著作叫做“言”。例如，《商君书·壹言》是战国时期一篇成熟的论说文。

春秋以前，“语”的含义有教令，答难，言说。散用的时候，“言”、“语”相通。

春秋时期，“语”继承了春秋以前的含义，另外，人们将“俗语”叫做“谚”。一方面，“言”、“语”相通，“语”也指作为教育材料的格言警句。另一方面，作为教育内容的“语”与“言”又有差别，具体来说，“语”常与讨论、答难相联系，这使“语”具有记言记事相杂的特点。从文本的角度来说，春秋时期以“语”命名的语体论说文以《国语》为代表。思想形成于春秋，在战国时期整理出来的《论语》记事性较弱，其性质略同于《大戴礼记·曾子制言》。战国时期，以“语”命名的文献有《郭店楚墓竹简》中的《语丛》、《睡虎地秦墓竹简》中的《语书》和《汲冢琐语》。从文体特点来看，《语丛》、《语书》的特点类似《文子·符言》。

“论”在春秋时期以及春秋之前用得不多，主要意义有议论、讨论；思考、衡量；通“伦”，意思是秩序，也用为和谐。这个时期，“论”作议论、讨论解时，偏重陈述观点，客观冷静。战国时期，“论”在春秋时期的含义基本都继承了下来，但和此前相比，“论”作为“讨论”、“论难”的意味很浓。

先秦时期，“论”还是作为成人的一种必不可少的能力。为了推行自己推崇的道，先秦知识分子广收门徒，著书立说，这就是早期知识分子处在政权之外但又积极参与政治改革的具体方式，这也是“论议”的具体内涵，这种著书立说对论说文体的产生起了促进作用。

“论”的“陈述观点”的含义使以“论”名篇的论说文具有直接陈述论点、以立论为主的特点。同时，“论”具有“讨论”、“论难”的含义，这又使具有驳论性质的论说文也以“论”作为篇题。刘勰认为，论体所涉及的内容包括陈政、释经、辨史、铨文等，我们认为这些都可能属于这里讨论的论体论说文。从文本的角度来说，在春秋时期的文献中没有见到篇名中有“论”的文章，《论语》之“论”不具文体意义。战国时期，《荀子》的《天论》、《礼论》、《乐论》、《正论》等篇名中的“论”当是最早出现在篇名中且具有文体意义的“论”。《吕氏春秋》的《六论》标志着论说文开始在泛称上以“论”为名。

“说”在春秋以前主要有以下含义：悦（喜而发音）；快速；脱、解脱；谈说。春秋时期，“说”的含义主要有愉悦、喜欢；讨好、使……喜欢；解释、道理、学说、言说；除、脱、休息等。

“说”的“解释、言说”义导致战国时期将解释经文的文字叫做“说”，也导致战国时期将论述陈说道理的论说文叫做“说”。“说”的“愉悦、讨好”等含义又决定了取悦他人是以“说”名篇的论说文产生的重要因素，也决定了取悦他人是以“说”名篇的论说文的重要特征。春秋战国时期，有识之士为了推行自己的政治主张，必然要游说君王。要想游说成功，用语言取悦君王是不可或缺的。为了取悦他人达到游说目的，以“说”名篇的论说文往往迂回曲折、文辞华美，常穿插引人入胜的小故事。

从文本的角度来说，以“说”名篇的文章有《墨子·经说》，但《墨子·经说》不是独立成熟的论说文。以“说”名篇的说体论说文有《庄子·说剑》、《韩非子·说疑》、《商君书·说民》等。

这种穿插故事写说体论说文的方法使以“说”名篇的文章和故事情节有了千丝万缕的联系，也使说体文和故事情节结缘。由于说体文和故事情节结缘，最终导致说体文趋于分化。一方面，以说理见长的说体文继续存在，并且一些说体文继续以“说”名篇；另一方面，出现了以人物形象、故事情节为主体的一种新的文体，这种文体被称为“小说”。

本来先秦的“小说”指的是说体文的一种，这种“小说”是指小的言说、小的道理。先秦的“小说”属于和诸子文章相类的论说文。到了汉代，“小说”就演变为以“街谈巷语，道听涂（途）说”为主要文体特征的具有新的内涵的小说。

三、研究成果的学术价值和应用价值

文体研究是这几年学术界的热门话题，不同的学者从不同角度对文体进行研究。该课题从文字学视野下对文体的发生进行研究，通过对一部分主要的代表字与先秦文体的总体考察，分析研究了先秦文体发生的动因，课题切入点新颖，分析方法科学，引证资料丰富、准确，研究深入，具有较高的学术价值和应用价值。这种研究为文体开辟了一种新的思路和研究角度，对推动文体的新的研究范式的产生有较好的借鉴意义。

课题名称：文字学视野下的先秦文体发生动因研究
课题负责人：邱　渊
所在单位：云南师范大学
主要参加人：陈海燕　齐春红　孔德明　王仲黎
结项时间：2011 年 6 月 29 日

语言学

东南亚汉语学习者语体能力习得研究

一、课题研究的目的和意义

课题立足于地理区位优势，在云南省与东南亚国家交往日益密切的时代背景以及把汉语国际教育作为独立学科进行建设的学术背景下，在语体学相关理论和研究方法的基础上，提出具有原创性的“语体标记”理论，并用“现代汉语语体能力”把“国际汉语教师标准”、“语言综合运用能力”、“国际汉语能力”等问题具体化，确立东南亚汉语学习者语体能力培养基本原则，改革和创新东南亚汉语教学，为东南亚汉语教学和研究开辟新的空间。重点关注和研究东南亚汉语学习者语体能力及其培养对策，对支持东南亚各界开展汉语教学，弘扬中国语言文化，进一步推动中国和东南亚国家之间的文化交流和睦邻友好关系的发展，促进世界多元文化发展具有积极意义。

课题研究本着“中国的应用语言学理论主要解决中国自己的实际问题”的学术思想，系统研究东南亚汉语学习者语体能力及其培养策略，解决东南亚汉语国际推广中本土汉语教学专业人才的数量和质量、培训和选拔等重大现实问题，为东南亚汉语国际推广本土化提供成功案例和具体思路。

二、研究成果的主要内容、重要观点和对策建议

（一）主要内容

（1）东南亚汉语学习者语体能力概说。从语体和语体能力、语体能力的特点、汉语作为外语学习者的语体能力、汉语作为外语学习者语体能力与汉语作为母语学习者语体能力、东南亚汉语学习者的语体能力等多个方面概括性地叙述了东南亚汉语学习者语体能力的总体情况。

（2）泰国学生汉语报道语体能力习得调查。研究通过谈话语体与谈话语体能力、泰国学生汉语谈话语体能力的构成、泰国学生汉语谈话语体能力习得特点、泰国学生汉语谈话语体能力习得偏误和泰国学生汉语谈话语体能力习得分析等五个方面对泰国学生汉语报道习得情况进行了调查和分析。

（3）泰国学生汉语谈话语体能力习得调查。对报道语体、报道语体能力、泰国学生的汉语报道语体能力、泰国学生汉语报道语体能力习得特点、泰国学生汉语报道语体能力习得偏误、泰国学生汉语报道语体能力习得分析的分析和研究，对泰国学生汉语谈话能力进行了系统的调查和研究，并对其能力习得进行了深入的研究。

（二）重要观点和对策建议

（1）语体是在运用全民语言时，为适应特定语境需要而形成的语言运用特点的体系。谈话语体和书卷语体是现代汉语的两大基本语体类型。语体标记是指一种具有特定语体色彩的实体形式，是构成特定语体的物质基础，由语言要素和非语言要素构成。语体能力是指语用主体在正确识别语境类型的基础上，根据

特定语境与语言运用之间的关系，选择和使用不同语体标记来理解或表达某种语体话语的能力，具有习得性、渐进性和个体性。

（2）汉语作为外语学习者的语体能力由语境类型的认知能力、语体标记的把握能力、语体的理解能力和表达能力、不同语体的转换能力这四种能力构成。它和汉语作为母语学习者的语体能力一样，都具有习得性、渐进性和个体性，但在习得的年龄和时间、环境和状态、结果和层次方面又具有明显的区别。

（3）泰国学生汉语语体能力的习得特点及规律：汉语语体能力习得与其汉语水平成正比关系；习得汉语语体能力具有一定的顺序；汉语语体词汇标记掌握能力较好。

（4）东南亚汉语学习者语体能力培养的基本原则为以汉语语体为核心、以学生的学习和实践为主体、课内和课外的有机结合等。东南亚汉语学习者语体能力培养的具体措施应该从汉语语体能力标准、课程设置、教材编写、教学方法、教师素质等方面展开。

（5）通过以上研究，对东南亚汉语学习者提出以下对策建议：①明确的培养基本原则，是科学构拟东南亚汉语学习者语体能力培养对策的重要基础和基本要求。东南亚汉语学习者语体能力培养的基本原则，可归纳为以汉语语体为核心、以学生的学习和实践为主体、课内和课外的有机结合等。②根据汉语语体能力的构成要素及其相互关系，科学构拟汉语作为外语学习者的语体能力标准和汉语作为外语学习者的基本语体能力标准。③适当增设与汉语语体能力培养相关的课程，有效改革原有课程教学内容。④实施汉语语体能力综合教材和专门教材并举的教材编写思路。⑤采用交际法，从课堂交际活动模拟、社会交际活动实践两个层面进行教学。⑥教师应该具备良好的汉语语体的知识和技能、中外文化比较与跨文化交际的知识和能力，并充分了解学习者因素对汉语语体能力习得的重要性。

三、研究成果的学术价值、应用价值及社会影响和效益

（1）在国外第二语言习得研究“研究主体转向学习者、研究重心转向解释型、研究方法转向实证性调查研究、研究理论转向多元化”的发展趋势之下，借鉴汉语语体学的理论和方法，提出具有原创性的“语体标记”理论，用“现代汉语语体能力”把“国际汉语教师标准”、“语言综合运用能力”、“国际汉语能力”等问题具体化，系统展开东南亚汉语学习者语体能力习得规律和培养对策的研究，从而改变了学术界以往对特定地区、具体国家的汉语学习者语体能力关注不够的研究状况，进一步深化了东南亚汉语教学相关问题的具体研究，为国际汉语教学研究开辟了新的研究视角和研究空间。

（2）根据泰国学生汉语语体能力习得的规律，确立以汉语语体为核心、以学生的学习和实践为主体、课内和课外有机结合的东南亚汉语学习者语体能力培养的基本原则，构拟了具有原创性的汉语作为外语学习者的语体能力标准、基本语体能力标准，鼓励教师在提升业务素质和能力的基础上，通过增设相关课程、改革课程教学内容、结合汉语语体标记设计教材编写体例，从两个层面实施交际法等措施。实践证明，这些措施指导思想明确、具体措施可操作、适用范围普遍，只要今后在教学实践中进一步完善，即可成为东南亚国家汉语教学的有效范式。

（3）通过多部门利用地理区位优势合作研究重大现实问题，启发具有开展国际汉语教学地理区位优势的单位，大胆实践和创新国际汉语教学改革，为解决汉语国际推广中最为突出的外国汉语教师的数量和质量、培养和选拔等问题提供理论依据，为汉语国际推广本土化道路提供成功案例和具体思路，为高校社会科学研究成果走向社会实践提供可资借鉴的成功经验。

课题名称：东南亚汉语学习者语体能力习得研究
课题负责人：周　芸
所在单位：云南师范大学
主要参加人：张永芹　张　婧　邓　瑶　和红军　周春林
　　　　　　谢永芳
结项时间：2010 年 7 月 8 日

利用信息技术提升云南对东南亚汉语教学与文化经济影响力的研究

一、课题研究的目的和意义

云南省是中国大西南对外开放走向东南亚、南亚及印度洋的桥头堡，是我国与东盟各国进行经济文化交流的重要战略通道。中国—东盟自由贸易区已于2010年1月1日正式启动，中国与东盟的经济合作更为密切，国家桥头堡战略的实施使云南面临空前的机遇与挑战，而各个国家与地区之间的合作与竞争归根到底是人才的合作与竞争。该课题提出在网络时代、经济全球化的背景下，云南省应该将面向东南亚与南亚的汉语人才培养战略、文化信息传播战略、经济与商贸合作战略进行综合规划，利用网络信息技术全面提升云南对东南亚、南亚汉语教育与文化、经济的影响力。

对当前东南亚汉语教育中存在的教师、教材、教学等方面的问题的分析，对解决中国—东盟自由贸易区正式启动以后云南面临的挑战与机遇，如何通过发展面向东南亚多语种的网络汉语教育，利用互联网超越时空限制的特点，以及多语种的网络汉语教学平台，提升东南亚汉语教师的教学水平，大幅度降低东南亚学员学习汉语的英语门槛以及经济成本和时间成本，将汉语教育从学校延伸到企业等社会各个方面，利用互联网的宣传辐射作用宣传云南的地缘优势、成本优势、气候优势、文化优势，迅速扩大云南在东南亚的汉语教育影响，有效促进东南亚学生来华、来滇留学，迅速扩大云南对东南亚的汉语教学规模等问题具有重要的意义。

二、研究成果的主要内容、重要观点

（一）主要内容

（1）目前东南亚汉语教学中教师培训难以满足众多汉语教师的培训需求。目前东南亚国家的华文教师存在年龄偏大、学历偏低的问题，新一代的华文教师又急需系统地掌握教学理论和教学方法。东盟各国属于发展中国家，其经济发展水平并不能保证所有需要培训的汉语教师都能来华进修，必须探索新的、更为便捷而有实效的培训方式和培训平台。

（2）目前东南亚汉语教学中汉语教材及教学资源难以满足多样化的教学需要。在东南亚国家，汉语教材的出版发行近几年有了大幅度的增长，目前存在的问题是外来教材未能很好地结合当地文化、经济、生活等特点，注释语多数使用英语，学习者要利用英语为媒介学习汉语，增加了学习汉语的难度和障碍；其自编的教材未能很好地遵循学习者语言发展的规律，权威的教材订购、评价和推荐问题亟待解决。此外，课外读物及与教材配套的辅助材料普遍缺乏。

（3）现有的教学条件和教学方式难以满足各类学习者的需要。东南亚国家各行业对华文人才的需求日益增大，据国家汉办预测，到2010年，全球学习汉语的外国人将达1亿。东南亚的汉语学习者除了在校学生以外，成人学员遍及各国各地，学习汉语的目的多种多样，学习时间的安排不尽相同，学习方式的选择不一而足。目前各国的许多学校都开设了汉语课程，同时各种短训班不断增多，一些电台、电视台开辟了汉语教学节目但依然满足不了各国各类汉语学习者的学习需求。

(4) 现有对外汉语网络教学平台的局限性等方面的问题。汉语网络教学平台是利用因特网传播汉语教学信息、指导汉语学习的网络教学系统。随着本世纪网络教育的飞速发展，对外汉语网络课程的数量也迅速增长。但是从东南亚国家汉语教学实际需要来看，目前对外汉语网络平台还存在不少亟待解决的问题。诸如如何针对东南亚国家汉语学习者的特点建立适合他们需要的汉语学习平台，如何保证网络课程的质量，如何将网络教学的发展与区域经济文化交流相结合等，成为面向东南亚汉语教育关注的问题。缺乏专门针对东南亚语种的汉语教学网络平台，有关东南亚地域文化特征的信息往来颇为局限，面向东南亚的区域经济合作信息沟通不力是当前汉语教学平台普遍存在的问题。

(5) 云南省改革与发展面临的机遇与挑战。云南毗邻东南亚、南亚，与这一地区有着长期的经济、文化、教育、科技等领域的合作和交流。各行各业对汉语人才的需求与日俱增，对外汉语教育、云南面向东南亚文化传播、云南对外经济往来等方面都面临着机遇与挑战，网络汉语教育开发不力，汉语教育的需求没有得到充分满足。因此，在信息技术下，大力发展网络教育是提升云南对外汉语教育整体水平和影响力的必由之路。

(二) 重要观点

(1) 云南省是我国与东盟各国进行经济文化交流的重要战略通道，大力发展网络汉语教育，构建集汉语教育、文化传播、经济往来为一体的综合性网络服务系统，使之与云南省发展外向型经济、积极参与国际竞争的战略构想相结合。有效扩大云南对东南亚的汉语教育规模，有效提升云南对东南亚国家的文化与经济影响力，切实发挥云南对外开放桥头堡的作用。

（2）利用信息技术全面提升云南对东南亚影响力的举措。云南省应充分利用互联网及信息技术，抢占面向东南亚服务的先机，通过互联网开展面向东南亚的人才培养（汉语教育）、文化交流、经济合作等服务，快速有效提升云南对东南亚文化、经济的影响力。具体措施为建设多语种的“中国—东盟文化教育与经济合作网络服务平台”，具体包括“多语种的中国—东盟汉语教育服务平台”、“多语种的中国—东盟文化旅游服务平台”、“多语种的中国—东盟企业电子商务及经济合作服务平台”。针对东南亚国家学习、交流人员的实际需要，建立的多语种版本主要包括汉语、英语、泰语、越语、缅语、老挝语版本。

三、研究成果的学术价值、应用价值及社会影响和效益

（1）选题有很强的针对性，重视发现问题、研究问题、解决具体问题，如对汉语教学的局限性进行深入的研究；重视用联系的观点探究事物间的关系，如将汉语教育问题放到当今社会生活、经济生活中去审视；努力创新，如提出建立“中国—东盟文化教育与经济合作网络服务平台”的建设构想，突破原有的汉语网络教学平台模式，能给汉语网络教育平台的开发提供借鉴。

（2）东南亚华夏文化圈的文化交流走势、中国—东盟自由贸易区的建立，使东南亚各国汉语学习势头更加强劲。汉语蕴涵的文化价值、学习汉语的潜在经济价值受到东南亚国家的深刻关注，作为与东南亚国家毗邻的云南省，其优势资源也有待大力开发和利用。云南省的改革与发展迎来了前所未有的三大战略机遇：一是桥头堡建设带来的重大机遇，二是中国—东盟自由贸易区建成带来的重大机遇，三是国家实施新一轮西部大开发带来的

重大机遇。抓住机遇，面向未来，实施云南省面向东南亚改革与发展的战略已是当务之急。

（3）改革和创新的特点往往在于没有现成的套路可走，如何将汉语人才培养与当前云南改革与发展的历史性机遇有机整合，全面提升云南对东南亚甚至南亚的汉语教育与文化经济影响力，让云南省在新一轮的合作与竞争中胜出。该成果找到了一个合理的切入口和实施策略，既有学术价值，又有应用价值，能产生良好的社会影响力。

课题名称：利用信息技术提升云南对东南亚汉语教学与文化经济影响力的研究

课题负责人：匡　锦

所在单位：云南师范大学

主要参加人：易　宏　吴雁江　李　艳

结项时间：2010 年 10 月 28 日

新时期云南澜沧拉祜族自治县跨境民族语言使用情况调查研究

一、课题研究的目的和意义

语言使用情况的调查研究是语言国情普查工作的一个重要组成部分。新中国成立以来共进行过两次全国语言普查：第一次是1956年的汉语和少数民族语言调查，第二次是1999年教育部等11部（委）联合开展的中国语言文字使用情况调查。国家语委在2008年初启动第三次全国语言普查，此次普查旨在全面了解国内少数民族语言和汉语方言的语言资源情况，确定重点保护的濒临灭绝的方言范围，着手进行抢救，并对方言区、少数民族地区“地方普通话”的情况进行调研。目前局部地区的语言国情调查已经开始。由教育部领导的中央民族大学“985”工程创新基地已将民族语言的国情调查列入规划，确定“基诺语”、“阿昌语”、“彝语”、“苗语”、“布依语”、“蒙古语”、“达斡尔语”、“喀卓语”、“新疆城市化进程中各民族语言使用情况”、“四川凉山民族语言使用”、“广西多语种自治县语言使用”11个子课题分赴全国各民族地区调查。

迄今为止，我们对新时期语言国情的把握还十分有限，仍难以适应当前民族语言工作的需要，还缺乏更为全面、深入、细致的调查研究，以及高层次的理论成果，在方法论上也尚待补充完善。基于此，课题立足于云南，选择澜沧拉祜族自治县作为调查点。以往学者对澜沧拉祜族自治县跨境民族语言的研究，多限于单一语言语言本体的共时描写，对于语言社区的语言使用情况、语言关系等问题，还缺乏全面系统的调研。跨境民族语言在新时期新的历史条件下使用现状如何、跨境民族地区多民族语言关系如何等这些问题都要以实实际际的调研工作为依据。因此，该选题具有学术价值的同时也具有社会应用价值。

二、研究成果的主要内容、重要观点

（一）主要内容

（1）拉祜语是南段村拉祜族最为重要的交际工具。在南段村拉祜山乡的各种场合中，拉祜语得到了全民性的稳定使用，拉祜语表情达意、沟通思想的作用都得到了充分的发挥，拉祜语是拉祜族日常生活中最重要的交际工具。拉祜族热爱自己本民族的语言文化，但也不排斥对汉语的学习，认为学习与运用汉语有利于提高拉祜族科学文化水平，推动拉祜族地区的经济发展。拉祜语与汉语在使用功能上相互补充，和谐共存。长期居住在拉祜山，很少到外地的拉祜族，词汇量就大，熟练率也较高；长期住校，接触汉文化教育较多的拉祜族学生，其拉祜语词汇量有所缩减。

（2）佤语是佤族人民主要的交际工具，在雪林乡仍具有较强的活力。佤族整体熟练使用佤语的比例很高，平均值为99.1%，佤语持“不会”水平的人数为零。也就是说在雪林乡不会听也不会说佤语的人是不存在的。而佤语持“一般”和“略懂”水平的人分别只有0.33%和0.55%，人数共有8人，占总人口的0.9%，这些人均为外族人。佤语是雪林乡佤族人民日常生活中最主要的交际语言，对佤族的日常生活、教育、文化传承都具有极其重要的作用，目前仍保持着强大的生命活力。佤语在不同年龄段、不同场合的使用存在一定的差异。在佤族高度聚居的雪林地区，绝大多数居民都能熟练使用佤语，特别是60岁以上的老人，不仅能流利地用佤语交流，佤语词汇也非常丰富。雪林的青少年由于大都生活在族际婚姻家庭，第一语言是佤语，所以佤语使用也没有特别明显的衰退现象。但是由于现在学校教育时用汉文的统一教材，说普通话，并且多是寄宿制的学校生活，学生受到汉语影响比较大，使用汉语的机会比较多，佤语的词汇丰富程度和词汇量相对老年人开始有下降的趋势。

（二）重要观点

（1）拉祜语、佤语的稳定使用主要与这样一些因素有关：高度聚居的生活方式是语言稳定使用的客观条件；国家民族政策、语言政策是语言得以稳定使用的保障；稳固的民族意识和母语观念是语言得以稳固使用的主观条件；家庭与社区的语言教育是语言稳定使用的重要原因；民族经济模式是语言稳定使用的有利因素。

（2）双语类型及特点。南段村、雪林村均属于“民族语—汉语型”地区，这也是我国民族地区双语的常见类型。拉祜语、佤语和汉语既有分工，又有互补。二者各自在不同的领域里分别使用，互相补充，和谐统一。二者的互补关系主要表现为两点：一是使用功能的互补。拉祜族、佤族根据交际对象、交际目的和交际场合的不同，适时适地灵活使用拉祜语、佤语和汉语。二是表达功能的互补。拉祜语、佤语从汉语中吸收了大量的词汇丰富自己，扩充了自身原有的词汇系统。这样做的结果，既增强了拉祜语、佤语的表达能力，又有助于拉祜族、佤族学习汉语。拉祜族、佤族汉语能力的强弱与年龄、文化程度等有关。拉祜族、佤族双语制的建立主要与这样一些因素有关：社会发展是双语制建立的动力；学校教育是双语制建立的关键；语言态度是双语制建立的促进因素；母语特点是双语制建立的有利条件。

（3）语言接触对跨境民族语言的影响。在与汉民族等民族的接触和交往中，澜沧跨境拉祜语、佤语也发生了一些变化。汉语对拉祜语和佤语的影响主要体现在词汇方面。

（4）总体上，拉祜族、佤族的母语能力保留完好，同时汉语借词在拉祜语中也占有相当比重，但这样的局面并没有影响当前拉祜语、佤语的全民使用和稳定传承。对民族传统文化的重视以及对母语的深厚情感，是拉祜语、佤语长期保存并稳定使用的重要条件。跨境拉祜语、佤语在相当长的一段时间里还会保持生机勃勃的稳定使用局面。

三、研究成果的学术价值、应用价值及社会影响和效益

（1）为国家语文政策的制定、和谐语言生活的构建提供依据。新时期我国多民族地区的语言生活已不同于以往，要回答和解决出现的新问题，制定符合当前国情的民族语文方针政策，前提是必须取得深入、细致的语言国情调查资料。

（2）澜沧县使得课题在调查区域的选择上具备很好的意义。澜沧拉祜族自治县是全国唯一的拉祜族自治县，同时也是多语种边境县，雪林、糯福两乡与缅甸接壤，国境线长 80.563 千米，该县汉、佤、哈尼、彝、傣、布朗、回、毕苏等 20 多种语言中，拉祜语、佤语是跨境语言。其特殊地理环境、人文环境、民族关系、语言关系的状况关系到国家边疆的稳定与境外睦邻友好环境的建立。

（3）记录和保留语言资源，并为今后的语言历时研究提供共时平面材料。跨境民族、跨境语言现象的存在，从一个侧面反

映了民族问题的复杂性，成为民族学、语言学所需要研究的一个重要课题。跨境民族、跨境语言是一种历史范畴，是随着国家的产生、民族的发展而出现的一种社会现象，这种社会现象随着国家、民族的长期存在而存在，随着国家、民族的发展而发展。跨境语言使用情况共时面貌的研究，对于将来所要开展的语言学、民族学的历时性研究，具有重要意义。

（4）研究中所涉及的语言接触、语言关系、语言竞争、语言互补、语言预测等理论方法有助于丰富语言学方法论、深化语言理论认识。

（5）成果中所涉及的语言习得、双语教学、第二语言学习等研究有助于第二语言教学和语言应用。

课题名称：新时期云南澜沧拉祜族自治县跨境民族语言使用情况调查研究

课题负责人：李　洁

所在单位：云南师范大学

主要参加人：李景红　张秀娟　张世强　马　龙　田叶政　陈小丽

结项时间：2010 年 11 月 10 日

语用学视野中的语文练习系统的评价标准

一、课题研究的目的和意义

随着基础教育课程改革的日益推进，在教育理念和教学行为都面临重新定位和转型的时代，越来越多的选择和思考让一线教师们必须面对而又充满困惑：传统的教材是一纲一本（一部大纲下只配一部教材），而今天的教材是一纲多本（一部课标配多套教材），传统的教材把语文练习总称为“课后思考”，今天的教材有称“探究·练习”（苏教版）的，有称“研讨与练习”（人教版）的，名称变化的背后实际上是教学理念和教学指向的变化。今天的教师进行教学的自由度较之传统教学更大，在呼唤研究型教师的今天，每一位教师在进行教学的同时，也必须思考一系列的问题。诸如选择什么版本的语文教材来进行语文教学？怎样使用语文练习系统来实施教学，以提高教学的有效性？等等。而要实现这样的选择，又必须研究教材，研究教材的重要组元——语文练习系统的编写和设计。评价标准似乎可以从一定程度上解决教师们的困惑，为教师们提供一套选择教学的依据，对于语文教学的实施显然具有最为直接的促进作用和研究价值。

有效的语文练习系统设计标准是什么？尽管越来越多的学者开始关注语文练习系统的设计和编写，但目前更多的研究主要集中在编写规律的探讨上。编写规律的探讨为语文练习系统的设计提供了更为丰富的题型选择，对于语文练习系统的编选和设计具有十分重要的意义，但对于这些题型所带来的学生在认知结构和认知策略上的变化，却没有提供更多的解释性的理据。语文练习系统的设计急需一套评价标准，从而从根本上提高语文教学的质量和效率。

语文教学评价标准的实践操作急需理论研究的有力支持。基于这样的背景和现实需要，该课题展开了一系列的研究。试图通过对语文教学中的评价标准的研制来促进语文教学。需要说明的是，由于研究时间较短，而语文教学评价标准的内容又相当庞杂，因此，该课题暂时选取语文练习系统这一看似微小，实则对语文教学系统影响极大的内容展开研究，具体来说，就是通过对语文练习系统进行语用学的分析和考察，在探究语文练习系统的语用规律的基础上，建构一套系统而富有理据和操作性的评价标准，从而展开对现有的各种版本的语文教材的质量评价，最终，建构一套语文课堂教学的评课标准。这样的研究有着重要的价值和意义。一方面，可以为目前的语文教材研究提供一套相对客观而又行之有效的练习系统的评价标准，以促进语文课堂教学效率的提高；另一方面，尝试用语用学和教学研究相结合的跨学科的研究路径，既丰富了语用在教学领域的应用研究，同时也给教学研究提供了新的学术视野。

二、研究成果的主要内容

该课题阶段性成果主要是从各种角度探究语用评价标准建立的学科理论基础，最终研究成果主要侧重于评价标准建立的研究。

阶段性成果之一——《心理空间视阈中的提问研究》，发表于《昆明学院学报》2009 年第 1 期，全文约 6 000 字。主要内容如下：从问题解决的心理过程来看，解决问题的关键在于建立适合于问题解决的问题空间的类型，而能否有效地解决问题，常常取决于问话者的提问方式。从心理空间的视阈出发研究提问，我们可以为教学提问建立一套策略原则：依据提问的目的拟建问题空间的类型，依据问题解决的策略来选择提问方式。

阶段性成果之二——《语篇分析与课后练习评价》，发表于《昆明学院学报》2010 年第 2 期，全文约 6 000 字。主要内容如下：从语篇分析的角度，我们可以对语文教材的课后练习进行描述和解释；对课后练习语篇的核心言语行为进行定位，明确其语篇结构的类型；对提问、发令等核心言语行为进行语言形式的描写和言后之效的分析。在此基础上，依据课后练习的语篇结构进行质和量的分析。

阶段性成果之三——《课后练习题语篇结构的修辞学分析》，发表于《修辞学习》2009 年第 5 期，全文约 10 000 字，主要内容如下：课后练习题的实施是一种修辞活动。课后练习题的语篇结构是修辞动因塑造的结果。作为课后练习题的两种主要修辞动因——原初动因和顺应动因的互补与协调造成了课后练习题的两类基本句型：主导句型和辅助句型；也导致了课后练习题语篇结构的三种主要类型：单一、复合和多层次的语篇结构。课后练习题的语篇结构规律可以为课后练习题的教学实践提供一套修辞学视阈中的解释框架和研究思路。

最终成果——《语文练习系统的评价标准》，全文约 10 000 字。主要内容如下：从语用研究的角度可以建构一套语文练习系统的评价标准。建构这套标准的理论依据是：把语文练习题的编写和实施看做一种修辞活动，那么，语文练习题就是一定修辞动因赖以实现的一组语言形式和一套语篇结构。设计和实施练习题的修辞动因主要来自原初动因和顺应动因。原初动因来自语文课程的教学目标，具体来说就是语文课程的三维目标——知识和能力、过程和方法、情感态度和价值观。原初动因的塑造，导致了练习题的语言形式和语篇结构的核心功能指向训练向度。顺应动因来自于对原初动因的辅助和启发，为此，练习题的语言形式和语篇结构的重要功能指向启发向度。从练习题的设计和实施这样一个双向互动的修辞活动的过程来看，既然任何练习题的题型所呈现出的语言形式和语篇结构的变化，都是一定修辞动因塑造的结果，因此，从学生认知理解的规律出发，通过对已有练习题的句型和题型的定性分析，可以推导出练习题对语文教学目标的实现程度——也就是训练向度和启发向度的实现情况。由此，语用评价标准得以建立：以主导句型的定性分析为基础构建练习题评价的训练向度标准，以辅助句型的定性分析为基础构建练习题的启发向度标准。在训练向度和启发向度的综合标准下，通过定性、定量、定向和定序分析对语文练习系统进行评价。一旦这套标准得以建立，便可以依据这套标准对现有的各种版本的语文教材的练习系统进行评价，从而从根本上帮助语文教师提高教学的质量和效率。

三、研究成果的学术价值及应用价值

（1）该课题注重视角的创新、方法的创新和成果的创新，从语用研究的角度考察语文练习系统，利用语用学的理论对语文练习系统进行语言形式的分类描写和认知解释，最终建构了一套语文练习系统的评价标准。

（2）该课题初步建立语文练习系统评价标准，从根本上促进语文练习系统的设计编写和实施运用，最终提高语文教材的质量和教学的效率，填补母语教学中的空白。该课题研究扩大了语用研究的范围，把语用学的理论应用到语文教学的研究中，在语文教学各个环节和各个领域的语用学的应用研究中，丰富语用学的研究，具有一定的实践意义。

课题名称：语用学视野中的语文练习系统的评价标准
课题负责人：谭晓云
所在单位：昆明学院
主要参加人：徐默凡　杨　俐　赵　燕　石　静　冯　佳
结项时间：2010 年 11 月 15 日

云南汉语方言语法研究

一、课题研究的目的和意义

云南汉语方言保留了大量的古汉语词法和句法，有些语法现象还有云南汉语方言独有的发展规律。对云南汉语方言语法的研究有利于追踪汉语演变的历史轨迹，为揭示汉语发展演变的规律提供实际语料的支持。

由于历史的原因，现在泰北约有 30 万华人，分布在泰北山区的 86 个村落，泰北云南华裔身处在泰语的大语境之中，他们使用的云南方言便成了跨境语言，已经和境内的云南方言有一些不同了，目前学界对于这一变异的研究还没有，但研究这一变异还是很有必要的。在当今时代，由于现代化进程的加速，以及世界经济一体化、信息一体化的到来，各国之间出现了新的合作关系，因而跨境语言研究越来越显示出其重要性。人们亟须认识不同国家跨境语言的现状及其历史演变，以期对跨境语言有个整体的科学认识。对泰北地区云南方言的研究有利于揭示在语言接触环境下的语言演变规律，丰富语言接触理论和语言类型学理论，同时也可以为泰北的华文教育策略提供一些参考。

把云南汉语方言语法的研究和现代汉语语法的研究、汉语史的研究、音韵学的研究、语言类型学的研究结合起来，使云南汉语方言语法的研究纳入全国汉语方言语法研究的系列，既有扎实的语料，又有广阔的理论视野，为保存语言财产作出一份贡献。

二、研究成果的主要内容

1. 考察云南方言词“不有”的来源及语音演变

“不有”、“冇得”、“不有得”在云南方言中占了半数以上，其中的“得”字是古代汉语中“得”的表示动作的完成或持续的用法在云南方言中的保留，“不有”在古汉语中和在云南方言中也基本一致。因为云南历代有移民移入，保留了历代语言痕迹。

2. 考察云南方言体标记“掉”的用法和来源

本文考察了云南方言里“掉”的用法，认为它的语法化程度比汉语普通话中的“掉”高，并依据形式标准判定云南方言“形 + 掉 + （了）”、“形/动 + 补 + 掉 + （了）”、“动 + 掉 + 宾”格式中的“掉”已经不再是动相补语，而是一个体标记。在云南方言里“掉”正处在虚化的过程中，它的体标记的用法和做补语的用法是共存的。

3. 探讨方言词“挨”表被动的来源

在汉语方言里，“挨”作为被动介词的用法大量存在，对于“挨”表被动的来源，学界有两种看法：一种认为来自于“挨”的主动义，另一种则认为来自于“挨”的遭受义。我们认为“挨”也属于“给予”义动词，“挨”的虚化遵守“给予”义动词虚化的一般规律，表被动的介词“挨”来源于动词“挨”的“接触”义，而非“遭到不幸”义。同时，“挨”虚化为被动标记可以找到类型学上的证据。“挨”作为一个“给予”义动词虚化为表被动的介词在明代已经初见端倪，云南方言是在明代中叶以后形成的，应当说“挨”的虚化是在明代汉语的基础上，在方言的土壤里进一步孕育而产生的。

4. 以介词“搭”为例，分析了云南方言词特有介词的演化规律

“搭”作为并列连词和伴随介词在云南方言中使用频率很高，本文先对“搭”的词性作了明确的界定，继而描写“搭”的语法化过程，认为“搭”在元代出现语法化的趋势，到了明朝，真正开始语法化并完成了语法化过程，“搭”的伴随介词和并列连词的功能是由“搭”的“连接；连带”义基本上同时派生出来的，连动式这一句法结构是促使其语法化的句法环境，并使重新分析具备了可能性。

5. 考察泰北地区在泰语环境下的云南方言语法变异情况

任何一种方言都处于不断发展的过程中，尤其是在和其他民族语言有更多接触的过程中，演变得要快一些。语言演变的原因可以从外因和内因两方面来分析，外因和内因两者的关系不是绝对的，外因会促使内因起作用，内因会在一定程度上制约外因的作用，不同时期、不同环境，外因和内因起的作用不同。语言接触是语言演变的重要外因，在较开放的地区，语言接触这个外因起的作用更大，引起的演变速度更快一些。云南华裔的汉语方言已经在泰语的包围下使用了近60年，汉语的宾语和补语的语序在一定程度上表现为和泰语的趋同，比如把数量补语放在处所宾语之后，把宾语放在趋向补语之后。另外，对汉语中多项定语和多项状语的语序排列已经有些模糊了，这说明汉语语法已经受到了泰语语法的深层渗透。不过，由于泰北云南华裔是大规模聚居的，因此他们的汉语还会保留相当长一段时间。因为脱离某群体本体的那部分人或者移居他地的某一群体，只要他们保持一定的数量并且聚居，虽然他们被其他群体的语言包围，但他们原有的语言还会保留相当长一段时间。为了提高泰北华裔的汉语水平，促进汉语国际推广，我们有必要对他们的汉语进行有针对性的培训。

6. 以“帮”字为例考察了云南方言特有程度副词的来源及其演化规律

隶属于北方方言的西南官话的云南方言，在语音、词汇、语法等方面都和普通话有一定的差异。云南历史上，曾经在不同的时期都有过比较大规模的移民。云南方言中，虽然语义和句法结构与现代汉语普通话存在一定的差异，但在某种程度上却保留着语言演变的痕迹。比如“帮”字，在云南方言里除了用做动词外，还可以作为程度副词在语用中出现，主要以云南永胜县等地区为例。在永胜等地区中，常把“帮”放在形容词前面，表达跟现代汉语普通话“很、十分”等程度副词相同的意思。“帮”字在现代汉语普通话中，由它的本义“鞋的边缘部分”逐步演化，分别形成了名词、量词以及动词，而演化的机制都是通过修饰中心成分的边缘成分形成的。“帮”字的本义是“鞋的边缘部分”即“鞋帮”，我国古代人常穿的布鞋的“鞋帮”具有非常硬的特点，这就为“帮”进一步语法化为副词提供了语义基础。隐喻是一种认知现象，也是一种语用现象，而隐喻思维又是人的大脑所具有的内在机制，隐喻是以喻体和本体之间的相似性作为词义转移的基础的。因此在一些方言区里，“帮”字由名词“具有非常硬的特点的鞋帮”隐喻为另一个认知领域，即表示“程度高”的副词。云南方言中的程度副词“硬”也都是通过隐喻由性质形容词产生出表示程度的副词。“硬是”是程度副词“硬”和“是”组合后反复使用凝固而成的程度副词。“硬”在宋代就已经发展成为一个表示程度的副词。在云南方言中“硬是”、“硬”除了表示程度外，也常常用做语气副词，有“确实，的确”的意思，如“他的警惕性硬提高了！”“你的婚姻硬是动了”，这说明这个词在云南方言中由程度副词进一步虚化为语气副词。由程度副词进一步虚化为语气副词也是语法化的一般规律，例如现代汉语中的“太”、“多”、“好”正在向语气副词转化。张谊生（2000）就把“太”、“多”、“好”既归为“评注性副词”（即语气副词），又归为“程度副词”，看做是兼类。云南方言中的程度副词“老实”的形成机制和“硬”是一样的，即通过隐喻由性质形容词产生出表示程度的副词，这个词作为程度副词是在清代才形成的。“扎实”作为西南官话特有的程度副词，产生的机制和“硬”、“老实”是一样的，只不过这个词是西南官话中才形成的，而不是汉语史上“老实”用法的遗留。

7. 探讨了云南方言里的“格”、“格是”问句中“格”的来源

云南方言里的“格”是来自“可”，云南方言里的“格”的各种用法都和汉语史上“可”的用法是一致的。

三、研究成果的学术价值、应用价值及社会影响和效益

（1）对云南汉语方言语法的研究有利于追踪汉语演变的历史轨迹，为揭示汉语发展演变的规律提供实际语料的支持。

（2）把云南汉语方言语法的研究和现代汉语语法的研究、汉语史的研究、音韵学的研究、语言类型学的研究结合起来，使云南汉语方言语法的研究纳入全国汉语方言语法研究的系列，既有扎实的语料，又有广阔的理论视野，为保存语言财产作出一份贡献。

（3）汉语各方言在其自身的发展过程中，一方面积存着本方言在各个时期遗留下的某些特点，另一方面也会受到其他方言甚至民族语言在不同时期的各种影响。而正是这种复杂的情况为研究汉语史提供了宝贵的资料，也为科学地解释某些语言成分在方言中的不同表现形式提供了重要的线索。

（4）对泰北地区云南方言的研究有利于揭示在语言接触环

境下的语言演变规律，丰富语言接触理论和语言类型学理论，同时也可以为泰北的华文教育提供一些参考，在汉语和汉语方言的研究中也引起了较大的关注。

课题名称：云南汉语方言语法研究
课题负责人：杨育彬
所在单位：云南师范大学
主要参加人：邱　渊　齐春红　薄　巍　李丽琴
结项时间：2010 年 11 月 16 日

哈尼族卡多话衰变现状研究

一、课题研究的目的和意义

语言是文化的重要载体。因此，语言的衰退也几乎总是伴随着文化的损失。语言的变化和发展可以表现在语言使用者的年龄、民族、性别、阶层以及职业的变化和发展上。可以说，社会的发展和变化引起语言的变化，语言的变化体现着社会的变化。语言的变化是不可避免的，语言的变异也是绝对的。关键在于新的语言形式不断出现时，分析衰退语言的发展现状，弄清语言变化的原因以及掌握演变的规律，才能及时、正确地看待和处理语言问题。

目前，国内对于濒危语言研究得多，对于衰退语言研究得少。衰退语言和濒危语言的研究一样应该将重点放在个案的描写和分析上。课题选取了云南省江城县宝藏乡的卡多话作为研究对象，将该地区卡多话的衰变作为个案来进行研究，以期对卡多话衰退的原因进行分析，力争在掌握大量的基础性数据和语料以后，正确地揭示语言衰变的现状，以期对衰退语言有实质性的认识。

二、研究成果的主要内容、重要观点

（一）主要内容

作者选取了宝藏乡的两个村寨（一个卡多人聚居村寨，一个卡多人和其他民族杂居的村寨）进行穷尽式的调查；选取了六名当地卡多人进行词汇测试（测试所用200词均为笔者在当地记录和整理），记录并对比了一些被调查人的词汇和对话，以此对卡多话本体的衰退现象进行研究。在此基础上，对卡多话衰退的原因进行了简要的分析。

（二）重要观点

1. 卡多话衰退趋势的具体表现

随着社会的发展，民族之间接触的频繁，卡多话出现了衰退的趋势，而这种趋势具体表现为以下几方面：

（1）语言使用情况上的表现。卡多话在卡多人聚居村寨被较好地保留，但青少年的卡多话能力出现衰弱现象。聚居村寨的卡多人还普遍兼用汉语，寨内居民普遍通过汉语与外族人、外界交流。聚居村寨内，卡多人的母语水平与年龄成正比，与教育程度成反比。从性别上说，卡多女子，因与外界接触较少，其母语水平要高于男性。寨内卡多儿童的母语多依靠与本族群的人交流而自然习得，出于为孩子今后学习、工作的考虑，年轻的卡多夫妻已经不主动传授下一代母语。出于民族意识以及对本族群的人的亲切感，聚居寨内的卡多人在本寨中、本族群的人前都使用母语，这是卡多话能较好保留的最重要因素。卡多人与其他民族杂居的村寨中，卡多人已几乎全部转用汉语。汉语已经代替卡多话完成了所有交际的功能。并且，作为传承主力的卡多青少年，因缺乏母语习得的“两个社区”已全部转用汉语。

（2）词汇能力上的表现。卡多话的衰退最直接地表现在词汇量的大小上。通过对被调查人的200词测试（见研究报告）发现，成年人及老年人能较好地掌握卡多话词汇，而青少年的词汇量出现了锐减。聚居区卡多青少年对母语基本词汇量的熟练掌握（A级）的程度仅为成年人的一半，对母语“听”的能力高于“说”，而杂居区的卡多青少年已基本不具备卡多话词汇能力。

（3）语言本体上的表现。卡多话的衰退在语言本体上也有体现，主要包括语音的补充、词汇量的减少以及语法准确度的降低三个方面。

语音的补充包括：①复韵母的增加，例如：iɔ，ɕɔ^{33} 硝（汉）；②复合鼻化元音的增加，例如：uã，tʃuã^{33} 砖（汉）；③高升调的出现，例如：xo^{35} 盒（汉）。

词汇的变化包括：①汉语借词的增加，例如：包子 pɔ^{33} tsʅ^{31}；②汉语词取代了卡多话的固有词，例如：车 ɕI^{55} mjo^{3}（固），tshɤ^{33}（汉）；③不常用固有词的消失，例如：毛屎花 mɯ^{55} tsa^{55}；④当固有词与汉语词并用时，青少年选择用汉语词，例如：官 tɕi^{31} mɔ^{33}（固），kuã（汉）。

语法准确度的降低包括：①词汇泛化，细致概念无法区分，例如：用 la̠^{31} ȵi^{55} “手指” 来统称 la̠^{31} mɔ^{33} “拇指”、ȵi^{55} ku^{55} lu^{55} “中指” 和 ȵi^{55} ʐɔ^{31} “小指”；②词汇概念模糊，指认错误，例如：把 xo^{55} lo^{33} “冰雹” 说成 ɔ^{31} ȵi^{55} “雪”；③句子中，汉语借词代替卡多话固有词，例如：

ȵɑ^{31} ȵi^{33} tshɯ^{55} ʐe^{33} pɔ^{33} xɔ^{33} ʃʅ^{31} ʐi^{31}
今天　十月　十一

句义：今天十月十一号，句子中的数词 ʃʅ^{31} ʐi^{31} “十一” 是汉语词；④汉语语序代替卡多话语序，例如：

ŋɔ^{55} ʃʅ^{55} khɑ^{31} to^{55}，nɔ^{55} ʃʅ^{55} xã^{31} tsu^{31}（×）
我　是　卡多，你　是汉族

ŋɔ^{55} a^{31} khɑ^{31}to^{55} ŋɤ^{55}，nɔ^{55} a^{31} a^{31} x a̱^{31} ŋɤ^{55} （√）

我（话）卡多是　，　你（话）汉族　是　　　句义：我是卡多人，你是汉族。

第一句中，除部分词直接采用汉语词（第一句中的“是”、“汉族”均为汉语词）外，还改变了常规的卡多句子语序，即用汉语的“主谓宾”语序改变了卡多话的“主宾谓”语序。

2. 语言衰退的原因

卡多话是一种衰退语言，引起卡多话衰退的原因是多方面的。既有历史的原因，又有现实的原因；既有内部的原因，又有外部的原因。具体来说有以下四点：

（1）卡多话交际功能的减弱和使用范围的缩小。

（2）卡多人对汉文化的高度认可和对汉语开放的语言态度。

（3）族际婚姻的增多促使家庭内部语言发生改变。

（4）卡多青少年的母语能力衰退，传承出现了断层。

三、研究成果的学术价值、应用价值及社会影响和效益

“在21世纪全球进入科学技术现代化、信息一体化的新时期，使用人口较少的语言有可能出现语言活力衰退，走向濒危。这已成为语言学家的共识，并已成为语言学家、民族学家所关注的一个问题。”［戴庆厦、何俊芳著《语言和民族（二）》］由此可见，研究语言的使用现状（语言国情调查），研究语言之间由于相互接触、相互影响，甚至相互竞争引起的语言衰退、语言濒危现象等都成为语言学界的新热点。

一个语文工作者，一个民族工作者，不仅要注重语言的本体研究，同时也要注意历史背景、社会环境以及民族关系对语言的影响，注重研究语言自身的变化和发展，注重语言使用状况、语

言兼用、转用等语言现象。语言的变化发展与社会的变化发展密不可分，与民族心理、传统文化息息相关。研究语言的衰变现象，揭示语言的演变规律，不仅有益于语言学自身的建设，有助于社会语言学的发展，也能为国家语言政策的制定提供理论参考。

目前，国家为了保护少数民族语言采取了很多有效的措施，比如加强少数民族语言研究力度，保护少数民族语言人才等。课题的研究成果，有助于加强对卡多话语言现状的研究，为民族语言的保护提供语料，为国家的少数民族语言保护提供帮助。

课题名称：哈尼族卡多话衰变现状研究
课题负责人：赵　敏
所在单位：云南师范大学
主要参加人：邱　渊　齐春红　薄　巍　李丽琴
结项时间：2011 年 11 月 16 日

图书馆·情报与文献学

社会公共文化服务体系中的地方文献建设

一、课题研究的目的和意义

(一) 研究目的

课题研究的主要目的在于:

(1) 保护、传承、弘扬民族优秀文化，促进公共文化服务体系构建。

(2) 为实现云南省委、省政府制定的建设“绿色经济强省”,“民族文化强省”的战略目标提供智力支持。

(3) 维护信息公平，保障公民文化权利。

(4) 缩小社会差距，弥补数字鸿沟。

(5) 缓解社会矛盾，提高社会凝聚力，促进和谐社会的构建。

(二) 研究的意义

课题研究的主要意义是:

(1) 开拓公共文化服务体系中地方文献建设的新视野，促进地方文献研究与地方文化的创新发展。

(2) 有利于公共文化服务的创新发展，有利于缓解社会矛盾，提高社会凝聚力，促进和谐社会发展。

（3）有利于利用新兴技术的信息共享功能，克服地方文献资源共享的障碍因素，维护信息公平公正，保障公民文化权利。

（4）结合国际国内地方文献在公共文化服务体系中的地位、作用及价值进行研究，既有世界性，更有地区性和民族性。其研究有利于地方文化与世界文明的融合，对保护、传承、弘扬民族优秀文化，促进文化和谐发展具有十分重要的意义。

二、研究成果的主要内容、重要观点和对策建议

（一）主要内容

课题组考察了腾冲和顺图书馆及曲靖市所辖7县1市1区的高校图书馆、公共图书馆和档案馆。根据时代的需要，结合区域实际，研究了公共文化服务体系构建中地方文献的地位和作用；地方文献建设的现状，国内外图书馆保护文化遗产、促进公共文化服务体系建设、维护和保障公民的基本文化权利等地方文献工作方法，借鉴国内外先进经验，构建读者需求的地方文献信息支持服务保障体系；地方文献管理、开发利用的策略；地方文献信息资源的数据化及其共建共享；在实践中探索收集地方文献的最佳方法和路径。提出了在公共文化服务体系构建中加强地方文献建设，建立“地方文献信息中心”，由“中心”负责组织协调区域内地方文献资源的集藏与整合，采取有效措施为地方社会经济服务。此成果打破了地方文献泛泛的理论研究模式，创新了理论研究与文献收集相结合的研究方法，免费收集地方文献2 000种，3 600册，价值人民币10余万元，建立地方文献室1个。此成果突破了图书馆地方文献研究学科的单一性，创新了图书馆文献学与其他学科的交叉研究，《滇东北馆藏地方文献目录汇编》是云南省图书馆界第一部跨行业编纂的地方文献联合目录，为图

书馆地方文献研究树立了典范。

（二）重要观点

（1）根据国家加强公共文化服务体系建设，让人民共享文化成果的部署，结合建设“绿色经济强省”、“民族文化强省”的战略目标，抓住云南省于2010年“建设总量达到5TB的云南特色文化数据库”这一契机，对具有较强区域性、民族性和历史性的地方文化建设进行研究。

（2）抢救、保护、发掘地方文献，传承和弘扬地方优秀文化，为建设有本地区特色的公共文化服务体系提供决策。

（3）为“云南文化信息资源共享工程”提供翔实、全面的地方文献资料。

（4）依据先进的技术手段，对地方文献进行数据化处理，利用网际网络向读者提供多元化的服务，让人民群众充分享受社会文化发展的成果。

（三）对策建议

（1）加大宣传力度，争取各级政府的重视，提高社会对地方文献工作的认同感。地方文献是以区域为中心的信息载体和知识源泉，反映了一个特定区域的地理、人文、政治、经济、文化、教育、科技、宗教、风俗、民情诸方面的综合性历史和现状，是该区域发展轨迹的客观缩影与文化底蕴的智慧结晶。通常被誉为“地方百科全书”和“地方古今总览”，是了解省情、市情、县情的重要资料，是研究地方建设和发展的重要文献源。但长期以来，此项工作未得到社会的足够重视，这与宣传力度不够有关。为此，大力宣传地方文献在为本地区的物质文明、精神文明和政治文明建设中所作出的重要贡献，争取各级政府政策、经费的支持，提高社会各界人士对地方文献工作的认同感，主动参与地方文献建设。

（2）解放思想，转变观念。图书馆领导班子及文献工作者，要彻底解放思想，转变重视馆藏规模、不重视馆藏特色建设的办馆理念，充分认识图书馆唯有搞好地方文献建设，突出自己的馆藏特色，积极参与文献共建共享才能不断发展壮大。在思想上要高度认识地方文献工作的重要性，认清地方文献工作对地方经济建设的影响及作用。尤其是在构建公共文化服务体系的今天，地方文献建设工作显得尤为重要。

（3）保证必要的经费，疏通捐赠渠道，加强地方文献征集力度。图书馆要划拨专款，便于能经常派出专人到各地收集遗散在社会上的有价值的地方文献；通过建立地方文献库，筑巢引凤；通过网络、报纸等宣传媒体，发布征书启事，让领导、作者、收藏家主动将自己的著作和藏品捐赠给图书馆；开展个人捐赠、图书馆代管、复制的方式收集地方文献。参与地方学术团体、研究部门、企事业单位召开的学术会议，以及各种展览、纪念性活动，广泛收集各种学术的、经济的和社会的资料；加强与有关部门建立资料交换关系，尽量争取地方志办公室、党史办公室、政协文史委员会、社科联、科协、文联、新闻出版管理等部门的支持，定期走访基层行政部门、企事业单位以及古旧书店、书市、书摊等与地方文献的生产、流通、集散密切相关的地方，开展调查、追踪与收集，对濒于灭绝的地方文献进行抢救。

（4）建立地方文献信息中心，统筹规划，以“民间行为，政府推动”为主的形式，推进地方文献资源共建共享，发挥其整体效益。

（5）争取法律保障，建立地方文献呈缴制度。尤其是要引起地、州（市）政府的重视和支持制定出台地方文献呈缴的法律法规，只有这样，才能实现对社会的强制要求，良好的文献征集环境也才会形成。

(6) 通力合作，共建共享。加强全省范围内公共图书馆、高校图书馆与其他行业之间的联系与合作，充分利用县（市、区）馆各自的优势，形成收集网络，加快数字化建设，走资源共建共享的道路是图书馆地方文献建设事业发展的必由之路。

(7) 培养一支收集整理、加工研究开发地方文献资源的专业技术队伍。

(8) 建立地方文献数据库。实现信息传输社会化和网络化，信息资源处理的自动化和智能化。

(9) 收集与开发利用结合。地方文献建设的最终目的是将文献提供给读者利用，充分发挥文献的特有价值，为促进区域内的社会经济、文化教育事业、科学技术等方面的工作又好又快发展提供智力支持。

三、研究成果的学术价值、应用价值及社会影响和效益

(1) 国内外同行、专家一致认为，此成果探讨了一个几乎无人涉及的领域，如云南省社会科学院原副院长贺圣达研究员认为此研究“为弘扬优秀传统文化，促进社会和谐发展，最大限度地开发和利用地方文献资源，为当地的经济建设服务做了大量的工作和有益的探索”。云南师范大学副校长原一川教授、曲靖师范学院副院长高小和教授认为“开展区域经济社会及文化事业的深入研究奠定了厚重坚实的文献基础，为后人研究创造了良好的条件”。曲靖市委宣传部副部长张绍忠、曲靖市文化局局长纪爱华等都一致认为这是“功在当代，利在千秋”的大事。

(2) 阶段性成果《云南文化旅游与地方文献保障体系的构建》发表于核心期刊《经济问题探索》2009 年第 3 期。

(3) 阶段性成果《公共文化服务体系构建中曲靖地方文献

的开发与利用》发表于核心期刊《图书馆理论与实践》2009年第9期。

（4）阶段性成果《基于科研需求的地方文献信息支持服务——以云南曲靖图书馆为例》发表于《扬州大学学报》2009年第1期。

（5）阶段性成果《网络环境下地方院校图书馆地方文献的共建共享》发表于《山东文学》2009年第5期。

（6）阶段性成果《公共文化服务体系构建中的曲靖地方文献管理》发表于《曲靖师范学院学报》2009年第3期。

（7）阶段性成果论文发表，被“中国期刊全文数据库”、“全国报刊资料索引”等多家数据库收录，被图书馆同行引用。

（8）阶段性成果工具书《滇东北馆藏地方文献目录汇编》，于2009年8月由云南科技出版社出版，收藏于上海图书馆、云南省图书馆、毕节师范学院图书馆等100多家公共图书馆、高校图书馆以及档案馆。在滇、川、黔、渝交界地区图书馆有很大影响，并有许多图书馆及专家、学者索要。

（9）地方文献室自成立以来，为国家级课题《南诏历史研究》、《中国西南边疆跨境民族宗教认同与国家关系研究（以云南为例）》、《西部村落生态智慧传承与乡村治理结合多元模式研究》；省、厅级课题《滇东北地区工业旅游开发研究——以曲靖为例》、《滇东少数民族地区扶贫理论与实践研究》、《滇东北彝族传统歌舞乐的流变及现实主义研究》等项目的申报、研究，以及教师“校本课程”教学，学生毕业论文的完成，提供了重要的文献信息资源，受到了全院师生的一致好评。

以地方文献为研究对象，对文献的收集、整理、加工、储存、传播、开发利用进行了问卷调查和采访，对其文献在公共文化服务体系构建中的地位、作用进行研究，并对问卷的调查数据进行定量和定性分析，发现公共文化服务体系构建及地方文献建设中存在的不足和差距，找出了其中的普遍规律和特殊规律，提出了应对措施，对如何加强宣传力度，争取地方政府支持，在政策保障下建立地方文献信息中心，克服地方文献建设的随意性和盲目性，以促进地方文献建设工作的发展，为地方社会经济服务，为构建公共文化服务体系建设的地方文献保障体系提出了切实可行的意见和建议。

公共文化服务体系中的地方文献建设对于西部和全国的地方文献建设都具有较大的代表性，对腾冲及曲靖市地方文献建设及服务现状与发展的调查研究，既为同行提供研究资料，也为政府决策提供参考，最终达到保护、传承、弘扬民族优秀文化，提高人民群众的文化素质，维护信息公平公正，保障公民文化权利，缓解社会矛盾，弥补数字鸿沟，提高社会凝聚力，促进地方文献研究与地方文化的创新发展，促进地方公共文化服务体系的构建与地方文献建设的创新发展，促进和谐社会的构建。

课题名称：社会公共文化服务体系中的地方文献建设
课题负责人：孔稳舒
所在单位：曲靖师范学院
主要参加人：周均东　钱兴彦　邓永富　孙丽波　朱源萍
结项时间：2010 年 7 月 5 日

云南民间少数民族历史档案的流失与保护抢救研究

一、课题研究的目的和意义

（一）研究目的

云南民间遗存有大量的少数民族历史档案，这些档案文献历史悠久、种类繁多，有珍贵的研究利用价值。受自然、人为因素的影响，云南民间少数民族历史档案损毁、流失问题极为严重。课题研究的目的就是调查少数民族历史档案的现状与流失的渠道，分析档案文献损毁、流失的深层因素，提出云南民间少数民族历史档案流失保护的政策与措施。

（二）研究意义

1. 理论意义

课题研究云南民间少数民族历史档案的内涵外延、分布保存、流失渠道、流失原因以及保护政策与措施等方面的理论与实践问题，这对拓展少数民族历史档案的研究范围，完善少数民族历史档案学的学科体系与理论建设，丰富档案学的知识体系有较高的理论价值。

2. 实践意义

云南民间分布有丰富的少数民族历史档案，受自然和人为因素的影响，档案文献的损毁、流失问题极为严重。课题研究可揭示少数民族历史档案的严峻现状，展示其珍贵的研究利用价值，以引起政府和社会的重视与关注，更好地保护与抢救这一珍贵的民族历史文化遗产。

二、研究成果的主要内容、对策建议

（一）主要内容

课题研究的主要内容包括以下几方面：

第一部分，导论。分析课题在国内外研究的现状、课题研究的意义，提出课题研究计划与方法，阐述课题研究的情况与取得的科研成果等方面的内容。

第二部分，课题研究对“云南民间少数民族历史档案”理论认识的深化与完善。课题研究对云南民间少数民族历史档案的概念进行理论上的分析与界定，进而全面阐述了少数民族文字历史档案、少数民族汉文历史档案、少数民族图像历史档案和少数民族口述历史档案的内涵及其内容构成。

第三部分，云南民间少数民族历史档案的特点与分布。阐述了云南民间少数民族历史档案种类繁多、数量丰富及其在研究价值珍贵等方面的显著特点。并以翔实的调研材料论述了云南民间少数民族历史档案的分布保存、现有数量等方面的详细状况，以及档案馆、图书馆、博物馆等文化机构对少数民族历史档案的征集、收藏方面的具体情况。

第四部分，云南民间少数民族历史档案的流失现状调查与原因分析。以实地调研材料为案例，详细列举了少数民族历史档案人为、自然损毁的严峻状况，揭示了档案文献被大量盗卖，以及随着历史文化传承人的去世而导致的口述历史档案消亡的现实问题。分析了人为、自然损毁，盗卖流失，管理与保护法规不健全等造成云南民间少数民族历史档案损毁、流失问题的各种不利因素与深层原因。

第五部分，云南民间少数民族历史档案流失保护案例调查与分析。通过云南省民委古籍办系统对少数民族历史档案的保护抢救、旅游资源开发背景下丽江市对纳西东巴经历史档案的全面保护、西双版纳州对傣族医药历史档案的开发性保护、非物质文化遗产抢救背景下的大理州对白族民间非物质档案遗产的保护等案例的调查与分析，从各个视角了解与总结云南相关部门和各民族地区对民间少数民族历史档案保护抢救的可行性对策与措施。

第六部分，云南民间少数民族历史档案流失的保护政策与措施。在深入分析云南民间少数民族历史档案流失渠道与原因的基础上，从少数民族历史档案的政策保护、征集与追索、技术保护、立法保护和口述历史档案的抢救与保护等方面提出了云南民间少数民族历史档案保护抢救的政策与措施。这些政策与措施具有较强的针对性，对保护与抢救云南民间少数民族历史档案有较好的参考价值与现实意义。

（二）对策建议

（1）民间少数民族历史档案的损毁、流失问题严峻，需要制定相关政策进行保护。云南民间少数民族历史档案是珍贵的民族历史文化遗产，具有不可再生性、分散性和易流失性。为此，应针对少数民族历史档案的现状，将档案文献的保护纳入民族民间文化保护工程，并建立健全工作机制，加大对少数民族历史档案保护工作的经费投入，从制定政策、措施方面对云南民间少数民族历史档案进行保护与抢救。

（2）云南遗存的少数民族历史档案除分布民间外，还有大量档案文献流失国外，为此，应采取切实措施进行征集与追索。对云南民间保存的少数民族历史档案可采用征集、复印、征购、鼓励捐献等方式进行征集。对流失海外的档案文献则要通过海外文献调研与建档工作，档案原件的复制与征购，文献资料的购买与交换，以及外交途径与国际合作追讨等方式进行征集与追索。

（3）云南民间少数民族历史档案损毁问题严重，应采用各种技术手段进行保护与修复。纸质少数民族历史档案可征集到档案馆库房保护，对破损、粘连的纸质档案可采用揭古籍砖、修补技术、字迹的恢复与显示技术进行修复。金属质档案文献可采用除锈、加保护膜、修复等技术加以保护。散存野外的石质档案则可采用加盖防护物、使用化学方法阻止水分进入石刻内部、加固处理、迁移保护等方式进行保护。

（4）为防止人为因素对云南民间少数民族历史档案造成的损毁、流失，各级政府要制定相应的法规对档案文献进行立法保护。《中华人民共和国档案法》是保护少数民族历史档案的法律依据。云南省颁布的《云南省民族民间传统文化保护条例》、《云南省建设工程文物保护规定》等对档案文献的保护有重要的法律效用。由于云南尚未制定针对少数民族历史档案的保护条例，为此，文化部门和档案、民族部门应共同协商，制定民间少数民族历史档案保护条例，有针对性地对档案文献进行立法保护。

（5）由于大量掌握民族历史文化的老人年事已高或已离世，因此，如何采取切实措施抢救云南民间少数民族口述历史档案已成为必须解决的紧迫问题。云南民间少数民族口述历史档案的保护有其特殊性，为此，要从档案保护意识的建立、征集录制工作、传承人的人文保护以及口述历史档案的发掘利用等方面加强对口述历史档案的保护与抢救，以为后人留下这一珍贵的民族历史文化遗产。

三、研究成果的学术价值、应用价值及社会影响和效益

（一）学术价值

云南民间散存有丰富的少数民族历史档案，这些档案文献历史悠久、种类繁多，有珍贵的研究利用价值。课题研究云南民间少数民族历史档案的内涵外延，分布保存，流失的渠道，流失原因，以及档案文献流失保护的政策与措施等理论与实践问题。其学术价值如下：

（1）拓展了少数民族历史档案征集、保护等方面的研究范围，完善了少数民族历史档案学的学科体系与理论建设，推动了少数民族历史档案研究的深入发展。

（2）丰富了档案管理学在档案收集、技术保护、法规建设等方面的研究内容，对拓展档案学的理论知识体系、加快档案学分支学科的建设与发展有较高的理论意义与学术价值。

（二）应用价值

云南民间少数民族历史档案由于保管条件恶劣，加之受历史和人为因素的影响，档案文献的损毁、流失问题极为严重。课题成果揭示了云南少数民族历史档案的严峻现状，展示其珍贵的研究利用价值，提出了可行性的保护抢救政策与具体措施。成果的运用价值体现在以下两方面：

（1）引起政府和社会对少数民族历史档案的重视与关注，以投入相应的人力、物力来保护与抢救云南民间少数民族历史档案，更好地保护与抢救这一宝贵的人类历史文化遗产。

（2）从政策层面与实践方法方面提出云南民间少数民族历史档案保护抢救的对策与措施，以为文化、档案与民族工作部门

制定相应的工作规划、政策措施提供借鉴与参考。

(三) 社会影响和效益

课题研究形成近 5 万字的“云南民间少数民族历史档案的流失与保护抢救调研报告”，并在档案学国家级核心刊物《档案学通讯》、《档案学研究》和档案学其他核心刊物《兰台世界》等公开发表了 6 篇学术论文。其中发表在《档案学研究》（档案学类国家级核心期刊）第 4 期的课题结题论文《云南民间少数民族历史档案的流失及其保护对策研究》被中国人民大学复印报刊资料《档案学》2007 年第 6 期全文转载。其他论文也被引用与转载。这些课题成果引起了政府和社会对少数民族历史档案的重视与关注，在推动少数民族历史档案的深入研究、更好地保护与抢救少数民族历史档案等方面产生了较好的社会影响。

课题名称：云南民间少数民族历史档案的流失与保护抢救研究

课题负责人：华　林

所在单位：云南大学

主要参加人：郑　文　陈子丹　郑　荃　侯明昌　龙　岗　王雪飞　谭莉莉

结项时间：2010 年 11 月 19 日

体育学

构建昆明市城市公益性社区体育服务体系的对策研究

一、课题研究的目的和意义

城市社区体育是构建社会主义和谐社会的基础。加强城市社区体育建设已成为我国城市体育改革与发展，落实城市科学发展观，促进边疆地区民族大团结及构建和谐社会面临的一项重要任务。城市公益性社区体育服务是指由政府投资规划，建设和管理体育场地、器材，以城市社区居民为体育服务对象，以实施全民健身战略为主要目的的社区体育服务方式，是我国城市社区体育服务的基本类型和重要方式，其性质属于公益性文化体育事业。城市公益性社区体育服务作为一种独特的体育服务形式，在城市社区体育建设中有其特殊的研究意义和存在价值。随着《全民健身计划纲要》的推行，现已进入“第二期工程”的实施深化阶段，一个系统工程，需要长期坚持不懈的努力，扎扎实实做好各项工作，其中一项重要工作，就是要努力做好城市公益性社区体育服务工作，对全面推进全民健身运动，提高全民健康水平，城市公益性社区体育服务体系的构建具有重要的作用。公益性社区体育服务体系的构建，不仅是当前城市社会体育建设与发展的重要内容，也是沿着以人为本的正确道路向前发展，为构建和谐社会，促进民族团结，建设民族文化强省的一个重要环节。该课题的研究具有重要的现实意义和实际价值。

二、研究成果的主要内容、重要观点和对策建议

（一）主要内容

1. 昆明市城市公益性社区体育服务体系建设的背景分析

从经济环境、地域环境、人文环境、昆明市体育场地设施现有数量四个方面对昆明市主城区和主城区外的新、旧社区公益性社区体育服务体系进行分析。

2. 昆明市城市公益性社区体育服务体系建设的现状分析

昆明市城市公益性社区体育服务体系建设的现状分析主要包括城市公益性社区体育服务体系中的组织管理服务体系，主要是管理理念、管理体制和组织形式等方面的情况；医疗卫生组织管理的情况；经费保障体系，主要有全民健身工程基金、社区体育建设基金等的投入情况；设施服务体系，主要是公益性大中型体育场馆、小型的球类场地、健身中心和广场、游泳池等场馆建设情况；信息人才保障体系，主要有管理人员和指导人员的情况；制度保障体系，主要有监管、参与、激励等制度的建设情况。

3. 昆明市城市公益性社区体育服务体系存在的问题

昆明市城市公益性社区体育服务体系存在的问题主要包括社区体育组织管理存在问题、社区体育投入力度不够、体育场地设施不能满足居民健身需求、社区体育的指导不力、体育人才缺乏、社区体育信息网络设施不全、没有有效快捷的网络优势、社区体育服务的制度落实不够、保障乏力等。

（二）重要观点和对策建议

1. 昆明城市社区体育组织管理方面在先进体育社区建设方面做得较好

昆明城市社区体育组织管理方面在先进体育社区建设方面做得较好，但是组织管理上还是以自发形成和自我管理为主，组织形式单一，行政参与不多；体育组织管理不够健全和完善，组织管理机构职责不明晰；在运行机制上，政府体育行政部门在进行城市社区体育建设时，主要是以行政手段来推动，政府部门成为社区体育的决策、组织、参与主体，而社区居民只是被动参加一些官方举办的体育活动；对社区体育宣传力度不够，不能落实到实处。总体上，在组织管理方面主城区的情况要好于主城区外的情况。

2. 社区体育活动经费来源呈多样化

昆明市城市公益性社区体育服务体系的投入不足，政府投入资金不够，社会和私人投资比例过小。

3. 经济体制改革的深入，对昆明城市公益性城市社区体育服务体系的发展起到了积极的推动作用

伴随昆明城市化水平的提高，昆明市经济、政治、文化建设都得到长足的发展，较 2004 年以前体育场地数量增加了 39%，社区体育场地设施的建设得到了重视，社区体育场地设施条件有了很大的提高；但是和发达地区社区相比，存在场地面积小、数量不足、种类单一等方面的问题。

4. 昆明市在社会体育指导员的培训方面也做了大量的工作

依托高校资源培训了大量的社会体育指导员，加上志愿者目前加入到群众体育指导的人员已达 24 000 人之多，但是社会体育指导员的组织管理制度不健全，等级结构不合理，文化层次较低，整体数量不能满足日益增长的体育人口需要，社会体育指导人员是以锻炼者兼职、义务指导为主。

5. 昆明市社区的宣传渠道不畅通，宣传网络体系不完善

居民对社区体育信息的关注度不高，而社区体育信息服务对电视、网络等多媒体资源的利用有待加强。主城区的大部分社区都在网络上建立了自己的网页，但是关于体育方面的信息不多。

6. 构建昆明市城市社区体育服务体系的对策

结合昆明城市经济发展对昆明城市公益性社区体育服务体系的现状及存在的问题，提出构建昆明市城市社区体育服务体系的对策主要包括以下几方面：

（1）加强社团组织的培育和发展工作。

（2）政府部门和体育主管部门要将社区体育经费纳入当地经济与社区发展总体规划和社区“两个文明”建设规划中，加大经费投入比例。

（3）切实落实国家关于城市公共体育设施用地的规定，加强社区体育场所设施建设，加大学校、企事业单位场地设施的开放力度。

（4）要抓好社区体育服务队伍建设和壮大优化志愿者队伍。

（5）完善社区体育信息宣传服务，营造全民健身氛围，制定相关的管理规章制度。

三、研究成果的学术价值、应用价值及社会影响和效益

1. 城市公益性社区体育服务体系是构建社会主义和谐社会的基础

加强城市公益性社区体育建设已成为我国城市体育改革与发展，落实城市科学发展观，促进边疆地区民族大团结及构建和谐社会面临的一项重要任务。城市公益性社区体育服务作为一种独特的体育服务形式，在城市社区体育建设中有其特殊的研究意义

和存在价值。

2. 构建城市公益性社区体育服务体系符合昆明市的特殊地位

云南省是中国的“南大门”，与缅甸、老挝、越南毗邻，是中国发展东南亚经济圈的重地。昆明市是云南省的省会，是云南省的经济、文化中心，也是传播中国文化和云南地域文化的桥梁。昆明的城市化水平与城市公益性社区体育服务体系和谐发展可以提高市民的满意度和归属感，可以提升云南乃至中国的形象。

3. 构建城市公益性社区体育服务体系是昆明城市现代化的需求

城市化和城市公益性社区体育服务是紧密联系在一起的，城市公益性社区体育服务建设是城市化的有机组成部分，城市化过程中的城市建设必须延伸到城市公益性社区体育服务建设中，并依据实际为基层社区创造更加方便、高质量的环境。而城市公益性社区体育服务的建设和发展，正是实现城市化的坚实基础，其建设愈是成功，城市化的步伐就愈扎实，发展后劲就愈强劲。

4. 构建城市公益性社区体育服务体系是云南建设民族文化强省和旅游城市的需要

云南作为西部边陲的旅游城市，昆明又是我国与东南亚交流的中心和窗口，城市的规划和建设尤为重要。作为领导主管部门应重视特殊地域文化及多民族省份广大居民的安康和民族的团结，应充分发挥现代化服务型政府职能，所有的公民，不论贫富、职业和其他差异，都能享受公益性体育服务的权利，也是建设民族文化强省的一个重要环节。

课题名称：构建昆明市城市公益性社区体育服务体系的对策研究

课题负责人：陈　敏

所在单位：云南师范大学

主要参加人：武云化　卢开智　金黄斌　李耀戎　张伟岱　赖云华　杨培光

结项时间：2010 年 11 月 4 日

教育学

云南少数民族成人教育课程政策研究

一、课题研究的目的和意义

该课题通过分析民族地区成人教育政策和课程理论、调查云南省民族地区成人教育的课程实施现状，旨在探讨民族地区成人教育课程政策理论，把握其基本内涵、构成要素、核心问题以及影响因素；立足于调查和分析，旨在真实、完整地陈述民族地区成人教育课程存在的问题，希望这些问题能引起课程决策机构和决策人员的重视，进而将其上升到政策问题的层次，列入课程政策决策关注议题。

该课题研究的意义主要体现在三个方面：第一，从课程政策视角探讨民族教育政策实现途径，促进教育政策向课程实践的转化，推动民族地区成人教育持续健康发展；第二，以成人教育课程政策为切入点，运用教育学、民族学、社会学和法学等相关理论，对影响民族地区课程政策制定、实施的多种因素进行系统全面的分析，以期为民族地区成人教育的课程政策制定、执行和实施提供参考；第三，通过课程在民族地区的适切性研究，积极探索适合民族地区社会和个体发展的成人教育组织方式，促进民族地区成人教育模式和机制的创新。

二、研究成果的主要内容、重要观点和对策建议

（一）民族地区成人教育课程政策的理论研究和基本观点

该课题在梳理关于课程政策、成人教育、民族教育政策三个领域的研究现状和研究成果的基础上，借助教育政策理论、终身教育理论和多元文化理论的研究成果，对民族地区成人教育课程政策进行了理论探讨。

研究认为，民族地区成人教育课程政策是负责民族地区成人教育决策的各有权机关，包括执政党、国家教育行政机关、自治地方自治机关和它的相关工作部门，以及它们的授权组织，为维护特定时期民族地区成人教育课程愿景，实现民族地区成人教育课程目标，通过协调民族地区成人教育课程权力关系，保障课程运行绩效而制定的课程指导方针和课程行动准则。所谓“有权机关”是指依法享有职权并承担责任的机关。

民族地区成人教育课程政策的构成要素包括课程政策目标、课程政策主体和课程政策载体。本研究认为，民族地区成人教育课程政策目标，在于采用教育手段，调动社会力量，科学合理地整合和配置适合民族地区成人学习的教育资源，调整课程权力关系，协调课程利益，建立科学的民族地区成人教育课程开发、实施和评价体系，促进民族地区成人的全面和谐发展，维护民族地区政治稳定、经济发展、社会和谐、文化繁荣。

在课程政策的载体方面，必须注意民族地区历史文化和政治经济的客观差异，避免照搬汉族地区成人教育标准，在课程内容和形式上，既要注重时代性又要注重传统性；既要借鉴汉族地区成人教育课程标准和课程规范，又要照顾民族地区成人的生产方式、认知习惯、情感表达以及生产生活情境，把那些民族地区生

产生活中积累的知识和智慧融入课程中，采用民族地区群众喜闻乐见的形式加以开发加工。

在课程政策主体方面，国家主体包括了与民族地区成人教育相关的各有权机关。它代表了包括民族地区人民在内的全体人民的根本利益。社会主体可包括相关各种学术利益团体以及民族政策、教育政策咨询机构等。个人主体包括精英个体与一般公民个体。在民族地区要特别重视那些为本地区社会公共事业作出突出贡献、有专长、有威望的地方人士，他们对成人教育课程资源开发、课程实施常常能发挥其他主体不易发挥的作用。

研究认为，民族地区成人教育课程政策的核心问题包括以下六个方面：

(1) 价值选择与课程政策目标。民族地区成人教育课程政策价值的确立，要以民族政策价值观和教育政策价值观为基准，将其全面、真实地植入课程，深化各民族“多元一体”的文化认同，坚决反对民族之间知识和文化歧视。

(2) 课程权力与课程责任。研究认为课程权力是课程关系中的各行为主体为实现某种课程愿景，影响课程行为的强制意志。它往往表现为一种公共性权威力量，并对课程行为产生直接的影响。包括课程参与权、编制权、审查权、决策权、实施权、评价权。

(3) 民族地区成人教育课程资源开发，要综合利用各种途径，注重整合、吸收民族性、地方性知识资源，增强成人教育课程的适切性；要积极开发地方智力资源，注重开发学生的经验资源，注重运用现代优势资源。

(4) 民族地区成人教育课程组织方式，现有的以学科为中心的成人教育课程组织形式，无法满足成人学习需求以及当地社会经济发展对人才的需要。针对民族地区特殊的教育生态及成人学习者的学习特点和需求，探索学制外的成人教育课程组织形式显得尤为必要。

（5）民族地区成人教育课程经费政策。从民族政策理论、公共经济学理论以及教育成本分担理论角度分析，课程经费应主要由中央财政和省级财政统筹，列入财政经费预算，并随经济发展和财政经常性收入的增长而增长。应当在民族教育和成人教育框架内，对民族地区成人教育经费作出明确的、规范的、稳定的政策安排。

（6）民族地区成人教育课程政策评价。研究认为，民族地区成人教育课程政策是社会诸多因素综合作用的结果。这些因素主要包括政治因素、经济因素、民族文化传统因素、决策组织因素等。

（二）云南省民族地区成人教育课程现状和政策问题

在理论研究基础上，该课题采取政策文本分析和访谈、问卷调查的方式，分别对我省民族地区成人学历教育和非学历教育的课程现状进行了研究。

以成人高等教育为例展开的学历教育课程政策研究，反映了目前成人学历教育存在的突出问题：课程标准脱离民族地区经济发展需要，课程内容以输入性为主，忽视民族地区社会历史文化内容，缺乏与民族地区社会的血肉联系，适切性较差；学习者主体性发挥不够，学习目标模糊，学习持续性和发展性不足；教育方式因袭学校课堂教学传统，质量和效果不理想；投入成本高，资源耗费大；成人学习者普遍存在学习焦虑。

非学历教育的课程调查掌握的基本情况是：学员参加培训意愿较强，培训期望值较高，但对培训内容的针对性的认识较模糊；教育质量效果不明显，组织管理还有欠缺，学员个人意见得不到重视。同时，调查也发现参训学员经济状况较差，文化素质较低，对未来信心不足，生活态度和价值观还有待提高。调查还反映出，乡、镇、村等基层组织对开展农村成人教育的教育不够重视，认识不到位，加之经费和能力有限，缺乏专门负责对村民进行教育的机构和组织，培训没有形成机制，教育活动随机性、变动性大，没有成为基层组织的常规性、日常性工作内容，形成庞大的人口基数与教育资源的巨大差距。

研究认为，课程实施中的不协调现状与我省民族教育政策目标之间的巨大反差，重要原因在于目前开展的民族地区成人教育存在以下课程政策问题：

（1）课程价值模糊。为什么举办课程？为谁举办这些课程？课程的举办要巩固和维护谁的利益？哪些利益？对这些问题，民族地区成人教育决策和管理机构缺乏全局性、长期性、战略性认识。

（2）课程政策统筹不足，政策统一性、稳定性、科学性不足。目前民族地区的成人教育管理机构很多，从现象上看大家都在尽心竭力解决三农问题。农口、林口、教育口、科技口、扶贫口、财政口都在做工作，摊子铺得多，但统筹不足。

（3）课程权力高度集中，社会和个人课程权力被忽视。课程决策权、审查权、实施权主要集中在相关各级行政机关及其授权机构，成人学习者学习权益和教育的社会利益被忽视。

（4）地方性、民族性课程资源没有得到充分重视，课程适切性不足。

（5）课程政策实施评价机制不健全，对民族地区成人教育课程组织和评价尚未建立科学合理的制度，标准和规范不明确，课程政策绩效评估和政策调整失范。

（6）课程开发和实施的物质保障薄弱，国家课程主体投入不足，投入数目弹性大，政策预期不明朗。

（7）课程政策决策组织不够健全，“谁争取到资金谁说了算”，教育行政部门和民族自治机关介入不足，有关课程开发、设计、实施、检查等专业技术规则没有得到尊重，课程权力与课程责任失衡。

（8）课程政策制定程序尚需民主化、科学化、规范化。

（三）对策建议

增强政府对民族地区成人教育课程政策的使命感和责任感，统筹课程政策；建立和完善民族地区成人教育课程管理体制，加强课程监管；强化社会课程权力，完善社会课程权力表达机制；重视民族地区成人教育课程资源开发，促进地方课程良性发展；建立和完善民族地区成人教育课程决策机制。

课程政策预期：凸显政府服务理念，强调针对弱势群体所提供的教育产品的公共属性，通过政府统筹，以政府购买服务的方式，建立健全课程招标的竞争模式，引导和调动社会机构和民族地区成人的广泛参与，使民族地区成人教育的课程在资源开发、课程设计、实施标准、课程审查、绩效评价等各环节逐步社会化，并建立一个公开、公平和公正的课程体系，最终构建一个开放的、充满生机的，有中国特色、云南特点的社会主义的民族地区成人教育课程政策体系。

三、研究成果的学术价值、应用价值及社会影响和效益

该课题形成了 8 项阶段性成果，其中 7 项已公开发表：（1）《课程政策与民族地区成人教育课程组织形式的创新》刊于《继续教育》2010 年第 4 期；（2）《改革开放以来成人教育政策的价值变迁》刊于《昆明理工大学学报（社会科学版）》2010 年第 1 期；（3）《云南新华村民族手工艺集群学习共同体研究》刊于《云南民族大学学报（哲学社会科学版）》2010 年增刊；

(4)《论成人课程资源的开发与利用》刊于《云南民族大学学报(哲学社会科学版)》2009 年 12 月增刊;(5)《U - learning 与终身学习的时代契合——浅 U-learning 环境下的终身学习》刊于《成人教育》2009 年第 11 期;(6)《近十年我国成人教育课程研究综述》刊于《成人教育》2009 年第 5 期;(7)《开拓办学思路应对新的挑战——我国成人教育发展与改革探析》刊于《理论探讨》2008 年第 12 期。其中,《近十年我国成人教育课程研究综述》被中国人民大学书报资料中心 2009 年第 8 期全文转载。另有论文《成人高等教育课程政策展望》将刊发于《中国成人教育》。

这些成果的公开发表,使“民族地区成人教育课程政策”这一课题在一定范围内引起了关注,对总结和宣传云南省民族教育经验、促进云南省民族地区成人教育的课程研究和课程改革产生了积极影响。

课题名称:云南少数民族成人教育课程政策研究
课题负责人:杨　述
所在单位:昆明理工大学
主要参加人:王　凌　李天凤　杨　斌　李孝川　钟　维
罗华玲　李方方　周诗伍
结项时间:2010 年 11 月 21 日

云南成人高等教育的发展状况及对策研究

一、课题研究的目的和意义

通过对云南成人高等教育的发展状况及对策研究，深入了解云南成人高等教育发展状况、存在的问题，提出相应的发展对策、模式和理念，制定云南成人高等教育改革和发展纲要。研究具有重要的理论意义和现实意义。

二、研究成果的主要内容、重要观点和对策建议

该研究的主要内容共分为三个部分，即发展理念篇、实践报告篇和规划报告篇。发展理念篇《云南成人高等教育的发展理念》为五章，即适切性发展理念、跨越式发展理念、终身教育发展理念、学习型社会发展理念、和谐社会发展理念。每一章都分别从五个理念的概念溯源和内涵着手，正确认识五个理念，研究五个理念对云南成人高等教育的影响。实践报告篇《云南成人高等教育的发展状况及对策研究》部分共为三章，即云南成人高等教育发展基本状况研究、云南成人高等教育实证研究、云南成人高等教育问题聚焦与对策研究。主要研究了云南成人高等教育发展的历史溯源，近十年来的主要贡献，发展中存在的问题

以及针对问题提出了相应的对策。规划报告篇为云南成人高等教育改革和发展规划纲要（2010—2020 年）。

1. 云南成人高等教育的适切性发展理念研究

从适切性理念概念溯源，从正确认识它的内涵着手，通过对云南成人高等教育适切性的实证研究，发现云南成人高等教育在专业设置、课程设置、教学方法、教材使用等方面都不同程度地未能适切成人学员个性、市场需求和成人教育特点。为了使云南成人高等教育达到适切性质量，提出了强化云南成人高等教育适切性的策略选择，如通过课程开设、教学合作、培训开展、招生变革等手段来加强云南成人高等教育与职业界的联系和合作；通过对课程计划、课程内容、教学方法、教学组织结构的改进来促进云南成人高等教育教与学的革新；增强云南成人高等教育与学生的身心发展和就业就职需求之间的适切性，如发展成人教育个性、培养质量文化；发挥云南成人高等教育的特色性、边疆性、民族性、西部性优势；加强云南成人高等教育的研究功能。创造性地提出了基于适切性理念的云南成人高等教育发展的四个模式，即“个适”模式、“内适”模式、“外适”模式以及“特适”模式，与此相适应的云南成人高等教育应该体现教学方式的灵活性、教学管理的开放性、教育内容的针对性、教学方法的独特性、教育类型的多样性、教育效果的速成性、专业课程的民族性、成人高等教育国际化。

2. 云南成人高等教育的跨越式发展理念研究

从跨越式发展理念的理论溯源出发，认识其内涵，进行了关于云南省成人高等教育跨越式发展的思考。分析了云南成人高等教育实现跨越式发展的必要性，认为跨越式发展云南成人高等教育是云南赶上全国成人高等教育发展水平的必由之路，是由教育本身的特点所决定的，是西部大开发对成人高等教育提出的必然要求。分析了云南成人高等教育实现跨越式发展的可行性，认为西部大开发战略的实施，为云南成人高等教育的跨越式发展提供了前所未有的历史机遇；计算机信息技术的高速发展为云南成人高等教育的跨越式发展提供了技术支持；教育消费的长盛不衰为云南成人高等教育实现跨越式发展提供了广阔的空间。提出了云南成人高等教育实现跨越式发展的对策建议，认为实现云南成人高等教育的跨越式发展要加大教育的融资力度，加大管理力度，提高教育质量，坚持教育创新，发展特色教育，培养适地人才，大力发展远程教育，使云南成人高等教育以高新技术为依托，获得跨越式发展。

3. 云南成人高等教育的终身教育发展理念研究

通过认识终身教育发展理念的概念和内涵，阐述了终身教育和传统教育的区别和终身教育体系的构建，从分析成人高等教育在终身教育体系中的地位和作用的角度，来阐述终身教育与成人高等教育的关系，认为成人高等教育是构建终身教育体系的重要依托，是终身教育体系建立和发展的有效途径，在推进终身教育发展中起到“火车头”的作用，是终身教育的重要实践领域。开展了终身教育理念下云南成人高等教育发展的思考，认为构建适切的云南成人高等教育体系是终身教育的现实诉求；云南成人高等教育体制的改革与创新是终身教育的时代诉求；云南成人高等教育学历与非学历的互动是终身教育的本质诉求。

4. 云南成人高等教育的学习型社会发展理念研究

阐述了学习型社会理念的概念内涵、形成因素、主要特征和功能，认为学习型社会的主要特征体现为学习大众化、学习终身化和学习体系的社会化。分析了学习型社会理念对成人高等教育的影响，表现在要加大对成人高等教育的投入、发展继续教育和岗位培训、关注学习者特点和发挥学习者的主体作用。进行了基于学习型社会理念的云南成人高等教育发展的思考，认为云南成人高等学校要从“传统型组织”向“学习型组织”转变；成人高等教育要向开放式、服务型、多样化转型；要构建普通高等教育与成人高等教育沟通衔接的“立交桥”，改革大学入学选拔制度，严格把好“入口关”，实施完全学分制，采用统一的培养标准和培养方案，课程考试应灵活多样。

5. 云南成人高等教育的和谐社会发展理念研究

阐述了和谐社会理念的内涵；分析了云南成人高等教育在构建“和谐云南”中的地位和作用，认为构建社会主义和谐社会理念确定了成人高等教育的社会地位，彰显了成人高等教育的社会价值；进行了基于建设“和谐云南”理念的云南成人高等教育发展的思考，认为建设一个平安和谐的云南是每一个云南人的共同心愿，也是云南省发展的终极目标。为此，云南成人高等教育要开发人力资源，提供人才支撑，坚持公平原则，协调社会各方利益关系，立足省情，办出特色。

6. 云南成人高等教育发展基本状况研究

云南成人高等教育从历史发展的角度来说，可以分为五个发展时期：(1) 创建与探索时期（1956—1966 年）；(2) 停滞时期（1966—1976 年）；(3) 恢复时期（1978—1986 年）；(4) 改革与拓展时期（1987—1997 年）；(5) 创新与发展时期（1998 年至今）。每一个时期都有相应的制度和模式。

从年代纵向发展的角度与普通高等教育横向比较的角度，按办学层次和办学形式对云南成人高等教育的学校数、在校生数、毕业班学生数、毕业生数、计划招生数、实际招生数、招生完成率的发展情况进行了系统的定量和定性分析。同时也对云南成人高等学校专任教师、占地面积、校舍建筑面积、藏书、固定资产值等方面的发展基本状况进行了详细的定量和定性分析。

对云南成人高等教育在云南高等教育以及在提高云南省整体学术与专业水平、公民与个人素质的贡献进行了研究，分析了云南成人高等教育在云南高等教育毛入学率的贡献率、云南成人高等教育在非学历教育上的贡献等。

通过研究发现，云南的成人高等教育在其发展过程中取得了一些成绩。截至2008年，全省59所普通高校中，已有49所举办了成人高等教育，独立设置的成人高校2所。2008年云南成人高等教育毕业生数为50 495人，招生数为58 256人，在校学生数达162 183人，毕业生班学生数为49 406人。2008年云南高等教育毛入学率为16.17%，云南成人高等教育的毛入学率约为4.95%，云南成人高等教育毛入学率在云南高等教育毛入学率中的贡献率约为30.60%。近十年来，云南成人高等教育在云南高等教育毛入学率中的贡献率约为30%。在职研究生高学历层次教育需求不断上升。云南成人高等教育成为云南高等教育的有机组成部分。然而，最近几年云南成人高等教育的招生规模、在校学生数出现萎缩趋势，特别是在教育部2007年出台停招脱产生以来，更是如此。当前，云南成人高等教育的发展处于转型时期，学校改组或合并，成人高等学校数量减少也是必然的发展趋势，发展重心也逐步在转移，由重视学历教育逐步转向非学历教育。

7. 云南成人高等教育实证研究

课题研究采用了问卷调查、访谈等研究方法，从社会需求、学员需求、培养质量、师资队伍、专业设置、课程设置、教学方法、教材使用、教学管理、教育资源等维度对云南成人高等教育发展状况进行了实证研究。

通过研究发现，云南成人高等教育机构所能提供的教育机会与公民接受高等教育的需求日益增长之间的矛盾并没有得到根本解决；在基础教育师资学历提升方面，可谓任重而道远，社会接受云南成人高等教育的需求还有很大的空间；报考本科、研究生高学历人数增加；全日制脱产生的数量将逐步减少。

学员对学习需求持一种实用为主的观点，即想取得文凭进而求得职业地位提升成为参与成人高等教育的一个强烈的动机。学员的学习积极性态度和学习风气一般。

教育质量不高，社会认可度总体评价一般，高等教育发展最主要的因素是教学条件。大部分学生和教师认为成人高等教育学历的社会竞争力不太乐观。

师资队伍在很多方面的能力都需要改进和完善。如在开展教学改革和实验方面、指导学生实践探索方面、学术科研方面。大部分教师对学校考核评价标准持“比较合理”的态度，但对目前所享受的福利待遇表示不满意，而且也很少获得带薪参加职后培训的机会。

在专业设置、课程设置、教学方法、教材使用等方面都不同程度地未能适切成人学员个性、市场需求和成人教育特点。如现用教材内容过时、不实用；专业课程设置与普通高校本、专科的专业课程设置基本一样，未能根据市场需求调整专业设置；多数教师缺乏对成人独特的学习心理的了解和研究，忽视成人高等教育与普通高等教育的差异性。

成人高等教育学校的图书馆、网络及教材等方面的硬件条件并未引起学校足够重视。图书馆规模太小，资料陈旧欠缺，学生对学校宿舍、后勤服务也表示出很大的不满。

8. 云南成人高等教育问题聚焦与对策研究

当前云南成人高等教育发展过程中存在的问题主要聚焦在思想认识游离飘忽、发展模式僵化单一、队伍建设相对滞后、教育评价功能弱化、教育市场倾向显著等，并针对问题提出了相应的对策，要明确与端正思想认识、继承与变革发展模式、调整与加强队伍建设、重视与规范教育评价、增长与保障教育投入等建议。具体体现在：要重视成人高等教育，建立健全制度保障体系，转变办学指导思想和目标定位，建立先进教育的观念；建立合理的管理体制，创新教学模式，改变专业以及课程设置，编制实用性强的教材，开放办学，发展社区教育，开发符合民族特色的地方性课程；树立教师队伍的责任感，优化结构，加强专业技能培养；建立严格的评估制度，增加教学设施设备的投入。

9. 云南成人高等教育改革和发展规划纲要（2010—2020年）

规划纲要分为四个部分，即指导思想、战略目标、发展任务和保障措施。提出了“基本实现云南成人高等教育现代化，构建较为完备的终身教育体系，基本形成学习型云南”的战略目标；明确了“加快发展成人高等教育，建立健全成人高等教育体制机制，搭建终身学习‘立交桥’”三大发展任务。

三、研究成果的学术价值、应用价值及社会影响和效益

（一）学术价值

正确认识云南成人高等教育发展的状况及对策问题，力求对研究的问题有较为深刻的认识，正确认识云南成人高等教育发展理念，厘清发展理念之间的内在联系及其整合点，为构建云南成人高等教育全面、协调、可持续发展提供理论支持，为社会学、教育学等学科的发展与创新尽一份微薄之力。

（二）应用价值

在对社会需求进行调查和云南成人高等教育存在的问题进行分析的基础上，提出云南成人高等教育发展对策建议，进行基于发展理念促进云南成人高等教育全面、协调、可持续发展的思考，制定出一个较为完整、合理、科学的云南成人高等教育改革和发展规划纲要，为云南省政府、高校决策提供咨询参考。

（三）社会影响和效益

该研究的两篇成果论文《成人高等教育评估实践与反思》、《中法成人教育比较研究》分别在人大报刊复印资料《成人教育学刊》2010年第2期、第4期全文转载，在成人教育研究领域产生了一定的社会影响和效益。

课题名称：云南成人高等教育的发展状况及对策研究
课题负责人：柳　景
所在单位：云南师范大学
主要参加人：卢朝佑　刘应兰　沈　旸　王学锋　王宏伟
　　　　　　苏文虹　樊　燕　殷雪娇
结项时间：2011年3月18日

网络舆情与云南高校思想政治工作的应对问题研究

一、课题研究的目的和意义

（一）研究目的

该课题旨在针对网络舆情对云南高校思想政治工作的问题与影响，探索云南高校思想政治工作中网络舆情的特点和规律，主动应对网络舆情挑战，加强网络舆情引导工作，不断提高云南高校网络舆情工作的针对性和实效性，促进云南高校思想政治工作的实践创新。

（二）研究意义

从理论上讲，该课题的研究有助于辩证地认识网络舆情对云南高校思想政治工作的影响，探索云南高校网络舆情的运行规律，科学指导云南高校的网络舆情工作，促进云南高校思想政治工作的理论创新。从实践上讲，该课题的研究有助于把握云南高校网络舆情的基本现状，针对网络舆情对云南高校思想政治工作的影响，结合云南高校网络舆情的基本规律，研究云南高校网络舆情的应对策略，促进云南高校思想政治工作的实践创新。

二、研究成果的主要内容、对策建议

（一）主要内容

1. 网络舆情概述

网络舆情系指在网络空间中，多数网民针对自己关心的与自身利益相关的某一焦点或热点问题所持有的带有倾向性的意见或者言论的集合，包括网络媒体言论、网民言论（如新闻组言论、在线聊天言论、电子公告板言论、博客言论）等，具有直接性、突发性、丰富性、互动性和偏差性等特点。其基本形成模式是：网络媒体的新闻报道或网民通过互联网对事件的报道→网民通过新闻跟帖、BBS 讨论、电子邮件、网络日志或一些即时通讯工具表达意见→意见在反复互动过程中“滚雪球”般地汇聚成带有某种利益诉求和价值观念的网络舆情。其形成诱因主要有社会矛盾、偶发事件以及个人诉求的表达等，运行过程分为起始、扩散和整合三个不同阶段，同时遵循着“两级传播”、从众效应和“沉默的螺旋”效应等传播规律。

2. 网络舆情对云南高校思想政治工作的影响

一方面，网络舆情对云南高校思想政治工作赋予了新的机遇，如网络舆情为云南高校大学生思想政治教育开辟了广阔的发展前景，改变了云南高校大学生思想政治教育的传统模式，有利于提高云南高校大学生思想政治教育的针对性和实效性，促进云南高校大学生思想政治教育创新；另一方面，网络舆情也对云南高校思想政治工作带来了新的挑战，如网络舆情的特殊性、多元性、分散性、实时性、交互性、开放性和复杂性等易给云南高校大学生思想政治教育带来群体事件、信息辨别、教育方式、舆情监控等方面的挑战；同时，网络舆情还对云南高校思想政治工作提出了新的要求，如网络舆情作用的凸显要求云南高校思想政治教育必须树立阵地意识，网络舆情的快捷性和互动性要求云南高校思想政治教育必须增强及时性与交互性，网络舆情的多元分散与冲突要求云南高校思想政治教育必须注意教育的整合性等。

3. 网络舆情与云南高校思想政治工作的现状分析

从云南 8 所高校网络舆情工作的调查结果来看，网络日益成为云南省大学生获取和传播舆情信息的主要渠道，大学生网络舆情日益成为一股不容忽视的潜在力量；尽管绝大多数学生对网络舆情的功能角色具有较正确的认知，但一些大学生的网络舆情传播行为知行不一，存在感性大于理性的盲目现象；同时，当前云南省大学生网络舆情引导工作中存在着重硬性封堵轻柔性疏导、重道德说教轻人文关怀、重单边行动轻协调配合、重管理控制轻制度规范、重硬件建设轻队伍培养等问题。为此，采取科学的引导策略，提高云南省大学生网络舆情的引导效果是做好网络舆情与云南高校思想政治工作的必然选择。

另外，从云南高校发生的三起典型杀人案件引起的网络舆情引导情况来看，云南高校尤其是事发高校网络舆情引导工作中存在着诸多值得反思的问题，如硬性封堵无法阻止网络传播、真相公布迟滞滋生网络谣言、沟通不畅缺乏媒体联动引导、管理不力凸显机制建设不全等。为此，如何建立健全突发事件应急预案，提高危机处理能力，加强校园安全教育管理，理应是云南高校网络舆情引导中必须引起高度重视的问题。

（二）对策建议

针对云南高校网络舆情工作的现状调查中反映出的问题，结合网络舆情运行的主要特点和基本规律，科学应对云南高校思想政治工作中的网络舆情问题，需要从云南高校网络舆情的信息梳理、监控方式、应急管理、引导艺术、机制建设等方面着手。

1. 网络舆情信息梳理方面

首先，需要通过网上收集与网下收集有机地结合，多途径、多形式地做好云南高校网络舆情信息的采集工作；其次，在全面掌握大学生网络舆情信息的基础上，集中进行定量分析和定性分析；再次，根据分析研究结果，按照学校的网络舆情信息处理机制，科学、准确、及时地分类处理好各种舆情信息。

2. 网络舆情监控方面

一是要分门别类地厘清网络舆情监控的主要内容，把握实时监控的重点对象；二是要从堵、防、控、导、查等方面建立一个完整的监控系统，全方位、立体式地监控网络舆情状况；三是在监控技术方面可汲取话题发现与追踪、倾向性趋势分析、多文档自动文摘等成熟技术的经验，尽力做到监督到位，防控有效。

3. 网络舆情应急管理方面

首先，必须改变传统的网络舆情应急管理方式，以积极引导取代盲目封杀，以真诚面对取代置之不理；其次，需要成立网络舆情应急管理中心，制订有效的网络舆情应急预警方案；最后，通过建立网上网下联动应急处理机制，妥善处理善后事宜，不断提高网络舆情应急管理水平。

4. 网络舆情引导艺术方面

一是需要以主导性、及时性和互动性为原则，牢牢把握网络舆情传播的主动权；二是需要通过网络议程设置、加强网络把关、培养“意见领袖”、把握 BBS 导向来积极引导高校网络言论；三是需要通过发挥校园网络媒体的育人功能、引导大学生养成良好的网络行为习惯、加强大学生的网络心理调适来促进大学生的网络自律教育；四是需要通过强化社会控制、营造网上网下良性互动的舆论氛围、组织开展丰富多彩的校园网络文化活动来营造良好的校园舆论氛围，以强化云南高校网络舆情的引导效果。

5. 网络舆情的机制建设方面

需要通过建立健全网络舆情组织领导机制、网络舆情预警机制、网络舆论引导机制、网络新闻发布机制、舆情队伍建设机制和网络舆情保障机制等，为促进云南高校网络舆情引导工作提供有效保障。

三、研究成果的学术价值、应用价值及社会影响和效益

（一）学术价值

通过该课题研究，有利于充分认识网络舆情对云南高校思想政治工作带来的新机遇、新挑战和新要求，提高对做好云南高校网络舆情工作重要性的认识；有利于充分了解和掌握云南高校网络舆情工作的基本现状，探索分析云南高校网络舆情的基本成因、类型特点，把握其运行的基本规律；同时，也有利于科学指导云南高校的网络舆情工作，促进云南高校思想政治工作的理论创新。

（二）应用价值

通过该课题研究，可为积极应对网络舆情对云南高校思想政治工作带来的新挑战提供具体的工作指导；为提高云南高校网络舆情工作的针对性和实效性提供现实的决策参考；为加强和改进云南高校思想政治工作提供有效的改革动力。

（三）社会影响和效益

云南高校网络舆情问题已经引起了云南教育工作者和云南高校师生员工的关注，尤其是发生在云南高校的三起杀人案件，不仅引起了巨大的社会反响，而且也引发了人们对加强大学生教育

管理和网络舆情引导的深刻反思。同时，该课题的研究成果已在云南部分高校得到了参考和运用。

课题名称：网络舆情与云南高校思想政治工作的应对问题研究
课题负责人：徐绍华
所在单位：昆明理工大学
主要参加人：彭　颖　蔡春玲　任　祥　徐庆生　潘伟华　徐　爽　刘迎春　钟金栋
结题时间：2010 年 12 月

抗战时期云南高等教育的流变与绵延

一、课题研究的目的和意义

作为中国抗战史和高等教育史研究的一个重要课题，抗战时期云南的高等教育占有十分特殊而重要的地位。抗战时期的中国高等教育在抗敌御侮的艰难环境之下，为中国近代文化事业作出了历史性贡献。就云南而言，随着内迁高校的迁入，不仅使云南第一次有了全国一流的大学，而且对于抗战之后云南高等教育的发展的影响也是至为深远的。对抗战时期云南高等教育的研究，无论从理论还是实践来看都显得极其迫切和重要。

迄今为止，就课题所主要采用的高等教育史学科建设还称不上得到真正深入和拓展。当前，战时高等教育专题研究仍较为薄弱，以校史为主题的著作、资料在高等教育史成果中占据着相当大的比重，作为专章系统介绍抗战时期区域性高等教育的专著则寥若晨星。就区域高等教育史研究而言，虽多有学者涉足其中，但系统性、综合性研究较少，部分重要历史事件欠翔实，史料亦有待挖掘、补充。从成果形式来看，多以方志、史志、文史资料、回忆录等形式出现，虽在一定程度上较为忠实客观地还原了历史，但由于过多局限于叙述特定区域高等教育之大端，大部分著作仍局限于“一本专著几篇文章”式的概略性介绍，“小而全”的叙事体例结构尚难以反映特定时期宏观背景之下高等教育的发展状况，加之流通渠道极为有限并缺乏较为深入的“史论结合”式研究，这也使得各类专题史研究在思想性、学术性、评论性等方面略显阙如。而作为一个整体研究战时云南这一特定区域的高等教育发展轨迹和内在规律，深入研究的成果还较为陈乏，研究也尚属单薄和零碎。由此，关注并深入研究抗战时期云南高等教育的流变及其之后的绵延过程，对于深入了解和研究战时高等教育的变迁与发展趋势都是重要的。

二、研究成果的主要内容、重要观点

研究报告基于抗战这一特定时空背景下云南高等教育的产生、发展和变迁的历史考察入手，在战前中国及云南高等教育研究的基础上，深入分析了战时教育思潮、教育宗旨及方针政策、高等教育区域布局变化、内迁高校及云南地方高等教育的发展状况。重点考察了国立西南联合大学、国立同济大学、国立云南大学等高校在抗战烽火中的办学活动以及梅贻琦、蒋梦麟、张伯苓、黄钰生、熊庆来等教育家的教育思想与教育实践。通过对抗战前后区域高等教育的对比研究，总结出战时云南高等教育流变与绵延的内在运行规律以及战时云南高等教育相对于区域社会的改造及其影响的结论。具体研究内容如下：

（1）相关概念界定（语义辨析、已有研究分析）。

（2）战前中国高等教育的发展（战前不同区域高等教育的演进与改造）。

（3）战时中国高等教育状况（教育思想、区域布局、教育宗旨、教育的实施）。

（4）战时内迁云南的高校（教育体制、师资力量、人才培养、学术管理）。

（5）战时云南地方高等教育发展（教育机构、体制、制度安排、教育交流）。

（6）战时云南高等教育对区域社会的改造及其影响（经济改造、社会结构与社会风气转变、文化传承、教育促进、爱国民主运动）。

（7）战时云南高等教育思想及教育家（教育思想评述：战时教育、通才教育、大众教育、国民教育、生产教育；教育家及教育主张）。

（8）战后云南的高等教育（教育政策迁变与临时措施、内迁高校复员、云南高等教育的调整与发展）。

（9）战时云南高等教育发展的历史考察（经验启示、文化考察、历史价值分析）。

课题把抗战时期云南高等教育作为一个整体的文化精神表征，以战争时期（1937—1945 年）云南高等教育发展背景、规律、问题的探究为经，以高等教育模式的转换、传统调适的流变研究为纬，以高等教育的事类、体制、理念为块，从政治角力、社会教化、地域文化等广义教育概念着眼，融史论与今鉴于整体性研究之中。通过课题综合研究，在以下方面有所突破：从研究立意上，通过多维性与多样性的研究视角，在传统史学宏观研究基础上，强化中观和微观系统性研究，使研究切合学科的发展逻辑。从研究内容上，注重凸显现实性与系统性。既有对教育政策、制度的研究，也有对教育实施状况和后果的探究；既有对教育现状、原因、规律的研究，也有对流变的追述与评论。

课题认为，正是抗战时期云南高等教育的这段教育流变史，客观上使得先进的科学技术、思想文化在云南广阔的时间、空间上进行了成功的转移和传播，云南的高等教育质量发生了根本性变化，高等教育面貌也由此焕然一新。大量科技人才的流动、进步言论的充实、科学理念的注入，使云南的高等教育呈现出新的发展势头，闭塞、落后的面貌开始呈现出新的发展态势。这对于之后云南高等教育的发展是弥足珍贵的。

课题认为，战时云南高等教育的流变与绵延，总体而言是一个复杂的社会系统，涉及政治意识形态层面、组织结构层面、社会结构层面、教育管理层面、科学技术层面。课题突破了从经济视角探讨高等教育所带来的急功近利与心浮气躁，也注重对政治视角探讨高等教育时意识形态藩篱的剥离，更加注重从文化视野的角度考虑文化的中介转换作用和影响。战时云南的高等教育作为一个整体的文化精神表征，从某种角度看是一种抽象的存在，然而它对云南开发这一历史功绩，实际上已深刻地体现于中国20世纪战时大学变迁所引发的促进西部落后地区发展的总体特征之中。

课题认为，云南高等教育流变与绵延的历史演变和现实发展，是在内外压力和需要的综合作用影响之下，通过不断变革的发展过程而导致的历史结果和自然产物。正是高等教育与政治、经济之间的文化转换机制，使得文化既存在于高等教育的内部关系中，又存在于高等教育的外部关系中，同时它还起着沟通高等教育内外部关系的桥梁作用。深入关注和研究抗战时期云南高等教育的流变与绵延过程，对于理解云南高等教育的历史演变和现实发展，特别是揭示高等教育与社会经济、政治的复杂关系和对高等教育“内源的教育制度”的追寻有着重要的意义。

课题认为，深入研究战时云南高等教育的流变与绵延过程，是传承云南少数民族文化的需要，是化解区域文化冲突的需要，亦是创建云南区域和谐社会的需要。在新的时期，我们要深入发挥大学环境文化的熏陶作用，积极发挥大学精神文化的主导作用，充分发挥大学行为文化的示范作用及大学器物文化的传袭作用。我们还应在现有情境下，最大限度地激发云南区域大学在文化影响方面的作用，促成大学文化引领职能的回归，使大学在区域人才培养、科学研究和服务社会方面达到完满的结合，使大学真正通过对人的教化来推动其作为社会轴心的运转，通过其各种作用的综合交互，促进云南区域经济社会的发展。

三、研究成果的学术价值、应用价值及社会影响和效益

通过战时云南高等教育这一特定历史时空背景下史论的观照，可真实地反映战时中国高教史的整体性、综汇性状貌，进而深入地理解其在影响中国教育走向上的重要地位，如此既能使传统史学研究深入底里，获得真解，又能探幽致远，描述"一致而百虑"的史学发展轨迹，可从一个侧面充实我国高教史研究的视阈，另一方面，将战时云南高等教育置于整个民国时期高等教育发展演进的历史链条上，全面地从政治、文化和认识论的高度上完整地理解抗战时期高等教育领域的种种变动，通过历史经验的扬弃与反思，我们可以更为睿智和全面地把历史理性与当代现实统一起来，为当前云南高等教育的改革与发展提供警示和决策参考。

在预期可实现理论与实践的意义上看，对于战时云南高等教育流变与绵延的针对性研究，可以从一个更为直观的角度反映出战时高等教育的变迁与发展趋势，可以使我们从一个侧面清晰地窥见现代民族、国家与教育之间复杂的关联和互动关系，可以较好地发挥史学以史为鉴的研究功能，为加快当前西部地区高等教育发展提供经验总结，对于抗日战争时期特定区域的高等教育研究亦有着积极的示范意义。

课题的研究得到了国际著名的高等教育研究学者、英国伦敦大学名誉院士、加拿大多伦多大学安大略教育研究院的许美德（Ruth Hayhoe）教授，中国高等教育研究会校史研究分会学术委员会主任、中国地方教育史志研究会学术交流委员会常务理事、

天津市教育史研究会副理事长、南开大学校史研究室主任、博士生导师梁吉生教授的关心和指导，他们还亲自为研究报告作序。此外，作为知名的西南联大史研究专家，《国立西南联合大学史料》系列丛书的两位主编：云南师范大学原党委副书记林丽生同志、云南师范大学原统战部部长杨立德同志对全书进行了审读，并提出了许多中肯的意见和建议，为课题的科学严谨奠定了坚实的基础。

课题名称：抗战时期云南高等教育的流变与绵延
课题负责人：任　祥
所在单位：云南师范大学
主要参加人：吴宝璋　和向朝　张　建　朱　俊　龙美光
段从宇　郑　云　杨燕江
结项时间：2011 年 10 月 12 日

艺术学

东南亚民族音乐概论

一、课题研究的目的和意义

东南亚国家是我国的近邻，尤其今天，东南亚国家与我国的政治与经济的交往日益频繁，而我国人民对近邻的文化艺术的各方面情况，如周边国家的文化有何特点？文化的发展上有何相似与不同？东南亚文化艺术是属于什么样的风格等却知之甚少。我国已有一些专家长期从事东南亚的古今历史、社会、文化、文学、军事等历史的研究，并出版了这方面的书，却很少有人去研究东南亚的艺术。该课题主要为我国的读者加深了解东南亚的文化，以便与东南亚国家在文化交流中有更深的接触和理解而撰写；国与国之间的交往，只有官方及商业上的交往，难以在文化的相互理解上有更深的了解；要想和世界各国友好相处，只有通过文化上的相互交流、相互沟通与帮助，才会真正地理解，才会有共同的语言。这也是该课题的研究目的之一，同时，在音乐教育上，从事音乐者通过了解东南亚音乐与文化人类学在这一领域的具体事例等，无疑会从生动的人类文化与不同民族音乐的例子中获得更多这方面学科的知识。

要讲述民族音乐，必须将东南亚极其复杂的民族（仅缅甸的民族，据有关书籍介绍就有 130 多种，印度尼西亚有约 300 个民族）、宗教（东南亚是世界三大宗教与印度教的传播地，还不包括本土宗教与图腾文化）、环境、生产、生活、文化、习俗、战争、思维，以及被欧洲列强殖民统治等诸多背景文化了解清楚，才能够解释东南亚各国的民族文化。因此，只有从文化人类学的角度，通过大篇幅的有层次的论述，才能够清晰地讲述东南亚民族音乐的诸多问题。东南亚国家有如此复杂的文化发展过程，其民族文化，包括音乐的发展必然是繁杂多变、绚烂又精彩的。

二、研究成果的主要内容、重要观点

（一）主要内容

（1）主要讲述东南亚音乐文化形成的历史、环境、社会、宗教、民族、民俗、战争、思维、古代文明、文化风格，以及被欧洲列强殖民统治等背景对民族音乐发展的影响。其中包括东南亚环境与文化演进状况、早期国家及历史概况、世界三大宗教对东南亚文化的影响、东南亚古国的艺术复兴、战乱频繁与艺术的融合等。

（2）主要讲述东南亚各国的音乐特点，以及文化的不同、差异、相似、大同中的不同风格形成的原因；环境的不同产生社会的多层面及文化的整体性与文化的多样性是东南亚文化的特点；由于该课题的重点是泰国和缅甸音乐，为了让读者更能够分辨清楚这两个不同民族的国家，却因信仰同一种宗教（南传上座部佛教），而使他们在音乐及各种文化的发展上产生许多相似的元素等种种原因。其中包括东南亚岛国音乐文化、中南半岛诸国歌乐文化、东南亚文化与南传佛教艺术等内容。

（二）重要观点

（1）古人一旦接受某种新的大宗教文化，出于对新宗教的无比崇敬，会全身心地去模仿这个宗教的所有文化，当然，也不能排除传教国有可能会派各行业的专家到这些国家传授技艺，使接受国的古迹里留下诸多他们的杰作，从印尼的婆罗浮屠、柬埔寨的吴哥窟（11 世纪之前的作品）、越南的占婆古塔、老挝的塔銮寺、泰国的巴吞古塔、缅甸蒲甘部分古塔等都能看到东南亚早期的佛塔与印度建筑风格有较多的相似点。

（2）人类是一种情感极为丰富的物种，正因为感情的深挚，人类极善于从自己民族的功利需求出发，去接受外界的文化，也因此，同属一种宗教，在不同国家的文化表现上会各不一样。

（3）当一个国家的民族文化发展进入成熟阶段时，他们会很强调自己国家民族的个性，于是，他们在借鉴别人的文化与自己民族传统文化的保护中会更加注重民族的个性。

（4）“美学”不应沉迷于外在美的渲染。我国古人的智慧，在文化的发展上很注重阴阳的协调。因此，现代社会文化的发展，需要注重人的内在心灵研究，由此，笔者给人的思维划分七个层次，以此来界定心灵丑恶者，目的是让人们看清丑恶者的灵魂，其应该受到社会的唾弃，思维高尚者应当得到人们的敬仰与学习。

三、研究成果的学术价值、应用价值及社会影响和效益

东南亚是一个战略重地，也是世界各种文化、宗教传播的要地。儒教、道教和汉传佛教曾在越南及东南亚各国的华侨华人中传播；伊斯兰教大约在公元 13 世纪逐渐成为海岛民众笃信的宗教；16 世纪，基督教和天主教也随欧洲的商船进入东南亚，并成为菲律宾的国教；16 世纪以后的数百年里，欧洲列强对东南亚各国的瓜分、殖民统治，使东南亚人民饱经欺压，在枪口的奴役下接受了西方的先进文化。

面对有如此复杂历史的东南亚各国，他们的音乐也必定会在这种错综复杂的文化影响下形成，这是民族音乐学不可忽视的一个重要的人类文化发展区域。由于这个区域的民族来自四面八方，其大部分民族又属于蒙古人种。他们的文化也就具有某种本质上的整体性“元素”。而各国民族的生存环境，以及接受外界文化上也存在多与寡的差异，因此，他们的文化，尤其是音乐文化的发展及表现上，自然会存在多样性和特殊性。

东南亚国家与我国相邻，特别是云南省与东南亚多国接壤。云南民族文化艺术与周边国家民族的文化艺术自古以来都有着密切的联系。因此，云南若只闭门研究云南的民族歌舞和其他的文化艺术，会很难弄清楚有些民族文化的来龙去脉，以及内与外的文化碰撞、相互吸纳、交流、融合、变异、发展等诸多的问题。华夏民族有一部分文化，在新中国成立后几次的政治运动中被盲目地铲除。而在国外，有些同宗民族的文化仍能够在相当漫长的时间里按自然的规律去发展。对它的借鉴和研究非常有意义。

云南的艺术教育，以及我国的音乐教育，缺少对周边国家的文化了解，是一大缺憾，讲授东南亚的民族音乐没有相应的教材，也很难使学生了解和掌握这方面的知识。故此，该课题经过多年的资料收集、整理、研究、分析，试从东南亚的大区域里，深入了解各国民族的居住环境、文化环境、民族历史、生产劳动、生活习俗、审美爱好、宗教信仰、殖民统治、社会发展等，从文化人类学的角度去探讨东南亚的民族音乐。

课题名称：东南亚民族音乐概论

课题负责人：朱海鹰

所在单位：云南艺术学院

主要参加人：熊力波　任　雪　李小岗　王邦飞

结项时间：2010 年 8 月 11 日

佤族民间乐舞研究

一、课题研究的目的和意义

少数民族的民间艺术是我国少数民族群众融劳动、生活于一体的集体创作活动的产物，它反映了一个民族的精神历史，是民族、族群的文化、思想、精神和审美意识的共同结晶，具有典型的人文学科特征。作为我国这样一个多民族的国家，如何深入研究、了解各个少数民族的文化、思想，是国家以此为载体，促进民族团结、构建和谐社会的重要途径之一。立足于云南本土，研究少数民族代表性乐舞，有如下的价值和意义：

1. 文化价值

佤族是云南省的独有民族之一，根据我国第五次人口普查统计，佤族共有38.3万余人，主要分布在澜沧江、萨尔温江之间，怒江山脉南段地带。历史上，佤族都是采取刀耕火种的轮种制，基本上是一直处于原始社会。新中国成立以来，佤族社会从原始社会末期一步跨入社会主义社会，而且佤族历史上没有文字，只能依靠语言、音乐、舞蹈为载体，表现人民的历史、情感等等。所以在佤族文化形态上，在很大程度上较原始、较完整地保留了原始社会末期时的状态。可以说，佤族的音乐、舞蹈文化是我国少数民族艺术文化史上的活化石之一。

2. 教育价值

课题的研究成果将以教材、论文（集），以及大型舞台汇演的形式反映出来。教材可以向学生介绍佤族的音乐、舞蹈、民族器乐，并延伸至佤族的历史、内涵、特点等；论文（集）可以以非常直观的形式面向学生、面向社会，更大层面地向外界介绍佤族音乐、舞蹈的表现形式及其独具魅力的特点。同时，可以以此为契机，作为一个系列的起跑线，继续立足本土，延伸至云南省，甚至我国的其他少数民族，将我国的少数民族音乐、舞蹈艺术系统、全面地梳理和归纳。以大学生为载体，进行少数民族艺术文化的教育和传播，为民族艺术文化的继承和发展作出贡献。

3. 产业价值

在经济转型期和市场经济非常迅猛发展的时候，那些民族民间自然传承的文化既有根深蒂固的本质，又有它脆弱的特点。说它根深蒂固是因为，这些民族民间艺术都是劳动人民在生活中通过不断创造、再创造而来的，是劳动人民集体智慧的结晶，然后通过世世代代的口传心授，历经很长时间的历史检验才保留到现在的；但是，原来相对封闭的少数民族地区不可避免地受到汉族文化和现代化的强烈冲击，这种对新事物的好奇以及现代化经济带来的明显转变使得很多民间自然传承的文化又显得非常脆弱。由于少数民族地区大多经济相对落后，那种对传统的民族民间文化进行耗费大量人力、物力、财力的博物馆式保护是不切实际的。课题组强调保护与开发并重，试图通过课题研究及成果推广，以当地的传统节日、活动为载体，经济搭台、文化唱戏，以具有艺术力、冲击力的音乐、舞蹈来大力支持当地旅游文化产业。文化与经济互为辅助，不但以流动的、活的方式有效保护了少数民族民间音乐、舞蹈，更是对旅游文化产业的大力辅助与补充。

二、研究成果的主要内容

(一) 教材《佤族乐舞》

著作和配套DVD、VCD碟片于2008年9月分别由云南民族出版社和云南教育音像电子出版社出版。

教材第一次尝试着把舞蹈、器乐与声乐三个不同艺术门类结合在一起。从掌握佤族民间歌、舞、乐基本风格特征的角度出发，按照民族民间乐舞的规律由简到繁、由浅入深，同时也展示了佤族民俗及风情。其中每个篇章里都配有大量图片资料，同时整个教材配以DVD教学光盘与VCD音乐光盘，方便大家在教学中进行直观的学习。如此科学、全面、系统地教授和介绍一个民族的民间艺术文化的高校艺术类教材属国内首创。此课题的研究成果有助于提高学生对佤族的民族民间乐舞概貌的基本认知度。同时，填补了全国高校民间乐舞教材的空白。本教材介绍了佤族的音乐、舞蹈、民族器乐，并延伸至佤族的历史、内涵、特点等。经由中央部属院校和省内专家组成的鉴定组对本教材鉴定，给予充分的肯定和高度赞扬，教材被评为一等级别。北京舞蹈学院赵铁春副教授说："《佤族乐舞》教材具有很高的学术价值与实践意义。它有利于民族舞蹈文化的继承和发展，有利于以多样化的方式传承民族舞蹈文化。该教材的开发，丰富了我国的民族舞蹈体系。开掘了新的动态样式。"中央民族大学舞蹈学院朴永光教授说："他们将云南本土多种舞蹈形式整理成教材并进入到大学课堂，这不仅是一种有效的民族艺术的保护、继承，更是开拓性的，是国家提出非物质文化遗产保护在大学课堂上的具体有效的实施。"省内专家说："这是一项具有民族代表性的艺术科研和艺术教育工程，教材以'乐'、'舞'为突破点，对佤族原生态民间歌舞进行了深入的挖掘、整理和编创，较好地解决了传承与发展、特色与创新的问题，开创了云南高等艺术教育乐舞教材研究的先河……可以广泛运用和具有推广价值。”我们可以以此课题为契机，继续立足本土、深入研究云南省的其他少数民族音乐、舞蹈艺术，为创建云南少数民族系列教材、建立云南少数民族艺术教育体系而努力。

（二）佤族歌舞乐《重彩·佤山》

课题的研究成果之一是以大型舞台晚会的形式反映出来。由云南艺术学院文华学院与沧源佤族自治县政府、云南省舞蹈家协会合作共同打造的佤族歌舞乐《重彩·佤山》于2008年7月31日在昆明剧院首演。并于2008年12月参加云南省纪念改革开放30周年暨第十届新剧（节）目展演。于2008年12月8、9日作为展演闭幕式演出，并获展演“综合一等奖”、“编导一等奖”、“音乐创作一等奖”、“舞美设计一等奖”及8个二等奖、4个三等奖，共16个等级奖。2009年2月在中共云南省委宣传部举办的第五届“云南文化精品工程”评选活动中被评为2008年“云南文化精品工程优秀剧目”。2009年获中国“荷花奖”舞剧、舞蹈诗比赛剧目铜奖和表演铜奖。2009年5月1日作为沧源佤族自治县第五届“摸你黑狂欢节”开幕式专场演出。

以上获奖情况是社会各界对其继承、保存和发展民族文化产业的作用给予的充分的肯定。佤族歌舞乐《重彩·佤山》的合作模式和成功证明利用高校的科研创作力量与地方少数民族资源相结合，对发掘、保护和发展少数民族民间文化遗产和发展地方文化产业是一条可行有效的路子。

（三）论文专著《佤族民族民间乐舞赏析》（电子课件）

《司岗里的乐舞》约36万字，含上篇“司岗里的乐舞和佤族民族民间乐舞赏析”，下篇“佤族乐舞研究论文集”，共16篇论文。其中介绍了佤族的音乐、舞蹈、民间器乐，并延伸至佤族的历史、内涵、特点等，包含佤族的民间音乐、舞蹈、民族器乐的研究信息。

佤族民间音乐舞蹈既是云南歌舞艺术宝库中一颗璀璨夺目的瑰宝，又是研究佤族历史及文化的一部活的教科书。佤族民间音乐舞蹈内容丰富多彩，生活情趣浓烈，舞蹈动作古朴、浑厚、粗犷开朗、热情豪放，风格特色浓郁。佤族舞蹈的舞姿、韵律、民族情感的表现都不同于其他民族舞蹈，它让演员身体的各个部位，尤其是使躯干中段各关节协调自如，得到松弛、解放，具有极高的训练价值。同时，佤族丰富多彩的民间音乐、舞蹈，形象真实、生动地再现了佤族从人类起源到社会历史的发展，生产生活、宗教信仰、民族性格、审美性格、审美情趣、风俗习惯的形成等等。

三、研究成果的学术价值、应用价值及社会影响和效益

该课题研究以传承、保护、发展和研究佤族传统文化为出发点，以创建云南高等艺术教育中独特的“云南民族民间艺术教育体系”为目的，对佤族民间歌曲、舞蹈、民族器乐进行系统全面的研究，力图发掘出佤族最具代表性的民族民间歌、舞、乐，创建一套有代表性的佤族民间歌、舞、乐的研究成果，对佤族民间文化遗产的继承和发展作出努力。课题采取与沧源县的佤族专家合作，共同进行研究的方式，取得了一定的成果。

此外，课题组在探索如何有效利用丰富的地方民族文化资源，发挥高校科研创作的优势，联合地方政府力量，传承发展少数民族文化等方面，以课堂教学为阵地，科研成果为依据，依托教育这个大平台，以“歌、舞、乐”三位一体的艺术形式，遵

循学校与地方政府相结合、共发展的原则，科学地、全面地、系统地把佤族文化通过教学发扬光大，共同致力于开拓和发展云南各少数民族地方文化产业。

课题名称：佤族民间乐舞研究

课题负责人：岳亚明

所在单位：云南艺术学院

主要参加人：康建中　唐　镛　鲍志明　杨丽萍　田　飞

结项时间：2010 年 8 月 21 日

云南少数民族图案暨图形元素保护性整理与开发运用研究

一、课题研究的目的和意义

今天，深深植根于各少数民族日常生活之中而散发着浓郁乡土气息的、有着悠久历史传统的、作为云南少数民族艺术组成部分的、承载着深厚民族文化内涵和具有独特视觉形式的云南各少数民族的图案暨图形元素正在全球化、现代化与城市化的冲击下或淡出、或消失、或变形异化，更多的还是快速地消亡，几十年前能够在少数民族生活中随处看到的，今天已经所剩无几。

2003 年我国实施“中国民间文化遗产抢救工程”，同年 8 月云南省依法对全省民族民间传统文化进行科学、规范的普查。要传承和发扬云南少数民族具有代表性的图案暨图形元素，仅做普查或形式性的工作显然是不够的。如不深入细致、融入多学科、从不同角度出发对具有代表性的云南少数民族图案暨图形元素进行收集、整理，并加以开发性利用研究，那么积淀了几千年并承载着深厚传统民族文化的云南少数民族图案暨图形元素就会永远失去它们原来的面貌或永远地消逝。

近年来，国内外专家学者也在不同方面对云南少数民族民间文化作了许多研究，但是他们都是从人类学、文化学、民俗学、民族学等理论的角度作的深入研究。而对曾经是艺术院校工艺美术基础教育内容的少数民族图案暨图形元素，在20世纪90年代中期以前曾经有人对其进行过研究，但都局限于一定层面，更没有人在开发运用方面紧密结合社会的发展需要作深入、广泛的研究，尤其是没有人把少数民族图案暨图形元素与经济的发展相结合作运用性的研究。

相比较而言，对于独具特色的民族文化艺术的保护，欧、美、日等发达国家的经验表明，最好的保护并不是把它们存放起来或束之高阁，恰恰相反，是紧密结合日常生活，把它们运用于日常生活事务之中，比如，许多国家把它们运用于旅游产业的新产品开发之中、运用于民族民间工艺品的开发之中、运用于传统产品的开发之中、运用于实用物品的开发之中等。云南少数民族图案暨图形元素在社会和经济发展中的运用性开发，正是云南许多方面可持续发展的空间所在。

近几年来，政府在原生态民族歌舞、原生态民族影视及民族民间文学等方面给予了很大关注和支持，投入大量人力物力，使得这些领域取得了很大成效。但这仅仅是深入挖掘民族民间文化艺术的开端，从纵向和横向的比较而言，从时代发展的状况而言，其关注的广度和深度还不够，其深入挖掘的力度也还不够，疏忽了一些最基本、最基础的东西——作为构成云南民族文化、云南民族艺术基础部分的云南少数民族图案暨图形元素正是其中之一。

对独具特色的云南少数民族图案暨图形元素进行保护性整理，并在此基础上探索如何开发运用于建设云南“民族文化强省”和“旅游大省”的经济发展中，如何运用于培养社会需要的艺术设计人才教育之中，使其在运用中得到保护和传承，正是该课题的研究目的和意义。

二、研究成果的主要内容、重要观点和对策建议

（一）主要内容

课题从不同的视角，以民族学、人类学、民俗学等前人的理论成果为指导，结合实地田野考察，以发展的眼光对独具特色的云南各少数民族图案暨图形元素进行了系统收集，而后开展了系统性梳理和开发运用的研究工作；进一步完善了云南少数民族图案暨图形元素的图文资料，进而进行有针对性的研究，提出相应的保护、利用思路；开辟利用现代信息技术手段来保护独具特色的云南少数民族图案暨图形元素，设计制作了数字化推介网页，为系统地宣传和展示云南少数民族图案暨图形元素提供了新的形式；把云南少数民族图案暨图形元素与当今艺术设计教育结合起来，探索其传承与利用，探索培养适应发展本土经济和发展本土文化所需要的专业设计人才的教育模式。

课题认为，最好的保护就是把云南少数民族图案暨图形元素整理提炼出来，以恰当的方式把它们运用于人们的吃、穿、住、行、用等方面，这等于复苏它们原始的性灵和传统的深厚内涵。把该课题做成一个系统性工程的开端，旨在理清云南少数民族图案暨图形元素的整体脉络及开发运用的总体思路，使该课题有后续研究的拓展性，并使其与后续研究形成承上启下的系统性研究关系。

以调查研究和实地深入考察为依据，探索云南少数民族图案暨图形元素在当今生活形态下的保护模式及利用方法，传承和发扬云南少数民族图案暨图形元素的精华，使其存活于当今社会发展之中、存活于人们的日常生活之中。把云南少数民族图案暨图形元素的造型原理与学院艺术设计教育相结合，培养传统民族民间文化的继承人、发扬者，同时促进云南民族民间文化艺术的发展，促进本土经

济的发展，促进云南“民族文化强省”、“旅游大省”的更好发展。独特的云南少数民族图案暨图形元素在各个方面都起到最为直观、最为直接的显现效果和作用，因为云南“民族文化强省”和“旅游大省”的建设必须讲求特点、特色，由于人们对云南的认知和感受是从视觉开始的，而这“特”恰恰可由云南少数民族图案暨图形元素等视觉形态来引导和产生。因此，把传统的、今天已经消失或逐渐在消失的少数民族图案暨图形元素挖掘、整理出来，运用于环境规划、景观设计、产品开发设计、产品包装设计、企业形象设计、展示设计、广告设计等之中，运用于人们日常事务的各个方面，无疑更能塑造出鲜活的有别于全国其他地方的云南“民族文化强省”和“旅游大省”的形象来，也更加有利于云南经济的可持续发展。这是该课题研究成果中对“云南少数民族图案暨图形元素开发运用”的主要创新点。

（二）最终成果形式

1. 最终成果之一是《云南少数民族图案暨图形元素保护性整理》图集

该图集汇集了云南25个世居少数民族具有传统特色、典型特征、普遍性使用的图案暨图形元素。此成果历时近两年，分为三个步骤：收集、整理、绘制。收集从两个方向展开：一是从文本、图册、刊物等资料中进行收集，二是从田野考察所拍摄的相片中进行收集。整理时，把所收集到的各少数民族的图案暨图形元素作不同民族、不同地域、不同支系、不同时代等的比对，再进行筛选、归类整理。之后是扫描输入计算机进行图像处理，以平面软件绘制出具体的图案暨图形元素，并配与相应的文字。

2. 最终成果之二是“云南少数民族图案暨图形元素推介网页”设计（数字光盘）

为加强对“云南少数民族图案暨图形元素”的推广宣传，

加强与外界的学习交流，促进云南“民族文化强省”与“旅游大省”形象的建立，遵照课题申请书的承诺，我们设计了形式感强烈、极具云南民族特色的“云南少数民族图案暨图形元素”网页。把此网页设计与政府宣传机构的网站相链接，即可浏览云南25个世居少数民族的典型图案暨图形元素。

3. 最终成果之三是“云南少数民族图案暨图形元素开发运用研究”设计方案图集

该设计方案图集以各少数民族典型图案和特色图形元素为依据，把它们恰当地运用于人们的吃、穿、住、行、用等各个方面的事务用品设计之中，旨在为云南少数民族图案暨图形元素的广泛性和深入性开发运用作探索性研究，为最终的价值体现作出启迪性的示范。

4. 最终成果之四是“研究报告和论文”（报告册和论文集文本）

该项成果包括1个总报告、4个分报告以及由10篇论文组成的论文集，是对云南少数民族图案暨图形元素现状考察及开发运用研究的学术性理论成果。

总报告分别就选题的意义和价值、课题组的基本工作、课题研究的主要内容及基本思路、方法和创新点、课题研究的对策建议、课题成果的学术价值与应用价值以及社会影响和效益、成果存在的不足或欠缺与尚需深入研究的问题作了阐述，并作了总结。4个分报告是4条考察路线分别对几个少数民族和一个少数民族图案暨图形元素现状的反映和考察者的心得感想。

论文集中有四篇论文作为阶段性成果已经发表，分别发表在《民族艺术研究》2009年第6期、《今日民族》2009年第4期、《大舞台》2010年第4期、《大众文艺》2010年第1期，其中有一篇已被《云南艺术学院学报》采用，其余几篇已经投刊。

（三）重要观点和对策建议

（1）不断健全和完善保护少数民族文化艺术的法律法规。尤其是对于那些即将消失的文化艺术，制定相应的倾斜性政策。在各州、市、县健全保护其属地范围内各少数民族图案暨图形元素的法规，对各少数民族典型的、独有的图案暨图形元素作为公共性文化艺术资源进行注册，给予专项保护。

（2）不仅在政策上要有倾斜，在资金上也要有专项投入，并保证资金使用到位。在全省各州、市、县及乡镇文化站建立所居住民族的日用图案暨图形元素的视觉图像档案和文字说明档案，由专人管理。利用各种条件，运用各种方法，挖掘、收集整理各历史阶段发展中，在吃、穿、住、行、用等方面使用的图案和图形元素，逐渐完善图像档案和文字档案资料。并注意收集新产生和演变的图案和图形元素。

（3）利用网络、电视、无线电、报刊等当代各种多媒介渠道、手段加强宣传，合理引导，肯定和强调少数民族文化艺术的价值，使各少数民族真正意识乃至深刻认识到本民族的文化艺术在当今的价值和意义，树立各少数民族对自己文化艺术的自信心、自豪感，坚定各少数民族传承和光大自己文化艺术的信心。

（4）在全省建立若干个传承各少数民族图案及图形元素开发应用的保护性基地，如在滇中、滇东、滇南、滇西、滇北、滇东南、滇东北、滇西南、滇西北等地，依据其民族资源的状况，规模可大可小，形式方法不拘一格。这些基地可以与传统民族民间工艺的传承、云南民族文化强省和旅游文化大省的建立相一致，使云南少数民族图案及图形元素的保护不只停留于展示，而是在人们普遍性观赏和接受使用中得以发扬光大。

（5）在全省各地州建立属地范围内少数民族图案及图形元素的专题性博物馆，以声、光、电、视、听、触等相结合的方式，构筑融观赏、学习、教育为一体的展场。从小孩开始，加强民族文化艺术的宣传教育，为少数民族文化艺术的传承奠定后备人才。

（6）利用各种渠道，加强和促进国内、国际民族文化艺术的合作与交流，把云南少数民族图案及图形元素的经典艺术形式向国内和国外各族人民展示，同时学习他们在保护和发扬民族图案及图形元素方面的好的方式方法。

（7）政策支持、资金扶持，鼓励创新，大力发展与各少数民族图案暨图形元素相关的其他产业。

三、研究成果的学术价值、应用价值及社会影响和效益

（一）学术价值

1. 对推动少数民族图案暨图形元素研究的价值

该课题的研究将在一定层面上引领和推动“云南少数民族图案暨图形元素”方面的研究。20 世纪 60、70、80 年代期间，曾经掀起过对“云南少数民族图案”的研究热，但没有产生系统性的成果。80 年代中后期开始，随着改革开放的深入，国外新思想、新观念的不断涌进，对“云南少数民族图案暨图形元素”研究的冲击就更大，尤其是长期以来“重纯艺术轻工艺美术”、“重西方艺术轻中国艺术”、“重现代艺术轻民族民间艺术”思想意识的盛行，使得对“云南少数民族图案暨图形元素”的研究变得无人问津。该课题将重启这一工作，引领和推动学术界在云南少数民族图案暨图形元素方面的研究。

2. 对云南少数民族图案暨图形元素史及其运用史的研究价值

该课题的研究，将会较全面、具体地为云南少数民族图案暨图形元素发展、演变及其开发运用史研究提供系统性资料，在开发运用研究方面起到抛砖引玉的示范作用，并以此促进与提升人们对云南少数民族图案暨图形元素价值的重新认识和重新定位。该课题本

身也是一项填补云南少数民族视觉艺术史的研究，尤其是有益于云南少数民族实用艺术史和云南少数民族设计艺术史的研究。

3. 使相关学科和学术领域形成融合的价值

该课题将在广泛的领域起到促进和充实的意义作用。诸如促进艺术院校的设计学科和设计专业、科研机构中的相关领域等的研究，其中的开发运用研究必将形成一个新的热点，使艺术院校的学科建设、科研机构中的应用型研究得到充实和扩展新的实用性领域，并且有益于相关学科、学术领域的结合。

4. 对少数民族视觉艺术相关学科基础文献研究的价值

该课题的研究，使我们重新认识了少数民族视觉艺术基础文献研究对今天学术研究发展的意义。尘封已久的文献不仅承载和反映了传统文化艺术而具有其记录的意义，更是今天人们进行研究的源泉和养料，是承续历史、回复本原的依据和线索。研究相关的少数民族视觉艺术文献具有基础性的价值。

（二）应用价值

该课题成果既是对传统的云南少数民族文化艺术的全面、系统的再认识，也是一种对本土文化的保护，更是一种继承和发扬。要继承，就要对它进行全面系统的研究，并以合理的方式进行保护；要发扬，就要把它与当今社会的发展相结合，运用于人们的实际生活之中，为人们的吃、穿、住、行、用等各个方面服务，并体现出自己特有的内在价值。也就是既继承传统的云南少数民族文化艺术，又合理引导使云南少数民族的传统文化艺术向着契合客观规律的方向发展，并使之得以发扬光大。

（三）社会影响和效益

要建立“云南民族文化强省”需要多样化的各少数民族根脉性的传统文化的彰显。该课题承应建立“云南民族文化强省”

的良机，其成果自然也是为其服务。另外，云南具有丰富的旅游资源，这其中包含着自然资源和人文资源，自然资源是固定的，人文资源却有着无限的延伸性，二者互为补充、相互促进，人文资源也是旅游者来到云南最大的一个“看头”。而这人文资源正是由各个少数民族多样性的文化艺术所构成。如果趋同所导致的是一致性的“视像”，那么“看头”也大打折扣或随之丧失，建立“旅游大省”也就失去了鲜活的内容，并将显得“空淡”。

国家和政府近年来加大了对各少数民族地区的经济发展，尤其是新农村建设政策的实施，促进了各少数民族区域经济的发展。该课题适应于国家和政府对各少数民族地区经济发展的大政方针，从各少数民族自身传统文化艺术的角度出发，找寻适合于各少数民族自身经济发展的契合点。这既是对少数民族自身传统文化艺术的延续，也更符合各少数民族自身的状况，同时，也不失为是全方位发展各少数民族经济的较好方式、方法和途径。

所以，该课题成果不论是对于建立“云南民族文化强省”与“旅游大省”，还是对于各少数民族区域发展经济及促进新农村建设都具有重要的社会影响和效益。

课题名称：云南少数民族图案暨图形元素保护性整理与开发运用研究

课题负责人：胡云斌

所在单位：云南艺术学院

主要参加人：张　勇　黄吉淳　廖　昕　王力强　周映河　刘恩鹏　吴化雨　尤　阳　杨　帆　朱　芳　李正周

结项时间：2010 年 9 月 21 日

建水紫陶工艺的传承与开发研究

一、课题研究的目的和意义

建水紫陶是云南地方民间工艺品，它以独特的工艺和艺术特色而闻名于世。建水紫陶曾经有过辉煌和灿烂的历史，至今依然具有很大的影响。今天，我国经济、文化正处于一个高速发展的阶段，这也是云南文化产业亟待加紧建设和发展的时机，建水紫陶面临着巨大的机遇、考验和挑战。多年来，建水紫陶的特色就是依赖于传统的手工艺技术，并且在此基础上一直发展良好，但是由于当今社会发展的诸多环境因素的改变，紫陶工艺也受到了很大影响，一些传统独特工艺和技术正在消失，紫陶产业的发展也受到了制约。行业整体的发展与社会的要求仍有距离。因此必须加紧对建水紫陶进行保护，对传统的优秀工艺技术进行研究，并加以传承和发展，否则紫陶这一特色传统工艺的未来将面临极大的危机。

在云南大力发展民族文化强省的战略目标中，基本的内容和核心要点就是坚持发掘地方和民族文化资源，发挥自身优势。研究和开发建水紫陶工艺正是朝着这个目标的具体举措之一，建水紫陶的工艺特点吻合了当今社会对于文化艺术品的属性要求，建水紫陶的特殊工艺充分体现了云南地方民族文化，在保持传统的基础上创造新的艺术样式，为传统工艺的现代化适应和创新发展走出新的道路，为云南众多传统工艺的发展起到了示范作用。

二、研究成果的重要观点、对策建议

该课题围绕“特色”对建水紫陶的工艺及特色进行分析，在此基础上提出拓展紫陶工艺的具体设想和方法，同时也有针对性地作了部分产品开发设计，用理论与实践结合的方式表现了对建水紫陶研究的观点、设想和示范性设计。

1. 特色是建水紫陶之根，特色与原材料、工艺技术、人文历史传统紧密相关

建水紫陶的特色主要体现在对紫陶的独特视觉感受和材料物理、化学性能上的差异，而这些特殊的感受和性能都源于建水紫陶材料选用的特殊与工艺方法的特殊。建水紫陶的艺术特色是色彩沉稳不浮、质地细腻，貌如琼玉、明亮如镜，在这种材质的特色基础上，更由于艺人们创造性的想象与技术的合理运用，把建水紫陶的材料特点与艺术表现完美地结合，真正体现了形式与内容的相辅相成。中国书法、绘画在建水紫陶中经过刻、填、打磨等工艺，使得传统书画艺术更具特点，形成别样的趣味，传达着特殊的魅力。“残贴”更是表现到了极致，不经意的几片相异的书法字体和各色的贴片重叠和交错，让人颇有古朴而清新、轻松而又庄重、典雅不俗的耐人寻味的感受，可以说是一绝。建水紫陶的造型形式端庄，符合中国的传统审美取向，造型样式简洁、饱满、完整，具有象征、寓意、含蓄的中华文化特有的艺术表现特征。从装饰上看，其多以传统书法和绘画为主要装饰的形式，以深褐色、褐色的色彩衬托白以及浅色调的黄、蓝、红等，对比既显明而又统一，色彩分明而又协调，这些也都是极为合理和准确地掌握材料，并将其特质发挥和艺术表达完美融合的结果。

2. 建水紫陶原材料、工艺技术、艺术与观念均有其特殊性，并相互作用和影响

来自于本地的建水紫陶的陶土矿物和化学成分有一定的特殊性，更由于建水紫陶艺人们采取了独有的原料加工办法，所以形成了建水紫陶泥料极其细腻的特点，这种细腻特点提供和满足了建水紫陶的成型与装饰工艺的需要，并促成了建水紫陶工艺和艺术特色的形成。建水紫陶原料处理的基本程序是陶土精选及粉碎、原料配比、浸泡洗泥、澄泥发酵、揉泥混合，这样就可以得到制作所需的泥料了，这种古老、简单的工艺程序中却隐藏着产品特色构成的玄机。建水紫陶特殊的成型方法和装饰技艺形成也与它的原料有极大的关系，紫陶工艺最大的特色在于装饰技法上的与众不同，填刻方式在陶瓷装饰中绝无仅有，这与建水陶土的细腻和原料的加工密不可分，建水紫陶装饰的方法和技巧就是在这样的物质条件下，充分地发挥了它的特殊属性，并形成了一套自成体系的工艺方式，也就是特色的一部分。特殊的材料与工艺同样会对人的观念产生作用和影响，人们总是最大限度地、合理地利用材料和技术，并且在建水的历史文化背景下得以发挥，观念和文化也是特色构成的重要因素，云南特殊的地理环境，多元文化必然对紫陶的造型、装饰等风格、内涵产生作用，也对材料和工艺技术产生影响，由此相互的作用关系，最终形成建水紫陶的特殊形态和艺术表现。

3. 建水紫陶需要创新，工艺需要拓展，需要对工艺方法进行改进

特色是建水紫陶的核心，特色也是建水紫陶发展的基础和保证，在紫陶艺术的创新和开发的过程中，必须始终以特色为依据和方向，运用种种技术与艺术的手段对建水紫陶的优势加以保护和继承，对不足和欠缺的方面进行改善和补充，这样才能真正让建水紫陶适应社会和跟上时代。本项目研究的工艺拓展的具体办法主要有 7 个方面：用填刻的传统特色去表现新的造型；以部分

的磨光结合不同肌理的对比；以贴片的手段结合新方式抛光解决异型器的难题；以粗料做骨架，化妆土为表层的方式突破大型器物的难关；以手工塑造手段丰富造型的多样性和人性化；吸收云南元素去创造有特色的装饰纹样；利用多种复合材料结合，创建新的造型样式。上述方法都是在建水紫陶原有的基础上，学习和借鉴了其他陶瓷的工艺方法并与建水紫陶结合进行的创新设想，目的是既能保持原有特色，又能适应时代的发展需要，在工艺技术的层面加以改进和拓展，弥补自身的不足，为以后的产品开发和发展打好基础。

4. 对建水紫陶产品的开发研究和创新设计

建水紫陶的传承和保护不仅要继续原有的制陶工艺技术和艺术表现，更应该树立在创造中发展的观念意识，社会是在发展的，事物也是在时间中变化的。所以对于建水紫陶我们都应该有一个居安思危和与时俱进的理念，用思想的更新和技术的改进来保持与社会同步，跟上时代的发展。用创新来强化建水紫陶的艺术特色，来完善建水紫陶的艺术与技术的体系构筑。建水紫陶创新的总体原则依然是紧抓自身特色，围绕特色来改进和发展技术，在特色基础上加强建水紫陶的文化，特别是地域文化内涵，发掘和弘扬建水紫陶的物质和文化资源。深刻了解当今社会人们的需求和所想，掌握市场的趋向和洞察市场变化因素，从设计上能够适应社会以及引导人们对建水紫陶艺术的欣赏和消费。从过去建水紫陶狭小的适用范围扩展到人们生活的方方面面，开辟建水紫陶的新的应用领域。产品设计可以从多个方面去进行，如文具、陈设品、茶具、旅游纪念品、园林小品、现代陶艺等。尤其在茶具上更具典型，云南是普洱茶的故乡，近年来，普洱茶已经在国内外打造成了极有影响力的品牌，但是却缺少配套的普洱茶具，从文化的完整性上思考这是有缺陷的，因此从云南省的文化产业发展的高度上去看待普洱茶，看到建水紫陶应有责任去填补这个空白和欠缺，当然对建水紫陶也是一个机遇，伴随普洱茶的发展去创造有特色的普洱茶具。以上这些方面的创新设计一定要立足在特色上，要有显明的地方和民族特点，可以从云南的民族文化和元素中进行学习和借鉴。

三、研究成果的学术价值、应用价值及社会影响和效益

该课题结合社会发展变化对建水紫陶的现状进行探讨和论述，研究成果具有一定的学术水平和学术参考价值。课题设计作品投入到生产和制作中，将对建水紫陶的产品设计产生一定的影响，从而带动建水紫陶的创新开发和走上注重产品的开发和设计的道路。云南众多的民族民间工艺种类都存在着一些相似的问题，该课题的研究方法可以作为其他项目研究的参考和借鉴，课题关于民族民间工艺的发展和对于特色的认识，以及在发展与社会关系等方面的认识和观点也同样适用于其他民族民间工艺的研究工作中，尤其对建水紫陶在管理、市场营销和运作等方面具有一定的参考价值和意义。

云南省有许多类似建水紫陶这样的民间工艺需要保护，需要传承，建水紫陶的研究不仅仅是其本身，如能做好，必然产生积极的社会影响，许多其他民间工艺也能从中得到启发和借鉴，对带动相关产业的发展起到一定的促进作用。

课题名称：建水紫陶工艺的传承与开发研究
课题负责人：董万里
所在单位：云南艺术学院
主要参加人：张永宁　田树勋　谭知凡
结项时间：2010 年 9 月 21 日

云南省演出演艺产业改制与可持续发展研究

一、课题研究的目的和意义

2002年以来，伴随着演艺业发展的大环境不断改善，云南省演艺业也不断壮大，目前已进入全国同行业十强之列，成为当前中国演艺强省之一。但是，在产业不断发展壮大的背景下，一些薄弱环节也逐渐显现，主要有：国有艺术院团活力不足。与蓬勃发展的民营演艺企业相比，我省国有艺术院团还没有体现出应有的优势，市场生存能力较差，在市场上也没有太多突出表现。文化体制改革已成为激发国有院团活力、推动演艺产业发展的体制动因。但当前文化体制改革所释放的文化生产力还不足，国有艺术院团创造了众多舞台演艺精品，但大多还没成为能够在市场获取丰厚回报的演艺产品。

演出演艺业如何实现可持续发展成为一个重要的时代命题。文化体制改革中的艰巨性和复杂性不言而喻，如何进一步深化文化体制改革，不断发展壮大我省演艺业，如何保持云南省演艺业的领先地位进而可持续发展，寻求科学有效的对策和方法已成为一个日益重要的命题。因此，该课题组的部分成员针对上述薄弱环节对云南省演出演艺产业发展状况展开了较为翔实的调查，并在调查基础上结合实践领域展开对该命题的研究。课题以对我省演艺演出业现状的分析为基础，以现在行业存在的薄弱环节为研究突破口，坚持理论联系实际，坚持理论服务社会的原则，将在如何进一步深化文化体制改革，不断发展壮大我省演艺业，如何保持并提升云南演艺业的领先地位进而从可持续发展等方面展开系统研究。该课题成果是我省文化产业理论研究的重要组成部分，对于建立地域性产业理论体系，对于云南省文化体制改革的深化和改制基本完成之后如何进一步发展本省演出演艺企业、拓展市场以及在新时期演出演艺产业走上新台阶有较强的现实意义。

二、研究成果的主要内容、重要观点和对策建议

在为期一年多的研究过程中，课题组对云南省各地州文化体制改革状况和取得的成绩进行了资料收集；对云南省演艺产业的现状、特点和主要数据进行了收集、分析。前往广州、长沙等地实地调研、考察。通过完整的调研过程，获得了一批关于演出演艺业的一手数据和资料。这些资料对于后续研究工作的开展具有重要的战略意义。在所获得的这些数据中，有些是以前未列入统计口径进行统计的，有些是原来从未进行系统搜集整理的。可以说，具有较高的学术价值和产业价值。

（一）主要内容

研究报告对我省演出演艺产业所呈现出的特点进行了分析，认为我省演出演艺产业具有产业知名度高，产业类型丰富，经济效益较好，产业发展潜力巨大，发展优势明显等特点。同时，根据演出产品的性质，把演出市场作了旅游演艺业、艺术演出业、娱乐演出业、大型演出业和农村演出业等几种类型的划分。对我

省发展演出演艺产业的优势进行了分析，提出了我省具有外部大环境的优势、民族文化资源优势、民族歌舞艺术资源优势和产业平台优势等四大优势。在此基础上，研究报告较为详尽地介绍了云南省演艺事业发展的基本状况，并着力从五个方面分析了我省演艺产业的发展现状：第一，从市场空间和消费空间来分析，我省旅游演艺产业以旅游业为平台，已逐渐形成滇中、滇西北、滇南三个产业中心和产业集群带，呈现出明显的区域性布局特征。第二，大型演出产品具有明显的特点。比如运作方式往往采用国际巡演方式；演出冠名权出让成为支撑大型演出产品销售的重要手段、演艺业与其他产业具有互渗性。第三，对昆明剧院 2007、2008 年度演出基本情况进行了数据分析，提出我省艺术演出业呈现昆明剧院“一枝独秀”的状况。第四，提出娱乐演出业是娱乐业与演出业相结合的交叉性行业。第五，以曲靖农村文化户模式、临沧演艺人才输出模式为例对农村演出业发展基本情况进行了阐述与分析。

（二）重要观点

研究报告对我省演出演艺业现状与发展趋势进行了分析和理论探讨。创新性地提出旅游演艺业品牌化经营格局已经形成；演艺业产业链不断延伸；旅游演艺差异化竞争态势已经形成；资源资本和资金资本共同推动云南旅游演艺产业发展；认为坚持创新是云南演艺业实现快速发展的不竭动力。

研究报告分析了演艺业发展中面临的主要问题。认为公共文化服务功能发挥不足；国有艺术院团市场生存能力较弱；演出场馆数量不足，硬件条件差是制约产业和事业发展的客观原因。认为文化体制改革还需进一步深入；演出经纪行为不规范，演出行为不规范。另外，报告还提出我省演艺产业发展存在三个方面的不平衡，即艺术演出产业呈现单极的发展态势，存在极大的地区间不平衡。其次是旅游演艺业存在巨大的区域性不平衡。第三是存在演出产品输入与输出不平衡的问题。

（三）对策建议

针对提出的问题，研究报告提出了相应的对策，主要是：政府应站在维护公民基本文化权益的高度，加大公益性文化事业的投入，抓住我国近几年拉动内需的大好形势加大投入力度，夯实演艺业场馆基础；应当出台鼓励政策，鼓励民间资本、社会资本进入演艺业，进入剧场硬件设施建设，使昆明乃至云南的演出剧场条件早日得到改善。需进一步深化文化体制改革，增进国有院团的市场竞争力。要加强农村公共文化服务体系建设，开拓农村演出市场。要加强文化消费引导，培育演艺消费市场。要加强昆明与各州县的联系，借鉴国内演出联盟的经验，建立云南省内的演出联盟，联盟共享信息、共享产品、共享资源、共享收益、统一宣传并共担风险，这样可形成以昆明为中心、辐射各州市的演出产业链条，一些成本低、艺术水准高的外地演出产品可在省内进行巡演，各州市市场前景好的作品，也可通过演出联盟进行省内巡演。报告还指出应该明确对营业性演出的管理权限和管辖范围。在县一级地区应加快扶持设立演出经纪机构，鼓励社会力量依法组建演出公司和演出经纪公司，逐步规范初级的演出市场，同时对各种演出经纪行为和演出行为加强监督管理，保证演艺产业健康有序发展。

该课题研究成果之一《云南省演出演艺业发展道路的深入探索》一文详细列出云南省演出演艺业当前存在的问题，诸如：(1）本地院团“乏本地市场”；（2）演出高票价；（3）演出演艺企业单兵作战，且管理不规范；（4）政府定位不明确等问题。并从产业发展链各个主体责任目标的角度出发，有针对性地提出解决上述问题的建议：一是演出演艺企业、剧场和演艺团体建立演出院线体系制度，提升自身竞争力，不断开阔思路，尝试拓宽传统演出演艺业的空间，加大对传统演出演艺业的改造，引进连锁经营模式，造就一批富有影响力和市场竞争力的龙头企业，实行规模经营、产业带动；二是要积极开拓新的市场，如农村市场；三是要积极与国际一流娱乐公司合作，争取在我省建设具有国际水准的大型主题游乐园项目，形成演出演艺业与娱乐业的相互支撑。

该论文还提出从政府层面，应制定相关政策法规整顿和规范演出市场秩序，积极推进文化体制改革，增强国有演出单位经营活力，切实发挥国有演出单位在高端人才、艺术精品、规模经营上的主体和主导作用。大力扶持民营文艺表演团体发展、个体演员的发展。针对本产业调整融资环境，鼓励采取多种形式，拓宽融资渠道，吸收社会资金，实行资本运行，加快产业发展。

三、研究成果的学术价值、应用价值及社会影响和效益

该课题成果的学术价值主要体现在以下两方面：第一是对云南省演出演艺产业可持续发展进行了系统的梳理和分析。以往一些文化产业研究项目有过于宏观和空泛之嫌，而该课题对理论视角的宏观思考和微观研究进行了衔接融合，基本解决了理论视阈与研究客体之间存在的幅度不对称问题。第二是提出了对演艺产业的理论思考，分析了演艺业的分类方式，解决了原来存在的认知难题，提出了演艺业与其他产业互渗等观点，这些观点具有一定的创新性，对该研究领域有一定的学术建构功能和作用。

该课题成果也具有一定的应用价值。随着《文化产业振兴规划》的出台，文化产业已经上升为国家战略性产业。我省也提出了“两强一堡”建设的目标，大力发展文化产业已成为毋

庸置疑的共识，该课题对云南演出演艺产业现状进行了系统的分析、梳理，是了解我省演出演艺产业状况的重要文献性资料，为下一步研究提供了重要参考价值。

该研究成果还可以为宣传部门、文化产业主管部门、相关行业从业者了解行业状况、制定行业发展规划、作出相关决策提供重要依据。该课题研究成果的完成，后续研究项目的实施，将会对我省演出演艺产业的总结和发展产生积极的影响。

课题名称：云南省演出演艺产业改制与可持续发展研究

课题负责人：侯云峰

所在单位：云南艺术学院

主要参加人：杨　岚

结项时间：2010 年 10 月 19 日

云南白族民居建筑装饰特征研究与应用

一、课题研究的目的和意义

云南是一个多民族的省份，经过漫长的历史变迁，各民族逐渐形成了丰富的、多姿多彩的地域民族文化，表现在民居建筑方面，不仅形式多样，其装饰风格也各具特色。白族民居，是中华民族建筑中独具特色的建筑珍品，蕴涵着深厚的历史韵味与艺术价值、美学价值。

目前有关白族民居建筑方面的研究成果不少，有的从宏观的角度对白族建筑艺术的源流作了较全面的介绍，也有的阐述了云南各民族的民居、宗教和城市建筑，并对处在世纪之交的云南民族建筑发展提出了看法，但对白族民居的论证内容有限；蒋高宸著的《云南民族住屋文化》，从建筑文化的角度剖析云南各民族的住屋文化的内涵，详细地介绍了云南民居的造屋选址、院落组合形式、造房选材特点以及建筑文化观，并对社会关系、亲缘关系、伦理关系所构成的社会系统进行了深层次的剖析。其他有关白族文化研究方面的丛书，对白族的经济文化、风俗节庆、风景名胜古迹、曲艺舞蹈、建筑艺术等也作了广泛的介绍，但民居部分所占篇幅较少，对建筑装饰特征方面的介绍不够详尽，无图例参考或所示图例分类不够详细，对装饰图样造型、装饰表现背后所蕴涵的原始信念、审美观念、艺术特征等的分析论证不够充分。出于对民族文化传承与保护的角度以及艺术设计创作的需求，该课题以“云南白族民居建筑装饰特征研究与应用”展开研究，希望从文化学、民俗学、艺术学的角度，对白族合院式民居建筑及装饰的源流、发展、成形进行系统的研究与梳理，并通过居住文化理念的比较，探讨具有象征意义的造型符号与住屋文化之间的关系，最终整理归纳出一套完整细致的文字资料和图谱，为民族民居建筑的保护、发展提供一个历史的依据，同时探索如何创造性地运用民族传统元素的精华导向未来发展的可行性道路，为多角度、多手段、有效地发展民族文化贡献一份力量，使白族民居建筑传统工艺这一优秀的文化遗产得以发扬光大。

二、研究成果的主要内容、重要观点

建筑是以空间作为直接对象的特定的文化活动，反映出建筑设计者的主观塑造意图，又折射出使用者的审美心理和情趣。因此，建筑是人类物质文明的标志。研究白族民居的建筑装饰艺术，必须对白族民居的来源、所处地域环境及其建筑的物质和文化功能等有较全面的了解，研究其所蕴涵的历史、艺术、美学价值，才能更深刻地领会白族民居建筑装饰的独特个性与文化内涵。因此，该课题以白族民居建筑的历史与发展过程为引线，分析了历史、地理气候、儒道思想、商业经济、多元文化等方面对民居发展所产生的影响，阐述了白族民居营造过程中所发生的宗教信仰、筑屋构造形式的变化、空间大小的选择、尺度比例的控制、不同材质的搭配、独特技术的处理与装饰现象之间的关系。

该课题的第四、五部分是重点研究的内容，从装饰艺术的角度探讨了民居“美”的构成、内涵及文化的传承形式。第四部分主要以白族民居的门楼、影壁、门窗、梁柱、廊、墙、地面等建筑构件为对象，探讨其装饰造型符号、表现手法与艺术特性、民族信念、审美观念、功能运用的审美特征。白族民居建筑的大构件装饰中，具有精美绝伦的门楼，聚精提神的照壁，精工细作的门窗，多姿多彩的墙、地装饰；而在细节表现上，则通过写实与抽象、直白与意向的表现手法，将白族人民的观念、信仰、期望等转换在了具体的物质对象上。这种形式中有内容，感观中有观念，内容积淀为形式，想象、观念积淀为感受的意象美，浓缩和积淀了白族人民对理想生活强烈的情感、思想、信仰和期望。

白族民居建筑装饰，离不开木雕、石雕、砖雕、彩画、泥塑的传统工艺。建筑中各构件的材料组成不同，表现的技艺自然也有区别。石雕的粗犷、木雕的细腻、砖雕的淳朴、彩画的绚丽清新、泥塑的自然，在白族民居建筑的各个部位有机地组合在一起，它们主次分明、轻重有别、疏密有致，荟萃了白族建筑的美学精华，体现出了一种民族化的精神依托和审美追求。白族民居在满足空间组织、功能需求的基础上，不断地追求形式美感，表现出了一种精神、一种理念，处处渗透着深厚的文化意蕴和审美情调，折射了白族人民师法自然、追求安定和谐的文化意识和哲学思想，以及天人合一、物我交融的文化内涵。

白族民居及其建筑装饰文化，是人类文化的宝贵遗产。但是社会的发展不可避免地使文化客体处在不断变迁之中，造成自然性衰退和流失。怎样更科学地保护白族民居，发掘并利用其潜在价值，将这些传统元素用新技术、新材料、新思维表现出来，实现其社会功能呢？该课题提出了以下发展思路：

民居建筑服务于地区经济的发展。在不破坏原建筑形态的基础上，将现代材料和科学新技术运用到传统民居中，解决其功能和使用上的缺陷问题，使本土居民在提高生活品质的同时自觉地参与维护传统民居。

利用传统民居或具有传统元素的新民居进行旅游项目的开发；对一些已经失传或即将失传的传统工艺制作环节及手艺，应该及时梳理归类，并组织专门的人力、物力进行保护与研究。

研究成果转化为课堂教学的内容：有意识地组织学生，通过对传统文化的学习与创新设计，使设计作品既不脱离现代意识，又凸显本土的传统文化意趣，实现社会属性与艺术性相结合、观念传承与价值创新相统一。通过这个过程，使学生达到联系社会、结合经济、以实践为本、活学活用的设计体验，最终达到对传统文化保护、传承与发展的目的。

三、研究成果的学术价值、应用价值及社会影响和效益

通过实地考察与调研，收集了大量的第一手资料，根据内容，分类整理和绘制了一批图片资料，对今后进行白族民居文化研究、文物保护与维修、新民居改建、旅游经济开发、艺术设计创意活动、组织课堂教学等方面均可起到直接或间接的帮助作用。以白族文化为元素进行的产品设计、项目开发将进一步提升白族地区对外的影响力与知名度，有力地推动区域文化的全面发展。

课题名称：云南白族民居建筑装饰特征研究与应用

课题负责人：段红波

所在单位：云南艺术学院

主要参加人：张春明　郭　曼

结项时间：2010 年 11 月 29 日

云南少数民族艺术遗产保护专业人才匮乏现状调查及其对策研究

一、课题研究的目的和意义

在全球经济一体化带来的物质消费方式和生存观念急剧改变的大背景下，我国的非物质文化遗产保护工作困难重重。大量蕴涵着非物质文化遗产内核的实物及资料由于保存管理不当逐渐消失，许多民族文化已经处于人亡艺绝的危险境地。据课题组的调查显示，云南省各州市少数民族艺术遗产保护人才奇缺，不少地区没有专业人员的编制，更缺乏经费保障及政策支持，因而真正意义上的艺术遗产保护存在相当严重的问题。该课题通过对非物质文化遗产保护工作实施情况的阐述，深入分析了云南非物质文化遗产保护专业人才队伍建设中存在的诸多问题，对改善这种状况的具体措施进行深入的理论与实践探讨，并就云南省非物质文化遗产保护的专业人才培养模式作出相应的对策研究，供有关政府决策部门参考利用，以推动和促进我省非物质文化遗产保护工作的健康发展。因而，课题具有较强的现实意义和深远的历史意义。

二、研究成果的主要内容、重要观点和对策建议

（一）主要内容

（1）随着经济全球化进程的加快，我国非物质文化遗产濒危、失传危机加重，因此抢救和保护工作显得尤为重要。然而，我省目前尚未建立起一套系统的、行之有效的非物质文化遗产保护专业人才培养模式，这对科学合理地开展非物质文化遗产保护工作十分不利。课题以对滇西南、滇东北、滇西北和石林彝族自治县四个片区的非物质文化遗产保护工作以及专业人才队伍的采访调查为依据，探索各地文化馆、站，非政府组织及高校等不同保护主体的专业人才培养措施，以期提高非物质文化遗产保护的工作成效。

（2）课题阐述了我省非物质文化遗产保护工作的实施及成果，主要包括：①积极建立非物质文化遗产保护名录体系。②大力开展"文化遗产日"宣传活动。③不断加强非物质文化遗产保护学科理论建设。④举办"非物质文化遗产传承人进校园"系列活动。

（3）深入分析了我省非物质文化遗产保护工作存在的诸多困难和问题：①观念与意识方面：一些群众甚至领导的非物质文化遗产保护意识淡薄。②管理法规及保护机制方面：由于非物质文化遗产管理法规及保护机制的不健全，在涉及非物质文化遗产保护项目的运行上不能达到预期的效果。③资金投入方面：部分地区没有把非物质文化遗产保护经费纳入财政预算，致使非物质文化遗产保护经费极为短缺，捉襟见肘。④人才素质与队伍现状方面：加强非物质文化遗产保护人才队伍建设，是非物质文化遗产保护工作的重要方面。课题组所采访调查的地区虽涌现出了一

大批在各级单位非物质文化遗产保护的先进个人和团队，但同时也暴露出非物质文化遗产保护人才队伍的诸多问题，如人才奇缺，队伍不能适应专业工作要求；学历层次偏低，严重制约了保护工作的顺利开展；年龄结构出现断层，造成非物质文化遗产保护工作后继无人的尴尬境地；专业技术人才不足，很难满足我省非物质文化遗产保护工作量的需求；高层次人才匮乏，致使专业技术人员队伍难以形成合理的梯次结构；高校毕业生返乡率低，很难为我省非物质文化遗产保护工作补充高层次人才等。⑤非物质文化遗产保护教育方面：我省迄今为止尚无一所大学开设该方向的相关专业，这种教育状况与云南所拥有的非物质文化遗产资源优势及建立民族文化强省的宏伟目标极不吻合。⑥非物质文化遗产保护研究方面：省及各州市县都相应建立了一批非物质文化遗产保护中心，但“重申报、轻保护”的现象仍然普遍存在。不少专家学者虽进行了大量的调查研究和探索，却没有形成全国范围内有重大影响的研究成果。

（二）重要观点和对策建议

（1）在全社会树立非物质文化遗产保护的正确观念。充分利用报刊、广播、电视等媒体手段以及展出、巡演、报告、演讲等传播方式，使社会大众对非物质文化遗产保护形成正确的认识，建立保护的意识。

（2）建立健全人才竞争、激励机制。有利于人才队伍的健康发展和工作效率、效果的不断提升，实现人才的优胜劣汰和良性循环。

（3）增大资金投入并积极探索多种投入方式。可以从两个方面着手：一是政府投入方面，包括中央和地方各级政府投入。另一方面是非政府投入。

（4）开设专业教育、加强学科建设。在省内有条件的大专院校开设非物质文化遗产保护专业。教育方式一是全日制学历教育；二是非学历的各种层次的进修、培训、研讨班教育。

（5）合理规划建设各种类别、级别的博物馆。促进我省非物质文化遗产保护工作的顺利开展和专业保护队伍的健康成长。

（6）建立专业研究机构。利用我省大专院校教学科研力量，建立各类非物质文化遗产保护专业研究机构，把我省非物质文化遗产的保护和发掘研究工作引向深入。

（7）非物质文化遗产的保护是一项综合性的系统工程，而非一个简单的行动环节。其中的各个环节都需要行动主体涉入其中，并承担各自的角色和任务，发挥相应的职能，共同推动非物质文化的创新与发展。

（8）对于所要保护的民族按民族划分保护主体，即本民族和他民族，因而对于这两大类族群的保护主体的培养侧重点自然应有所不同。对于本民族保护主体的培养，最重要的是提高自身修养和能力，这是有效开展保护工作所必备的专业素质。而对于他民族保护主体的培养，首先应解决的是语言关；其次还必须加强对保护对象的了解，尽可能多地掌握所要保护的民族的各种知识和风俗习惯。

（9）按职能划分保护主体可分为：文化馆专业人才培养模式和民族委员会（协会）专业人才培养模式。前者应注意加强保护人员对非物质文化遗产的认识程度，提高工作积极性；提高保护队伍的相关科技产品的掌握水平；应培养良好的合作和交流精神；加强与相关单位联合举办宣传非物质文化遗产保护的工作力度。后者应注意加强与国外有关研究机构的交流合作，拓展研究的深度和广度；为保护机构提供相关研究成果及指导意见，共同探讨和完善民族文化保护和发展之道；走进校园，培养非物质文化遗产保护专业人才的后备军。

（10）要高度重视，提高全社会对少数民族艺术遗产保护专业人才培养的认识；实施科技创新人才战略，推进少数民族艺术遗产保护专业人才队伍建设；建立少数民族艺术遗产保护专门人才教育培训体系；建立少数民族艺术遗产保护专业人才激励机制；落实少数民族艺术遗产保护专业人才培养保障及措施。

三、研究成果的学术价值、应用价值及社会影响和效益

目前，学术界对非物质文化遗产的研究以保护和传承为主，而对于保护主体专业人才培养的研究较为薄弱。非物质文化遗产保护是一项系统工程，需要调动社会各界的力量去共同完成，对保护主体的研究无疑是非物质文化遗产保护工作的重要环节。该课题通过对非物质文化遗产保护工作实施情况的阐述，深入分析了云南非物质文化遗产保护专业人才队伍建设中存在的诸多问题，并针对这种状况作出相应的对策研究。不仅在理论上丰富和完善了非物质文化遗产的研究体系，也是对今后政府建立完善的保护机制科学合理地保护非物质文化遗产作一次有益的探索，以推动和促进我省非物质文化遗产保护工作的健康发展。因而，课题具有良好的社会影响和社会效益。

课题名称：云南少数民族艺术遗产保护专业人才匮乏现状调查及其对策研究
课题负责人：曾金华
所在单位：云南艺术学院
主要参加人：朱大润　胡仕海　陈桂波　张　崧　刘成成
李梓伊　吴司祺　李长余
结项时间：2010 年 12 月 11 日

云南古戏台对民族地区新农村和谐文化建设的影响研究

一、课题研究的目的和意义

新农村文化建设的目标是“生产发展、生活宽裕、乡风文明、村容整洁、管理民主”，从这一定位出发，云南民族地区传统的歌乐与民众日常生活诉求，对“乡风文明”的建设必然产生重要影响，而云南乡村现存的众多古戏台，至今魅力仍在，它们作为维系各族民众精神纽带的文化符号，其所承载的各式民间礼俗和歌乐与新农村文化建设的目标与定位有什么关系？古戏台应该如何发挥它在当下的文化功能，以避免传统礼俗中负面的因素引发的消极影响？课题通过田野考察和学理的思考作出回答。值得注意的是，云南地处多民族聚居的边疆，许多境外政治势力和宗教势力企图通过文化传播的途径对其进行渗透，而他们首选的目标多是偏远的乡村，因此，如何倡导一种以古戏台为文化中心所开展的各式民俗活动，保持一种正信、正行的文化生态环境，抵制不良文化的渗透，这对云南民族地区新农村文化建设必将产生积极的引导作用，更为重要的是，如何有效地依托古戏台这一文化空间，引导其承载的各式民间歌乐健康发展，使其更加贴近普遍民众的日常生活而活态传承，这对于更好地发挥艺术学科的专业优势去关注民生，激活民族文化的当代价值，强化各地域的文化记忆，表现不同族群的审美经验，弘扬地方性知识的文化多样性特征，均具有积极的现实意义。

二、研究成果的主要内容、重要观点

（一）主要内容

（1）云南戏台文化研究与乡村文化重建的可行性。研究成果立足本学科方法和相关学科的方法，对云南现存众多古戏台的当代意义进行重新考量，以综合审视的学术态度思考以古戏台所承载的乡土艺术在新农村文化建设中与民众生活的关系，由此阐释其在当下继续存在和传承的价值。

（2）课题对云南戏台文化述略、戏台文化投射的心理幻象与文化象征、云南古戏台的地景效应、云南古戏台楹联内涵赏析、环洱海白族古戏台的生命意趣、东川府会馆戏台文化考察、剑川古戏台拾遗、非物质文化遗产活态传承的文化空间等内容进行叙述和描绘。通过田野调研、访谈、口碑收集与典籍查阅，运用比较心理等学术方法，在注重礼俗与新农村社会关系双向动态的同时，把礼俗作为影响社区生活变迁的逻辑延伸，以促进民族文化发展长效机制的理念建构。

（3）着眼于以古戏台为文化空间的各种礼俗活动，在云南新农村文化建设的进程中，化解礼俗中消极的因素，推动“正信、正引”道德规范的构建，提升古戏台承载的各式文化物象的精神价值，使其在新农村文化建设的进程中发挥诉求功能。

（4）古戏台作为一种精神象征，考察其在新农村建设中与乡村民众文化观念、价值取向的互动关系，由此阐释其在新农村文化建设中存在的理由和发展的维度。

（二）重要观点

（1）云南是一个多民族聚居和多宗教荟萃的地区，宗教信仰自由和开明的民族政策，使各地区、各民族传统的礼俗文化成为广大民众日常生活的重要组成部分，它们既是和谐的文化形态，但也带有负面因素，如何通过新农村建设的良好契机，克服和消除礼俗中的消极影响，发挥古戏台（它们多作为神庙剧场而承载着礼俗活动的开展）作为社会交往平台的作用，把它所承载的各式艺术形态置放在产生这种文化物象内隐性的背景中，使礼俗的存在在更大层面上满足民众精神上追求圆满的需要，使其所蕴涵的艺术形态中的人文积淀，可以增强民族凝聚力、提升民族认同感，为促进文明乡风建设发挥作用。可以说，云南现存的古戏台，既是宝贵的物质文化遗产，其所承载的非物质文化内涵，更是实现云南社会可持续发展的生态文化资源，是维护边疆民族团结、社会和谐的宝贵财富。

（2）古戏台作为维系各族民众情感精神纽带的文化空间，如何引导其承载的各式民间艺术形态健康发展、活态传承，这对于表现不同族群审美经验、弘扬地方性知识的文化生态多样性特征，都具有积极意义。

（3）古戏台作为一种文化象征，也是当下全社会关注的非物质文化遗产活态传承的文化空间。如果说，一个地区需要历史符号，一个民族需要情感记忆，那么，作为一部厚重的“乡土之书”，古戏台作为维系各民族民众情感、昨天与今天的精神根脉，它们的存在，就可构成对过去时代美好记忆的守望，并实现连接过去、通接未来的文化传递。

（4）古戏台在历史的长河中扮演着重要的“软实力”角色，是民间艺术传承的重要载体，而“创生性”仿古戏台的存在，也是未来历史的组成部分。只有保护好这些能够引起民众情感共鸣的文化平台，我们的根性文化才能得以更好地发扬光大。

(5) 古戏台作为维系乡村民众精神归属和文化认同的根基，是乡土文化基因保护、民族音声技艺活态传承的文化空间，也是地方性族群精神生活的现实诉求。在当前政府致力于建设和谐新农村的背景下，古戏台更有其存在的意义。在文化建设，特别是民族地区新农村文化建设的进程中，万不能以牺牲民族文化个性的巨大代价来换取所谓“精品”的收获。

三、研究成果的学术价值、应用价值及社会影响和效益

(1) 研究成果关注了一种正在消失的文明，对云南歌乐文化的历史记忆进行了记录，具有很高的文物价值。

(2) 课题研究把古戏台这一文化空间与新农村和谐文化建设相联系，通过对传统礼俗的解读来促进乡风文明建设，使混生与礼俗中的各民族的艺术形态活态传承的学术思考，体现出一种特有的学术关怀。

(3) 如何依托古戏台所处的特殊文化背景，以此抵制不良文化的渗透？课题通过田野调研与理论思考，作出了相应的回答。

(4) 课题立足地方性知识的活态考察，把理论旨趣和现实生活构成了规范的概括，在文本的表述中努力解析各式民间礼俗中混生的艺术形态在一种自然生态系统中如何构成动态平衡的格局，以达到文化生态多样性有效保护的思路，提出了许多建设性的主张，也表现出相应的学术价值。

(5) 研究成果进一步引起了人们对身边古戏台作为物质文化遗产的重视。在《非物质文化遗产保护法》已经通过全国人大立项的现实背景下，更通过学术成果中理论表达的推广，相信随着项目学术影响的日益扩大和后续工作的延伸，古戏台所承载

的各民族的非物质文化遗产的内涵，将会成为云南实现社会可持续发展重要的生态文化资源，成为构建和谐社会的宝贵财富。

（6）研究成果关注了正在消失的乡村文明，并图文并茂地留下了正在消失的文明背影的一瞥，对云南传统歌乐文化的历史研究，具有很高文物价值。研究提出的许多学术思路、观点将会对云南传统歌乐文化产生一定的社会影响。

课题名称：云南古戏台对民族地区新农村和谐文化建设的影响研究

课题负责人：申　波

所在单位：云南艺术学院

主要参加人：李建富　杨　英　王冬冬　曾　茜　汪　玲　赵全胜

结项时间：2011 年 4 月 6 日

浮世绘艺术与明清版画的渊源研究

一、课题研究的目的和意义

日本美术在近代以前可以说是大半源自中国，然而日本美术史上引以为豪的浮世绘艺术，号称“世界艺苑一绝”，作为日本江户庶民奉献给人类文明最美的艺术花朵，向来被认为是日本江户时代独创的绘画艺术，是日本对世界美术的莫大贡献。

在日本约 250 年历程的浮世绘版画发展过程中，从江户浮世绘版画的创始元祖菱川师宣起到套色版画的锦绘发明者铃木春信；从日本的“绘本”和“插绘”图书分离而成为能够独立鉴赏的“一枚绘”独幅黑白版画到精美鲜妍的雕版套印的彩色版画；从江户翻刻人物娇嫩细润的容颜和肌肤的秘戏图画到用写实的笔触描绘女性优美的造型和姿态的美人画；从表现彩色印刷的凸凹版无线无色勾勒轮廓与分版分色的东锦绘到描写江户町人风花雪月的吉原歌舞伎场的界画；从表现京都贵族阶级典籍教化图解的教育版画到描写江户市民纵情娱乐的官能风俗画；从表现江户社会町人世态的人物画到描绘日本富士、琉球景观的风景画，无论是哪一类别的浮世绘版画，也无论作者是哪一流派，画家若以数量计应数不胜数，其所表现的各种形式的浮世绘也不计其数。无论是菱川师宣、鸟居清倍，还是铃木春信、喜多川歌麿、鸟居清长、西村重长、葛饰北斋、歌川广重等，在日本的德川幕府政权开埠东都江户新城的江户时代，涌现出许许多多表现江户大众文化的浮世绘美人画、风景画等艺术大家。他们描绘的千姿百态的江户现世风俗绘画的浮世绘艺术是日本岛国独自生成与发展起来的吗？

众所周知，中国是世界上最早发明和使用造纸法与印刷术的国家，这是黄河与长江流域的中华帝国对人类社会文明与进步的一大贡献。而版画是纸与木版印刷结合的产物，因而“我国版画之兴起，远在世界诸国之先”（郑振铎《〈中国版画史图录〉自序》），鲁迅也在《〈木刻纪程〉小引》中云：“中国木刻图画，从唐到明，曾经有过很体面的历史。”郑振铎在《重印〈十竹斋笺谱〉序》中指出：“中国木刻画始见于868年，较欧洲早五百四十余年，彩色木刻画则于十六世纪末已流行于世，至十七世纪而大为发达，饾板、拱花之术相继发明，亦有先以墨色线条勾勒人物、山水、花卉之轮廓，而复套印彩色者，但总以仿北宋人没骨画法者为主。雅丽工致，旷古无伦，与当时之绘画作风血脉相通。十竹斋所镌画谱、笺谱尤为集其大成，臻彩色木刻画最精至美之境。”我国是世界上最先发明造纸与印刷技术并最早将二者结合运用于木刻版画的制作上，造纸与印刷两项技术的发明，极大地推动、加快了人类文明发展的历史步伐，可以说这是我们中华民族在人类历史上树立的两座伟大的丰碑。而我国木版画的发展“有过很体面的历史”，到明末也到达了“光芒万丈”的黄金时期。我国饾版法与拱花术的发明，又拉开了人类社会雕版套色印刷历史的序幕，这也是中国在世界文化艺术发展中的一项举世瞩目的技术革新，它甚至可以跟上述的造纸与印刷技术的发明相媲美。然而，日本学术界至今尚未客观、公正地认识及对待我们明清版画与浮世绘之间的关系问题。“日本版画，工致有余，然终逊我国版画在美术史上之重要地位，亦无留意及其发展之过程者。于我国明清之际，版画之黄金时代作品，尤少述及。”

因此，该课题研究首次就我国明清版画艺术与日本浮世绘之间的关系进行尝试性的探索与研究，试图揭开其浮世绘版画艺术形成的神秘面纱。由于一个多世纪以来我国遭遇外国侵略，国力衰弱，致使日本和国际上大多数学者未能公正地对待我国明清版画对日本浮世绘版画所产生的重大影响，这一中日两国传统文化艺术的国际区域间的互相协作传播与补充吸收的关系问题，是中日美术史上的一个大问题，它不仅是中日文化史上评论的问题，也是东亚乃至世界美术史上遗留下来的诸多疑难谜题之一。今日我国正处于日益国际化，国富民安、文化景明之期，炎黄之子孙有责任研究与整理先人遗留下来的传统文化艺术的宝贵遗产，还历史以本来之面目。

二、研究成果的主要内容、重要观点

（一）主要内容

该课题研究的内容主要分五个部分。首先对浮世绘产生的时代背景与文化背景进行分析，由于江户时代商品经济的繁荣使得原属社会下层的商人和手工业者逐步积蓄了财富，开始在政治、文化、艺术上也力争适应时代的需求。商人、手工业者缺乏文化知识，在自身的教育及修养上也不及武士阶级，因此他们还是比较喜欢消遣性质的通俗文艺作品。明代的通俗白话小说的大量传入，对日本江户时代的庶民文化的兴起起了很大的作用。由此，日本江户社会在文化史上产生了一种别开生面的面向大众的浮世绘版画艺术。

中国明末传入日本的通俗小说戏曲传奇话本中有大量的插图，兼具趣味性和鉴赏性，以期引起读者的兴趣，插图成为当时书籍必不可少的解说与装饰形式。明末图书插图的普及对日本浮世绘版画的兴起及其繁荣在版刻图绘上提供了最原始的样本和实物图像。由于受中国插图书籍的影响，此时的日本也出版了很多书籍读物，书中夹入不少画家描绘的以欣赏、图解注释为目的的插图。插图移入江户后逐渐成为艺术中的绘画，被后人尊为浮世绘元祖的菱川师宣，将江户初期的浮世草子的各种插图进行集合分析、重新加工，绘制成独具风格的浮世江户绘画，使本遭世人冷遇的浮世草子中的插绘成为世人认可的浮世绘版画艺术。师宣对日本美术史最大的贡献不仅在于插绘和绘本的创作上，最主要的还是在于浮世绘的“一枚绘”的独幅版画的创始刊印。这是因为中国明末传入日本的秘戏图套色版画，通过菱川师宣的慧眼从中得到感官鉴赏性功能的启示，将它从书籍插绘和连环绘本中脱离出来成为独幅存在的鉴赏性图绘，以独幅版画鉴赏当做绘画艺术商品来进行推向江户町人社会的商品市场。他将以往图绘当做文学书籍中的附属的鉴赏插绘，以及将鉴赏作为目的以图绘为主、文字为辅的连环绘本，完全转变成一种可以独立鉴赏的完整的绘画形式。

继菱川师宣之后，铃木春信成为日本江户时代浮世绘彩色版画——锦绘的创始人，日本版画史上不朽功勋的一代巨匠。然而，在铃木春信创始的锦绘艺术作品中，人物的造型没有多大的性别差异，似乎千人一面，这种宛如一个模型出来的春信画风，跟他临摹我国明代版画尤其是仇英的仕女画不无渊源关系。由于明末雕版套印技艺的进一步发展，在我国江南大运河两岸的城市出现了《程氏墨苑》、《花史》、《十竹斋画谱》、《十竹斋笺谱》以及《芥子园画谱》等明清套色画谱，这些套色画谱对日本的浮世绘版画多色印刷起到了至关重要的作用。其中特别是十竹斋主胡正言镌印的《十竹斋笺谱》和《十竹斋画谱》以及李渔及其女婿沈心友刊行的《芥子园画谱》传入日本后，对铃木春信的锦绘的创始给予了很大的帮助，春信充分应用我国明末清初发明的饾版法与拱花术，在浮世绘版画的套色印刷技术上采用分版分色的饾版套印方法，以及利用木版画镌刻成的拱版凸凹的轮廓，来表现浮世绘版画压印花瓣叶片的脉纹、禽兽绒毛及水波云痕、衣纹头饰等无色凸凹的线条。

随着日本浮世绘版画人物画艺术的发展，别开生面的浮世绘风景版画便应运而生。风景画主要是从画法与画题来进行剖析，日本浮世绘风景画分为两个阶段，早期的浮世绘风景画“浮绘”和成熟期（实际上是黄金时期）的风景画。二者在画法上均受到中国传统“远近法”的影响。早期“浮绘”的风景主要表现的是歌舞和室内建筑，它在绘画技法上的表现，主要是使用中西结合的姑苏版街市楼阁图那种传统的不完全的透视画法。而在浮世绘的画题方面，中国古典的“八景”画题向来成为浮世绘画家嗜好的传统画题，尤其是以中国传统潇湘文化孕育出来的“八景”画题更为浮世绘风景画家所喜爱。到了浮世绘风景画的黄金时期，这一自古表现洞庭湖周围满目萧瑟悲伤的平远渚洲的古典画题，却成了江户末期葛饰北斋描写自己独自放浪山川湖泊村落荒野的人生写照。他以中国潇湘传统的“八景”画题为母胎，描绘出日本江户时代的《琉球八景》、《江户八景》、《东都八景》、《近江八景》以及《金泽八景》等日本“八景”的系列风景。此外，他还绘有基于“八景”画题演绎而成的版画世界脍炙人口的《富岳三十六景》的风景画名品。葛饰北斋将日本江户时代若晚霞辉映的浮世绘风景版画推向了顶峰，而在其浮世绘风景世界中却映射着中国古潇湘放逐者的凄凉与惆怅。

虽然说日本浮世绘版画与中国明清版画二者之间有着千丝万缕的联系，浮世绘版画也深受我国明清版画的恩泽，但是，遗憾的是今日我国明清时期精美绝伦的套色版画实物在国内几乎荡然无存。现藏日本广岛王舍城美术宝物馆的珍贵的姑苏版画的公开展示，则令人耳目一新，惊叹世上尚有如此美轮美奂的多色木刻版画。本章就所见的日本王舍城美术宝物馆馆藏实物中择几幅精品予以披露与论述。其主要是通过明末清初的无骨套色的插花形式的《花卉图》与清初期的《二十四孝图》、《清明佳节图》等连环画形式的套色版画，以及清中期的街市楼阁形式诸如《西湖行宫图》等姑苏版画藏品的分析，来进一步以实物证明中国明清版画在世界美术史上曾经有过的辉煌成就及其昔日对周边国家与地区的文化艺术的繁荣发展与传播所作出的不可磨灭的贡献。

（二）重要观点

明清版画与浮世绘两者虽然是两个不同国家不同时代的绘画艺术，但它们均根植于汉字文化圈内却是同源同宗，有着千丝万缕的内在联系。从最早的中国明代的通俗文学及其黑白插图版画传入日本，在日本产生了制作“绘本”和书籍中的“插绘”的传承，以及菱川师宣借鉴我国明清版画而创始“一枚绘”。从中国古典仕女画到日本美人画，从明末的色情小说春宫版画在江户的传播到江户市民的现世意识及其浮世风俗和享乐思想的形成，无论是在人文思想和意识形态等精神领域方面，还是从版画艺术自身的形式、艺术特征及其造型美学等诸多方面，两者均有一脉相承之源流。该课题研究提出主要观点及解决问题如下：

（1）提出日本元祖菱川师宣创始的浮世绘版画是吸收了中国明代插图及鉴赏性独幅版画后，将“一枚绘”从书籍插绘和连环绘本中独立出来。

（2）质疑日本美术史上所谓铃木春信独自发明锦绘的学说，指出了铃木春信运用了中国明清套色版画的先进技术。

（3）日本浮世绘版画无论是在表现日本江户风景的“画题”，还是描写这种风景所使用的“画法”上，均与我国古典传统文化艺术不无渊源关系。

(4) 披露并考析了日本馆藏的我国明清姑苏版画，进一步以实物证明明清版画对世界文化艺术所作出的伟大贡献。

(5) 指出浮世绘艺术的造型思维与明清文人审美精神具有一脉相承的同归之趣，无论是浮世绘版画意境的营造，还是墨彩的晕染，都源自我国传统绘画艺术。

(6) 解明我国明清版画与日本浮世绘艺术之间多年来遗留的难题，阐明了明清木版画对浮世绘的产生及其发展所给予的重大影响。

三、研究成果的学术价值、应用价值及社会影响和效益

该课题研究是中华传统文化、艺术的保护与挖掘方面的基础性研究，它是属于我国优秀的传统文化和古典版画艺术以及中国民间文化遗产抢救工程的基础理论课题研究的范畴。同时又是日本江户独特的文化与艺术相结合的产物，可以说江户时代的浮世绘艺术是日本最优秀的绘画艺术，因而它又属于外国传统文化艺术的研究与挖掘保护方面的研究课题，除此之外，它还是中日文化艺术交流方面的国际区域间的传播与协作关系的基础理论研究课题的范畴。

它可以供致力于东亚传统绘画艺术和世界民间文化遗产的研究、抢救及弘扬的政府组织以及有关专家、学者，作为研讨我国明清时代和日本江户时代的古典版画和非物质文化遗产的先行的实物资料，同时又可以将我国明清雕版彩色套印技术的普及和影响、传播及其先进的木版画套印技术如饾版法与拱花术的重大价值公诸于世以期引起世人关注并进一步发扬光大，又可以为研究日本浮世绘版画以及我国明清时代的版画艺术提供最有价值的史料依据，同时，又可以为我国古典版画装饰艺术研究尤其是在木

刻画图案学方面拓开了新的研究领域。此外，还可以为研究明清时代中华民族的精神史及人文思想提供最原始的实物证据。笔者更希望通过对我国传统明清版画与浮世绘艺术之间关系的研究与披露，将我国优秀的传统文化和古典版画艺术进一步发扬光大。

解开一个多世纪以来关于我国明清版画与日本浮世绘版画渊源之间所存在的谜团，唤醒中日学术界重新认识、重新评价在日本江户时代浮世绘版画的形成与发展过程中我国明清版画艺术所产生的巨大影响，让世人重新理解中国古代木刻版画对人类文化的进步与艺术的发展所作出的重大贡献。

课题名称：浮世绘艺术与明清版画的渊源研究

课题负责人：高云龙

所在单位：云南师范大学

主要参加人：李　娟　王秋艳

结项时间：2011 年 5 月 28 日

文化转型与中国少数民族艺术发展

——基于云南沧源佤族文化艺术存续状况的实证研究

一、课题研究的目的和意义

在全球现代化浪潮中，中国各少数民族如何实现在世界民族大家庭中“各美其美，美人之美，美美与共”（费孝通）的文化多元共生理想，正成为世纪之交中国民族学研究的重要课题。事实上，现代化对中国少数民族来说表现为来自西方、来自国家两种强大力量的冲击和裹挟，在外力作用下，一直居于边缘的少数民族社会呈跨越式发展，少数民族文化既被动地染上了外来的病症，又患上了强烈的文化不适应症，不得不面对文化的自组织系统被破坏、民族文化身份失落的危机。在与之相应的学术研究领域，一方面无论是民族学关注的“田野”还是美学、文艺学研究的“疆域”都面临扩界的问题，另一方面，虽然很多学者努力站在文化自觉的高度上，围绕少数民族文化转型进程中文化模式的重组和转换带来的一系列问题展开了讨论，但总的看来，还缺乏对少数民族文化演变过程的整体把握和实证剖析。正是针对上述实际，《文化转型与中国少数民族艺术发展》以云南沧源佤族文化艺术的存续状况为实证研究对象，通过对“作为过程的少数民族文化发展”和“作为符号的少数民族艺术存续状况”

的具体解析，在全球现代化之动态、开放的语境中，比对少数民族艺术传统形态和现代形态的优劣，对少数民族艺术的现状进行理论分析和价值评估，找寻少数民族文化艺术转型过程中传统与现代的契合点、生长点，为少数民族文化艺术的健康发展作一点有益的探索。

对文化转型与少数民族艺术发展问题的研究，具有重要的现实意义：从文化存续的实际状况看，少数民族艺术与民族文化传承一直具有极为密切的关联；在现代社会，艺术作为各民族精神与情感的象征符号，无论是在增强民族自身凝聚力还是在与其他民族的文化交流上都更具有共通性；在市场经济条件下，“越是民族的，就越是赚钱的”这种利益上的诉求，不仅只是以对交换价值的攫取为首要目标的商家才有，为了促进边远落后少数民族地区的经济发展，“文化扶贫”已列入各级政府的规划，各民族特别是旅游业较发达地区的少数民族也因参与到市场中，物质生活条件有了较大的改善，而很多不愿受体制束缚的文化精英亦无须靠体制养活，可以在文化市场通过艺术谋生。总之，文化引领民族发展，艺术是文化的重要表征，无论是在现代民族国家的层面上，还是从国家内部少数民族文化发展的实际状况上看，在面向21世纪的审美文化、生态文化建设中，艺术作为民族审美文化的内核将发挥越来越重要的功用。

二、研究成果的主要内容、重要观点和对策建议

（一）主要内容

(1) 呈示西方与中国文化现代转型的进程和总体趋向，揭示由此引发的文化现代性特别是审美现代性问题，厘清中国少数

民族文化艺术发展的现实场域。

（2）对以佤族为代表的少数民族传统文化的存续状况进行解析，概括少数民族艺术原生形态的基本特征，为现代化进程中少数民族文化艺术发展方向与路径的探究打下基础。

（3）探寻以佤族为代表的少数民族文化在外来力量作用下文化模式重组、转换的历程，分析佤族艺术在现代转型过程中多元分化的状况和存在的问题。

（4）对少数民族文化的存续状况进行理论分析和价值评估，展望少数民族审美文化的发展方向，并通过对“中国最后的佤族原始部落”翁丁村和“中国佤族司岗里摸你黑狂欢节”的个案研究，探讨少数民族审美文化的发展路径问题。

（二）重要观点

（1）在文化现代转型的进程中，少数民族文化发展主要面临以下困扰：

第一，人与自然的关系问题。进入现代社会，随着生产力水平的提高和主体意识的觉醒，人战胜自然、改造自然的能力不断增强，人与自然的和谐状况被打破，过分强调走工业化道路致使少数民族地区的自然生态环境受到了前所未有的破坏，保护与开发的矛盾日益凸显。

第二，文化与文化之间的关系问题。进入现代社会，少数民族传统文化遭受严重破坏，特别是改革开放后，在市场的冲击下，少数民族传统文化甚至不得不面临断裂的危险。

第三，少数民族文化主体内在精神的和谐问题。保护民族文化的关键是保护人，而在少数民族文化转型进程中，民族文化主体面临的是“祛魅”与“复魅”的悖论。

（2）少数民族文化艺术在面临挑战的同时，又蕴涵实现跨越式发展的机遇：

第一，现代人修复、重建失去家园的强烈诉求，引发了遍及全球的生态文化思潮，建设生态文明成为21世纪人类发展的主导方向。相对于现代人漫漫的回归之路，少数民族文化还保留着很多原始质朴的本性，人与自然、人与生活之间的血脉联系尚未完全割断，这在一定程度上为少数民族文化的跨越式发展奠定了现实基础。

第二，少数民族艺术的传统形态依附于特定的社会环境，具有鲜明的民族特色和地域特色，由非专业人员集体创作，它凝聚着民族的生命体验，在流传过程中为民族的生存与生活提供意义解释和娱乐休闲，形式上淳厚素朴、程式化，较多地保留了传统趣味、风尚和习惯。这种艺术形态植根于生活，与民族早期的巫术活动或日常生活紧密相连，这种审美化的“生活事实”，或者说是生活化的“艺术事实”与现代社会“日常生活审美化”的现实相互参照，不同于现代以反叛姿态出现，远离生活实际、远离大众需求的精英艺术，既可为少数民族艺术的现代转型找寻内在的契机，又可为具有中国特色的审美文化建设注入生机与活力。

第三，原始社会自然环境对文化的影响最大，传统社会政治对文化的制约最深，进入现代社会，经济与文化的关联越来越紧密。现代社会，乡土正成为远离神灵、远离土地的都市人象征性的乡愁之所，同时来自乡土的艺术鲜活生动、充满灵性，可以滋养和慰藉现代人的心灵，在文化市场广受欢迎。正是在文化经济化的趋向中，少数民族审美文化正成为文化产业中可资开发的资源，这无疑为少数民族地区立足自身实际、发展绿色生态的文化产业提供了机遇。

（三）对策建议

（1）在现代社会，不同的文化正以前所未有的速度在全球范围内传播和交流，而对外的开放与交流在积极意义上也能为少数民族文化和艺术的存续带来旺盛生机。少数民族文化艺术的转型总体上是在传统与现代的张力中演进，而具体则是在民族民间文化、官方文化、大众文化、精英文化的交互作用中展开的。所以，在面对少数民族文化艺术发展中出现的诸多困难和问题时，努力的基本方向应该是找到传统与现代互动的契合点，并在具体实践中探寻内在与外在各种文化力量融合的契机。进入现代社会，少数民族艺术也衍生出新的价值，包括使用价值、交换价值和交流价值，文化和艺术在“用”中才有持续发展的动力，这是其在现代社会存续的内在依据。

（2）国家应以一种包容的姿态加强对文化多样性的保护，不再“一刀切”地将工业化、城市化作为少数民族地区现代化的目标。在实践中，应制定相应的措施切实加强对民族文化的保护，特别应遵循艺术自身的特性和规律，避免把活生生的艺术形式从生活中剥离出来，不再把民间艺人变成体制中的精英来养活，相反要让艺术走出体制，让文化回到民间。对那些不应该也不能市场化的民族民间艺术，可具体参照一些发达国家的做法，将某些“文化事业”的重心下移到民间，加大资助力度，变原先的在体制中“养”为在少数民族社区生活的“水”中养，让民族文化精英在民间传承技艺，这样，民族艺术才能真正得以在“水”中存续，在“用”中发展。

（3）不断加大力度推进文化体制改革，将文化产业作为国家重要的文化发展战略，是现代市场经济条件下文化发展的基本方向，同时也是中国少数民族地区经济文化发展的必由之路。在全球化现代化的进程中，艺术的历史就是一部建立市场的竞争史，面对外来大众文化产品对中国文化市场的冲击和西方意识形态的渗透，国家必须投身市场进行文化软实力的竞争。此外，这不仅只是现代民族国家之间在文化底蕴、经济实力、科技水平上的大比拼，也是国家文化精英之间水平的较量，精英们的价值诉求如果不愿只是局限在形而上的层面，市场可为其价值的实现提供最好的平台。而对少数民族艺术自身来说，只有依托市场借船出海，才能在市场的竞争中体现和保有民族自身的文化特性，最大限度地减小文化同质化的影响，同时，也只有走向市场特别是产业化发展，民族艺术在原生地的保护才有经济的支撑，才能更好地唤醒民族文化主体的自觉意识，民族传统文化才能真正保有活力。

三、研究成果的学术价值、应用价值及社会影响和效益

从理论效果上看，该课题的前期成果有调查报告：《文化转型与中国少数民族艺术发展——基于云南沧源佤族文化艺术存续状况的实证研究》（20万字）已完成；论文《原生态　一个炒出来的概念》，发表于《文学评论》2011年第1期；论文《云南传统民间土陶艺术生态文化管窥》荣获中国文联理论研究室、云南省文学艺术联合会举办的“首届中国原生态文化论坛”征文三等奖；论文《论少数民族艺术研究的趋向和方法》发表于《语文学术》，云南民族出版社2010年8月版；论文《自然　原生　辨证》发表于《文艺评论》2010年第6期；论文《在水中存续　在用中发展》即将发表于《云南社会科学》2011年第3期。

从社会效应上看，该课题探索的内容和领域，可以为少数民族艺术发展提供实证研究和典型案例，同时也为艺术学、民族学学科的发展提供一定的理论参考，为民族地区转变经济发展方式提供借鉴。

课题名称：文化转型与中国少数民族艺术发展——基于云南沧源佤族文化艺术存续状况的实证研究

课题负责人：樊　华

所在单位：云南师范大学

主要参加人：刘丽辉　章涤凡　和向朝　何　颖　徐俊六

结项时间：2011 年 11 月 27 日

附　　录

2006年度云南省哲学社会科学规划立项课题名单

一、委托课题（15项）

1. 边疆民族贫困地区社会主义新农村建设研究——以文山壮族苗族自治州的实践为个案（课题负责人：中共文山州委张田欣；课题经费3万元）

2. 云南和谐文化发展战略研究（课题负责人：中共云南省委办公厅罗杰；课题经费3万元）

3. 云南法院文化建设发展战略研究（课题负责人：云南省高级人民法院赵仕杰；课题经费3万元）

4. 临沧经济社会发展研究（课题负责人：临沧经济社会发展研究课题组；课题经费8万元）

5. 公共危机事件与媒体沟通对策研究（课题负责人：中共云南省委宣传部郑明；课题经费2万元）

6. 大姚县彝族文化旅游产业建设研究（课题负责人：中共大姚县委宣传部白慧能；课题经费2万元）

7. 云南区域产业竞争力的发展路径及其相关促进政策研究（课题负责人：共青团云南省委饶南湖；课题经费1万元）

8. 云南少数民族地区妇女工作研究——边境地区妇女专题项目文献资料分析（课题负责人：云南民族大学马丽娟；课题

经费1万元）

9. 民族自治地方行政管理基础理论研究（课题负责人：中共云南省委党校段尔煜；课题经费1万元）

10. 建设社会主义新农村的关键是提高农村基层党组织的创造力、凝聚力、战斗力——以大理州洱源县为例（课题负责人：中共洱源县委许云川；课题经费1万元）

11. 滇西抗战史料、文物对旅游的作用研究（课题负责人：中共保山市委宣传部蔺斯鹰；课题经费1万元）

12. 云南省少数民族学生英语学习动机、策略和英语水平关系研究（课题负责人：曲靖师范学院原一川；课题经费1万元）

13. 云南少数民族乐舞文化研究——以景颇族乐舞文化为例（课题负责人：云南大学赵兰芳；课题经费1万元）

14. 聂耳研究（课题负责人：玉溪市社科联王志雄；课题经费1万元）

15. 昭通文学现象与作家群研究（课题负责人：中共昭通市委宣传部王斌；课题经费1万元）

二、一般课题（99项）

1. 云南少数民族地区社会主义新农村建设中的文化生产力研究（课题负责人：中共云南省委党校樊泳湄；课题经费1万元）

2. 中国特色社会主义所有制理论研究（课题负责人：云南大学刘亚建；课题经费1万元）

3. 云南社会主义新农村建设主体的理论与实践研究（课题负责人：云南省社科院郑宝华；课题经费1万元）

4. 小康家庭在西部欠发达地区的实现条件研究（课题负责人：云南民族大学陈继延；课题经费1万元）

5. 树立社会主义荣辱观与防治不同利益群体矛盾问题研究（课题负责人：曲靖师范学院龚云虹；课题经费1万元）

6. 云南省构建社会主义和谐社会与青少年思想道德教育的特殊性研究（课题负责人：大理学院董镒；课题经费1万元）

7. 村域人地关系类型与社会主义新农村发展模式研究——以禄劝县为例（课题负责人：云南师范大学骆华松；课题经费1万元）

8. 云南社会主义和谐社会的构建研究（课题负责人：昆明理工大学李耀平；课题经费1万元）

9. 云南省在校大学生婚恋生育问题的调查与对策研究（课题负责人：昆明理工大学曹建军；课题经费1万元）

10. 产权、公平和效率——马克思主义产权理论和现代产权学派的比较研究及其实践意义（课题负责人：云南师范大学沈阳；课题经费1万元）

11. 永远的丰碑——白族英烈施滉革命精神研究（课题负责人：中共洱源县委张寿松；课题经费1万元）

12. 统一战线与云南社会主义和谐社会的构建研究（课题负责人：云南省社会主义学院高智生；课题经费1万元）

13. 云南农村基层党组织建设研究（课题负责人：云南省社科院刘阶群；课题经费1万元）

14. 云南边疆民族地区干部教育培训机制创新研究（课题负责人：中共云南省委党校鲁彩荣；课题经费1万元）

15. 云南经济与社会发展中的非本意预期结果问题研究（课题负责人：云南师范大学郭和平；课题经费1万元）

16. 迪庆少数民族地区多元文化和谐发展研究（课题负责人：中共迪庆州委宣传部李爱明；课题经费1万元）

17. 中国传统道德中的和谐观与建设社会主义和谐社会研究（课题负责人：中共云南省委党校吉永生；课题经费1万元）

18. 云南少数民族地区传统文化对经济发展的作用研究（课题负责人：云南大学马翀炜；课题经费1万元）

19. 村寨传统文化对经济发展的作用研究（课题负责人：云南民族大学姚顺增；课题经费1万元）

20. 构建云南社会主义和谐社会过程中的经济公正问题的哲学分析（课题负责人：云南师范大学刘化军；课题经费1万元）

21. 云南新农村建设中的公共产品有效供给研究（课题负责人：云南财经大学姚永秀；课题经费1万元）

22. 云南省人力资本空间结构及合理布局研究（课题负责人：昆明理工大学段万春；课题经费1万元）

23. 云南先进制造业发展模式与对策研究（课题负责人：昆明理工大学可星；课题经费1万元）

24. 大湄公河次区域金融合作与云南的对策研究（课题负责人：云南师范大学丁文丽；课题经费1万元）

25. 取消农业税后农村新情况、新问题及对策研究——以大理洱源县为例（课题负责人：中共洱源县委杨作云；课题经费1万元）

26. 滇池流域城市河流廊道建设的生态修复效应研究（课题负责人：云南师范大学任敬；课题经费1万元）

27. 云南影视试验区的现状与发展研究（课题负责人：云南省社科院唐嘉荣；课题经费1万元）

28. 基于创新体系的风险投资机制研究——西部地区风险投资发展模式探讨（课题负责人：云南财经大学马媛；课题经费1万元）

29. 云南新农村建设中政府公共投资的重点与投资方式研究（课题负责人：云南财经大学张丽华；课题经费1万元）

30. 云南经济增长方式转变的难点及对策研究（课题负责人：云南师范大学杨永生；课题经费1万元）

31. 商业贿赂治理的内部审计预警机制研究（课题负责人：云南师范大学樊冀；课题经费1万元）

32. 政府公共服务职能与建设服务型政府研究——政府采购电子拍卖模式分析及应用（课题负责人：云南财经大学合江南；课题经费1万元）

33. 民族文化产业发展的旅游展演机制与效应研究——以西双版纳傣族为例（课题负责人：云南师范大学陈亚颦；课题经费1万元）

34. 云南经济运行的预警机制研究（课题负责人：云南大学李亚玲；课题经费1万元）

35. 养老投资的经济增长效应：理论、实证研究及政策含义（课题负责人：云南大学田存志；课题经费1万元）

36. 国际产业转移背景下加快云南产业升级的对策与机制研究（课题负责人：云南财经大学杨定华；课题经费1万元）

37. 提升云南省旅游产业竞争力研究（课题负责人：云南大学杜靖川；课题经费1万元）

38. 云南贫困山区农村人力资源中性别平等问题研究（课题负责人：云南民族大学高梦滔；课题经费1万元）

39. 取消农业税后云南农村新情况、新问题及对策研究（课题负责人：中共云南省委党校李晓冰；课题经费1万元）

40. 云南旅游产业集群战略研究（课题负责人：云南大学赵书虹；课题经费1万元）

41. 昆明“城中村”居民生计问题调查与思考（课题负责人：云南省社科院罗荣淮；课题经费1万元）

42. 云南文化品牌的现状和对策研究（课题负责人：云南大学李焱；课题经费1万元）

43. 新农村建设中云南农村公共物品融资和供给的研究（课题负责人：云南大学袁崇坚；课题经费1万元）

44. 云南农村公共产品和公共服务研究（课题负责人：云南民族大学张金鹏；课题经费 1 万元）

45. 新中国民族政策与民族关系的互动研究（课题负责人：云南大学贺琳凯；课题经费 1 万元）

46. 民族地区文化产业政策理论与实践研究（课题负责人：云南大学袁明旭；课题经费 1 万元）

47. 云南宗教问题发展动向及对策研究（课题负责人：云南警官学院黄泽珊；课题经费 1 万元）

48. 云南与周边国家间的非传统安全问题研究（课题负责人：云南大学屈万红；课题经费 1 万元）

49. 民族自治地方的政府能力建设与区域经济社会发展研究（课题负责人：楚雄州中级人民法院闾柏；课题经费 1 万元）

50. 新型农村合作医疗体系建设与地方政府的责任研究（课题负责人：省政府研究室谭亚原；课题经费 1 万元）

51. 云南农村公共产品供给体制改革研究（课题负责人：楚雄师范学院刘会柏；课题经费 1 万元）

52. 云南生态环境保护的法律制度研究（课题负责人：云南民族大学谢秋凌；课题经费 1 万元）

53. 云南地方性猝死病区人群生命质量影响因素研究（课题负责人：大理学院石武祥；课题经费 1 万元）

54. 云南省新型农村社会养老保险制度模式研究（课题负责人：省发改委杨复兴；课题经费 1 万元）

55. 云南新农村建设中的农村社区政治发展研究（课题负责人：云南师范大学王茂美；课题经费 1 万元）

56. 国际非政府组织在云南的运作模式及政府管理方式研究（课题负责人：云南财经大学杨树琪；课题经费 1 万元）

57. 云南传统乡村社会的近现代转型——西双版纳现代化的社会指标开发（课题负责人：云南大学章立明；课题经费 1 万

元）

58. 贫困地区农村留守妇女艾滋病健康教育需求评估及对策研究（课题负责人：昭通市卫生局潘玉华；课题经费1万元）

59. 昆明市弱势群体现状及帮扶对策研究（课题负责人：云南省工业经济联合会张学曾；课题经费1万元）

60. 云南新型毒品滥用与控制的实证研究（课题负责人：云南警官学院阮惠风；课题经费1万元）

61. 峨山“中国第一个彝族自治县”——品牌战略与县域社会发展（课题负责人：云南省社科院李立纲；课题经费0.3万元）

62. 劳务输出对少数民族贫困地区发展的影响研究（课题负责人：云南财经大学丁世青；课题经费1万元）

63. 云南少数民族人口城市化问题研究（课题负责人：曲靖师范学院巴春生；课题经费1万元）

64. 印度市场准入政策研究——以外资法为中心（课题负责人：云南财经大学齐虹丽；课题经费1万元）

65. 民族文化传播学研究（课题负责人：云南师范大学李丽芳；课题经费1万元）

66. 云南图书馆文献资源与信息资源共享研究（课题负责人：云南大学熊松韫；课题经费1万元）

67. 云南体育旅游业发展研究（课题负责人：云南师范大学饶远；课题经费1万元）

68. 构建和谐医患关系的法律问题研究——政府医疗卫生公共服务职能研究项目（课题负责人：昆明医学院邓虹；课题经费1万元）

69. 云南省农民养老保险法律问题研究（课题负责人：云南师范大学张霞；课题经费1万元）

70. 民间法在珠江上游地区建设社会主义和谐社会中的当代

价值研究——基于法社会学的思考（课题负责人：曲靖师范学院魏建功；课题经费1万元）

71. 云南少数民族贫困地区法律援助问题研究（课题负责人：云南财经大学陈庆云；课题经费1万元）

72. 云南省少数民族非物质文化遗产的保护与传承研究——建构非物质文化遗产的法律保护机制（课题负责人：云南大学王鑫；课题经费1万元）

73. 自由贸易区法律问题研究——中国—东盟自由贸易区法制建设（课题负责人：云南大学陈云东；课题经费1万元）

74. 云南少数民族地区群体性突发事件的预防和控制研究（课题负责人：云南省政法研究所李继平；课题经费1万元）

75. 云南省循环经济地方法制建设研究（课题负责人：云南师范大学陶伦康；课题经费1万元）

76. 南亚国家市场准入政策研究（课题负责人：云南师范大学严励；课题经费1万元）

77. 云南省毒品犯罪问题新动向研究（课题负责人：云南警官学院昂钰；课题经费1万元）

78. 影响云南构建社会主义和谐社会的周边环境研究（课题负责人：云南省社科院马树洪；课题经费1万元）

79. 中印边境贸易研究（课题负责人：云南省社科院卢晓昆；课题经费1万元）

80. 地区主义视野中的次国家政府——以云南和广西为例（课题负责人：云南大学卢光盛；课题经费1万元）

81. 国际非政府组织在云南的运作模式研究（课题负责人：云南师范大学王妮丽；课题经费1万元）

82. 重大突发事件中新闻报道的快速反应机制研究（课题负责人：云南财经大学李鼎鑫；课题经费1万元）

83. 云南少数民族文字报刊发展研究（课题负责人：云南大

学单晓红；课题经费1万元）

84. 大众传播视野中云南人口较少民族文化变迁研究（课题负责人：云南师范大学王燕；课题经费1万元）

85. 边地意识与民间精神——对云南少数民族作家作品的一种诠释（课题负责人：大理学院纳张元；课题经费1万元）

86. 濒危语言的现状及保护研究——以云南富宁末昂语言为例（课题负责人：云南民族大学周德才；课题经费1万元）

87. 金沙江傣族的族群认同与文化变迁研究（课题负责人：楚雄师范学院刘祖鑫；课题经费1万元）

88. 云南少数民族村寨文化传播研究（课题负责人：云南师范大学肖青；课题经费1万元）

89. 白族社区多元信仰与仪式生活研究——以大理州城社区为例（课题负责人：云南师范大学张曙晖；课题经费1万元）

90. 云南水族、布依族社会主义新农村建设策略研究（课题负责人：曲靖师范学院方然；课题经费1万元）

91. 云南少数民族传统社会组织在社会主义新农村建设中的作用研究（课题负责人：云南民族大学刘江；课题经费1万元）

92. 云南民间少数民族历史档案的流失与保护抢救研究（课题负责人：云南大学华林；课题经费1万元）

93. 早期云南少数民族审美文化研究（课题负责人：昆明大学詹七一；课题经费1万元）

94. 边疆民族地区文化多样性与社会主义和谐社会构建研究：以红河哈尼族彝族为中心（课题负责人：红河学院李列；课题经费1万元）

95. 云南少数民族文化传统中的和谐文化因素研究——以哈尼族为例（课题负责人：云南省社科院常飞；课题经费1万元）

96. 大理南涧彝族跳菜仪式研究（课题负责人：云南农业大学秦莹；课题经费1万元）

97. 民族地区失地农民问题研究——以百色水利枢纽工程云南库区失地农民为例（课题负责人：云南民族大学黎贵优；课题经费1万元）

98. 云南民族民间文学研究——民间文学的伦理主题（课题负责人：云南民族大学刘红；课题经费1万元）

99. 藏彝走廊地区历史上的族际经济互动发展研究（课题负责人：云南师范大学周智生；课题经费1万元）

三、合作课题（15项）

1. 云南省宏观经济模型的计量分析研究（课题负责人：楚雄师范学院张无畏；课题经费0.3万元）

2. 云南少数民族地区传统文化对经济发展的作用研究（课题负责人：楚雄师范学院许华荣；课题经费0.3万元）

3. 云南特色文化资源评估研究（课题负责人：昆明学院窦志萍；课题经费0.3万元）

4. 唐宋城市化进程与文学转型（课题负责人：曲靖师范学院蔡燕；课题经费0.3万元）

5. 云南在泛珠江三角洲的定位及发展战略研究（课题负责人：曲靖师范学院朱谷生；课题经费0.3万元）

6. 艾滋病预防与教育模式研究（课题负责人：云南警官学院李云昭；课题经费0.3万元）

7. 云南省艾滋病预防与控制在社会管理中存在的矛盾及对策研究（课题负责人：云南警官学院李云鹏；课题经费0.3万元）

8. 毒品犯罪再犯预测实证研究（课题负责人：云南警官学院邬江；课题经费0.3万元）

9. 西南地区艾滋病毒品综合治理研究（课题负责人：云南

警官学院罗芸；课题经费 0.3 万元）

10. 传播过程中符号意义的生成与释放（课题负责人：红河学院刘岩峰；课题经费 0.3 万元）

11. 云南少数民族传统道德与社会主义荣辱观研究——以红河州为例（课题负责人：红河学院刘庆华；课题经费 0.3 万元）

12. AIDS 高流行区青少年防范 HIV/AIDS 中的家庭教育干预研究（课题负责人：云南财经大学王玲玲；课题经费 0.3 万元）

13. 中华文化凝聚力的边地民间表达——以白族民间文学为例的个案研究（课题负责人：大理学院赵怀仁；课题经费 0.3 万元）

14. 云南少数民族地区发展中的平等问题研究（课题负责人：云南农业大学李国春；课题经费 0.3 万元）

15. 云南少数民族地区新农村建设的发展路径研究（课题负责人：玉溪师范学院杨世华；课题经费 0.3 万元）

2007—2008 年度云南省学习十七大精神哲学社会科学规划立项课题名单

一、委托课题（20 项）

1. 云南省宣传文化人才队伍建设研究（课题负责人：中共云南省委宣传部尹欣；课题经费 3 万元）

2. 落实社会主义荣辱观宣传教育的探索与实践（课题负责人：中共保山市委宣传部蔺斯鹰；课题经费 2 万元）

3. 社会主义核心价值体系与云南高校和谐校园建设研究（课题负责人：曲靖师范学院杨小冲；课题经费 1.5 万元）

4. 云南少数民族地区农村经济体制改革的实践和经验研究（课题负责人：云南师范大学雷昀；课题经费 2 万元）

5. 云南高校党的建设科学发展机制研究——以云岭先锋工程的推进为视角（课题负责人：云南大学张昌山；课题经费 1.5 万元）

6. 云南高校党组织在构建和谐高校中发挥作用的研究（课题负责人：云南农业大学杜玉银；课题经费 2 万元）

7. 云南省宣传文化人才评价研究（课题负责人：云南省社科院王文成；课题经费 2 万元）

8. 云南资源节约型工业发展研究（课题负责人：昆明大学

张明清；课题经费 1.5 万元）

9. 中缅边境文化旅游合作模式初探（课题负责人：中共德宏州委宣传部田大余；课题经费 1.5 万元）

10. 云南少数民族地区通道经济发展研究（课题负责人：中共文山州委李培；课题经费 1.5 万元）

11. 云南边疆多民族地区和谐社会主义新农村建设模式研究（课题负责人：大理学院马琴花；课题经费 1.5 万元）

12. 彝族《指路经》的审美研究（课题负责人：云南民族大学龙珊；课题经费 1.5 万元）

13. 云南汉语方言语法研究（课题负责人：云南师范大学杨育彬；课题经费 1.5 万元）

14. 利用信息技术提升云南对东南亚汉语教学与文化经济影响力的研究（课题负责人：云南师范大学匡锦；课题经费 1.5 万元）

15. 云南面向东南亚国家汉语国际推广的学科策略研究（课题负责人：云南师范大学国际语言文化学院魏红；课题经费 1.5 万元）

16. 云南话剧艺术的发展及对策研究（课题负责人：云南艺术学院吴卫民；课题经费 2 万元）

17. 边疆失地农民发展能力研究——以云南省为例（课题负责人：云南农业大学晏丕振；课题经费 1.5 万元）

18. 云南城市旅游目的地品牌构建研究——以昆明、丽江、大理为例（课题负责人：昆明理工大学宁德煌；课题经费 2 万元）

19. 云南广播电视村村通健康发展的长效机制研究（课题负责人：云南省广播电视局和向东；课题经费 2 万元）

20. 建水紫陶工艺的传承与产品开发（课题负责人：云南艺术学院董万里；课题经费 2 万元）

二、重点课题（15 项）

1. 社会主义运动历史、现状、发展的考察与研究（课题负责人：云南师范大学社会发展学院李和宽；课题经费 3 万元）

2. 抗战时期云南省人口伤亡和财产损失研究（课题负责人：省委党史研究室赵晓澜；课题经费 3 万元）

3. 云南省城市外来务工人员社会保障模式研究（课题负责人：云南大学曹明；课题经费 3 万元）

4. 云南县级政府公信力研究（课题负责人：云南大学匡自明；课题经费 3 万元）

5. 云南省商标品牌实施战略的法律策略研究（课题负责人：云南大学陈铁水；课题经费 3 万元）

6. 明代云南府文学研究（课题负责人：昆明师范高等专科学校孙秋克；课题经费 3 万元）

7. 云南语言间关系研究（课题负责人：云南师范大学文学与新闻传播学院涂良军；课题经费 3 万元）

8. 滇越铁路与滇东南少数民族地区的发展与进步（课题负责人：红河学院王玉芝；课题经费 3 万元）

9. 通海大理国火葬墓纪年碑的调查与研究（课题负责人：云南省博物馆黄德荣；课题经费 3 万元）

10. 云南边疆民族地区禁毒宣传教育中媒介策略的运用（课题负责人：云南大学郑思礼；课题经费 3 万元）

11. 对构建昆明市城市公益性社区体育服务体系的对策研究（课题负责人：云南师范大学体育学院陈敏；课题经费 3 万元）

12. 云南成人高等教育的发展状况及对策研究（课题负责人：云南师范大学成人教育学院柳景；课题经费 3 万元）

13. 云南花灯、滇剧的发展及保护（课题负责人：省民族艺

术研究所甘昭沛；课题经费2万元）

14. 云南少数民族图案暨图形元素保护性整理与开发运用研究（课题负责人：云南艺术学院胡云斌；课题经费3万元）

15. 云南跨境少数民族音乐舞蹈特殊性与对策研究（课题负责人：云南艺术学院康建中；课题经费2万元）

三、一般课题（74项）

1. 推进大学生群体中的社会主义核心价值体系建设研究——以民办高职院校为例（课题负责人：云南师范大学经济学院毕国明；课题经费1.5万元）

2. 社会主义核心价值体系视阈中的大学生思想政治教育创新研究（课题负责人：云南师范大学学生工作部杨顺清；课题经费1.5万元）

3. 云南树立生态文明观研究——生态伦理教育视角（课题负责人：云南师范大学哲学与政法学院宋锡辉；课题经费1.5万元）

4. 云南少数民族贫困地区生态文明建设中农户行为激励机制探讨研究（课题负责人：昆明理工大学杨红娟；课题经费1.5万元）

5. 西部少数民族地区农村未成年人思想道德教育研究（课题负责人：楚雄师范学院徐光辉；课题经费1.5万元）

6. 当代国外对马克思价值转型问题研究的新进展（课题负责人：云南财经大学吕昌会；课题经费1.5万元）

7. 云南边疆民族地区稳定与农村警务战略实证研究（课题负责人：云南警官学院黄荣；课题经费1.5万元）

8. 云南青少年民族团结心理与教育研究（课题负责人：德宏师专尹可丽；课题经费1.5万元）

9. 云南边疆民族地区农村基层党组织建设问题研究——以文山壮族苗族自治州为例（课题负责人：中共文山州委组织部陶晴；课题经费1.5万元）

10. 公信力视野下的党群关系问题研究（课题负责人：中共云南省委党校张德寿；课题经费1.5万元）

11. 云南边疆少数民族生态文明建设问题研究——以临沧世居少数民族为例（课题负责人：临沧师专李红梅；课题经费1.5万元）

12. 现代性视阈中的农民主体性研究（课题负责人：玉溪师范学院黄琳；课题经费1.5万元）

13. 社会主义核心价值体系与多样化社会思潮关系研究（课题负责人：云南财经大学张仁福；课题经费1.5万元）

14. 族际关系的伦理学研究——以云南省绿春县为例（课题负责人：云南大学蒋颖荣；课题经费1.5万元）

15. 国际金融组织对云南贷款的运作方式及其影响程度研究——以世行、亚行为例（课题负责人：云南师范大学历史与行政学院吴惠敏；课题经费1.5万元）

16. 云南承接发达地区产业技术转移中的环境问题研究（课题负责人：昆明理工大学胥留德；课题经费1.5万元）

17. 提高云南省中小企业自主创新能力对策研究（课题负责人：昆明理工大学庄永耀；课题经费1.5万元）

18. 云南能源消费、能源效率与节能对策研究（课题负责人：昆明理工大学秦开大；课题经费1.5万元）

19. 资源支撑条件下云南外贸增长的可持续性研究（课题负责人：云南财经大学张伟；课题经费1.5万元）

20. 权证对云南省上市公司投融资体制影响研究（课题负责人：云南财经大学刘静；课题经费1.5万元）

21. 云南省农村金融资源配置效率与对策研究（课题负责

人：云南财经大学唐青生；课题经费1.5万元）

22. 云南民族自治地区经济转型的演化、市场化进程与经济发展方式的转变研究（课题负责人：云南财经大学朱启才；课题经费1.5万元）

23. 基于自主创新投入的融资政策对企业增长的影响——对云南上市公司的实证研究（课题负责人：云南财经大学陈昆玉；课题经费1.5万元）

24. 中国—东盟自由贸易区税收协调研究（课题负责人：云南财经大学赵仁平；课题经费1.5万元）

25. 云南省产业扶贫资金融资模式研究（课题负责人：云南财经大学刘尔思；课题经费1.5万元）

26. 云南失地农民社会保障研究——以新昆明建设失地农民社会保障研究为例（课题负责人：云南民族大学徐永林；课题经费1.5万元）

27. 滇东北脆弱生态区资源开发与环境保护问题研究（课题负责人：云南农业大学杜彬；课题经费1.5万元）

28. 旅游目的地品牌文化及品牌管理研究（课题负责人：云南大学陶犁；课题经费1.5万元）

29. 农民工市民化的转换成本与政府公共政策选择研究（课题负责人：云南大学张国胜；课题经费1.5万元）

30. 云南企业应对中国—东盟贸易区贸易法律环境的对策研究（课题负责人：云南大学蔡四青；课题经费1.5万元）

31. 中国—东盟会计与财务问题研究（课题负责人：云南财经大学陈红；课题经费1.5万元）

32. 和谐世界与周边安全合作（课题负责人：云南师范大学哲学与政法学院李晓伟；课题经费1.5万元）

33. 云南省政府决策过程中的公众参与问题研究——公平正义的视角（课题负责人：云南师范大学哲学与政法学院卢轶；

课题经费 1.5 万元）

34. 云南新农村建设中的基层政府职能转换机制研究（课题负责人：云南师范大学哲学与政法学院兰青松；课题经费 1.5 万元）

35. 新东盟国家与东盟一体化进程研究（课题负责人：云南师范大学历史与行政学院于臻；课题经费 1.5 万元）

36. 云南省节能减排法律问题研究（课题负责人：云南师范大学经济学院陶伦康；课题经费 1.5 万元）

37. 云南建设国际国内河流上游生态屏障和生态补偿机制法律问题研究（课题负责人：昆明理工大学宋蕾；课题经费 1.5 万元）

38. 云南水资源开发利用中的相关法律问题研究（课题负责人：云南财经大学高崇慧；课题经费 1.5 万元）

39. 云南农村多元化纠纷解决机制研究（课题负责人：云南民族大学孙仲玲；课题经费 1.5 万元）

40. 云南村落文化的构建和经营研究（课题负责人：楚雄师范学院马建荣；课题经费 1.5 万元）

41. 云南少数民族传统社会和谐文化的现代价值研究（课题负责人：云南民族大学马经；课题经费 1.5 万元）

42. 金沙江下游三大电站建设对昭通市农村生计模式影响及贫困缓解研究（课题负责人：中共昭通市委党校曹先林；课题经费 1.5 万元）

43. 傣族医药文化研究（课题负责人：云南中医学院吴永贵；课题经费 1.5 万元）

44. 少数民族生态文明建设研究——三江并流地区林权制度改革与传统生态文化互动（课题负责人：云南民族大学李勤；课题经费 1.5 万元）

45. 民主法治进程中法律文书在云南少数民族地区实施的实

证分析：以法律多元为视野（课题负责人：云南大学陈令华；课题经费 1.5 万元）

46. 云南跨境民族的国家认同感研究——以中越边境地区的莽人和苦聪人为例（课题负责人：红河学院杨六金；课题经费 1.5 万元）

47. 佤族宗教信仰与社会和谐现状调查及对策研究（课题负责人：云南财经大学文鲁元；课题经费 1.5 万元）

48. 布朗族的宗教信仰与社会和谐研究——以临沧市布朗族为例（课题负责人：云南民族大学黄彩文；课题经费 1.5 万元）

49. 杜甫与佛教关系研究（课题负责人：玉溪师范学院鲁克兵；课题经费 1.5 万元）

50. 东南亚汉语教学现状及发展途径研究（课题负责人：云南大学伍奇；课题经费 1.5 万元）

51. 云南面向东南亚国家汉语国际推广的学科策略研究（课题负责人：云南师范大学国际语言文化学院魏红；课题经费 1.5 万元）

52. 佤族语言话语材料数据库建设（课题负责人：云南民族大学陈锡周；课题经费 1.5 万元）

53. 佤、傈僳、拉祜、景颇等跨境民族语言使用及教育问题研究（课题负责人：云南民族大学赵岩社；课题经费 1.5 万元）

54. 傣语中汉语新词术语研究（课题负责人：云南民族大学杨光远；课题经费 1.5 万元）

55. 云南省对东南亚国家汉语教学对策研究（课题负责人：云南民族大学余文静；课题经费 1.5 万元）

56. 近代云南乡村手工业与商业的发展及转型（课题负责人：云南大学罗群；课题经费 1.5 万元）

57. 中国古代历史编纂学思想研究（课题负责人：红河学院白云；课题经费 1.5 万元）

58. 大理州云龙县桥梁文化遗产调查研究（课题负责人：大理学院黄正良；课题经费 1.5 万元）

59. 云南省文献信息资源建设与发展研究（课题负责人：昆明师范高等专科学校祁跃林；课题经费 1.5 万元）

60. 社会公共文化服务体系中的地方文献建设（课题负责人：曲靖师范学院孔稳舒；课题经费 1.5 万元）

61. 藏缅语族中国境内缅语支濒危语言——腊驰语智能信息资源库建设（课题负责人：云南民族大学王嘉梅；课题经费 1.5 万元）

62. 云南少数民族传统体育“连厢功”的开发与应用研究（课题负责人：云南民族大学赵静冬；课题经费 1.5 万元）

63. 大湄公河次区域“跨国体育圈”的构建研究（课题负责人：云南大学杨霞；课题经费 1.5 万元）

64. 社会心理学视野中流动儿童教育的纵向研究（课题负责人：云南师范大学教育科学与管理学院周宁；课题经费 1.5 万元）

65. 西南联大本科办学理念与实践研究（课题负责人：云南师范大学统战部包云燕；课题经费 1.5 万元）

66. 国际视野下的云南高等教育发展战略研究——云南省独立学院国际化人才培养模式研究（课题负责人：云南师范大学文理学院陈静；课题经费 1.5 万元）

67. 开发利用云南少数民族音乐资源优化幼儿音乐教育研究（课题负责人：昆明师范高等专科学校杨丽华；课题经费 1.5 万元）

68. 云南少数民族学生外语习得学习者因素研究（课题负责人：昆明理工大学郝兴跃；课题经费 1.5 万元）

69. 熊庆来的教育理念及其实践（课题负责人：云南大学刘兴育；课题经费 1.5 万元）

70. 云南农村教师教育发展问题研究——以教师教学行为的设计技术研究为基线（课题负责人：红河学院马会梅；课题经费1.5万元）

71. 壮族“莱瓦”艺术研究（课题负责人：文山师范高等专科学校龙纪峰；课题经费1.5万元）

72. 重彩画表现形式与区域化民族题材结合的研究（课题负责人：玉溪师范学院郭巍；课题经费1.5万元）

73. 云南斑铜、剑川木雕的发展与保护研究（课题负责人：昆明理工大学李纶；课题经费1.5万元）

74. 云南少数民族艺术遗产保护专业人才匮乏现状调查及其对策研究（课题负责人：云南艺术学院曾金华；课题经费1.5万元）

四、青年课题（41项）

1. 社会主义新农村建设中的农村基层党组织功能问题研究（课题负责人：中共云南省委党校熊敏；课题经费1万元）

2. 儒家族群观在云南的影响与发展研究（课题负责人：玉溪师范学院张刚；课题经费1万元）

3. “后马克思主义”思潮的政治哲学思想研究（课题负责人：西南林学院郭佩惠；课题经费1万元）

4. 云南与东南亚、南亚区域经济合作的产业聚集与分工效应研究（云南师范大学经济学院李瑞林；课题经费1万元）

5. 旅游区循环经济生态系统优化及其策略研究（课题负责人：云南师范大学旅游与地理科学学院李庆雷；课题经费1万元）

6. 云南走特色城镇化道路的经济基础与制度空间研究（课题负责人：云南师范大学旅游与地理科学学院熊理然；课题经费

1 万元）

7. 云南自然保护区周边社区生态与经济协调发展机制研究（课题负责人：云南林业职业技术学院罗辉；课题经费 1 万元）

8. 云南省加强与 GMS 国家农产品贸易合作研究（课题负责人：昆明理工大学熊彬；课题经费 1 万元）

9. 中国中小企业到 GMS 国家直接投资风险特征与风险防范研究——以云南中小企业为例（课题负责人：昆明理工大学柴正猛；课题经费 1 万元）

10. 云南省农民消费对经济增长的影响研究（课题负责人：楚雄师范学院安敏；课题经费 1 万元）

11. 农村劳动力转移的收入分配效应研究（课题负责人：云南财经大学袁志刚；课题经费 1 万元）

12. 基于 CGE 模型的云南省区域动态竞争力研究（课题负责人：云南财经大学卢启程；课题经费 1 万元）

13. 全球化背景下中国—东盟金融市场合作研究（课题负责人：云南大学石黎卿；课题经费 1 万元）

14. 云南省县级政府农村公共产品供给机制研究——以新公共理论为视角（课题负责人：云南师范大学哲学与政法学院彭艳；课题经费 1 万元）

15. 云南省民族乡政府公共服务研究（课题负责人：云南师范大学哲学与政法学院张丽华；课题经费 1 万元）

16. 云南少数民族妇女犯罪及预防问题研究——以 300 名在押少数民族成年女犯为个案（课题负责人：云南司法警官职业学院杨志梅；课题经费 1 万元）

17. 云南—东盟经贸往来企业知识产权战略研究（课题负责人：云南财经大学杨静；课题经费 1 万元）

18. 新形势下证券犯罪防控对策初步研究（课题负责人：云南警官学院刘敬平；课题经费 1 万元）

19. 基于地方性知识中的云南少数民族生态保护习惯法研究（课题负责人：云南大学陈小华；课题经费1万元）

20. 云南省农村地区轻微刑事案件和解制度研究（课题负责人：云南大学高巍；课题经费1万元）

21. 云南民族自治地方新型农村合作医疗可持续发展的法制保障研究（课题负责人：云南大学沈寿文；课题经费1万元）

22. 云南农村困难群众住房保障制度研究（课题负责人：云南师范大学历史与行政学院师元梅；课题经费1万元）

23. 云南新型农村合作医疗中的基层医疗机构卫生服务能力研究（课题负责人：云南广播电视大学雷鸣；课题经费1万元）

24. 云南省以社区为基础的流动人口服务型管理模式研究——以昆明市为例（课题负责人：云南省社科院杨晶；课题经费1万元）

25. 云南城乡人口就业结构与经济发展方式转变研究（课题负责人：云南大学陈瑛；课题经费1万元）

26. 云南多民族地区的法制建设研究（课题负责人：云南大学李胜利；课题经费1万元）

27. 新时期云南澜沧拉祜族自治县跨境民族语言使用情况调查研究（课题负责人：云南师范大学文学与新闻传播学院李洁；课题经费1万元）

28. 东南亚汉语学习者语体能力习得研究（课题负责人：云南师范大学文学与新闻传播学院周芸；课题经费1万元）

29. 唐代城乡经济互动发展研究（课题负责人：云南民族大学肖建乐；课题经费1万元）

30. 近代云南的生态变迁：以传染病为中心（课题负责人：云南师范大学历史与行政学院许新民；课题经费1万元）

31. 云南保山塘子沟遗址出土遗物研究（课题负责人：云南大学朱之勇；课题经费1万元）

32. 云南省广播节目低俗化研究及其对策（课题负责人：云南民族大学黄东英；课题经费1万元）

33. 云南少数民族文化在现代文明条件下的可持续发展（课题负责人：曲靖师范学院刘桃良；课题经费1万元）

34. 云南城市社区体育现状及发展对策研究（课题负责人：云南广播电视大学张林；课题经费1万元）

35. 云南农村体育活动现状、问题和发展对策研究（课题负责人：云南民族大学孙光芹；课题经费1万元）

36. 云南少数民族大学新生学习适应问题与对策研究（课题负责人：云南师范大学宣传部余冰释；课题经费1万元）

37. 基础教育信息化进程中的社会影响因素研究——以红河哈尼族彝族自治州为例（课题负责人：红河学院王全；课题经费1万元）

38. 少数民族民歌的社会功能及传承发展研究——以大理白族调为例（课题负责人：云南大学董秀团；课题经费1万元）

39. 艺术与旅游——少数民族艺术的旅游人类学研究（课题负责人：云南大学光映炯；课题经费1万元）

40. 云南省演出演艺产业改制与可持续发展研究（课题负责人：云南艺术学院侯云峰；课题经费1万元）

41. 白族民间传统工艺传承与变异研究（课题负责人：云南艺术学院石剑峰；课题经费1万元）

五、合作课题（23项）

1. 东南亚汉语教学现状调查与研究（课题负责人：大理学院张如梅）

2. 云南少数民族民间乐舞教学研究与开发利用之一《佤族民间乐舞研究》（课题负责人：云南艺术学院岳亚明）

3. 东南亚民族音乐概论（课题负责人：云南艺术学院朱海鹰）

4. 云南版画的可持续发展研究（课题负责人：云南艺术学院李小明）

5. 云南大理地区民间石雕艺术探寻（课题负责人：云南艺术学院何永坤）

6. 云南少数民族民间文化艺术遗产传承人的学院培养机制研究（课题负责人：云南艺术学院张勇）

7. 云南白族民居建筑装饰特征研究与应用（课题负责人：云南艺术学院段红波）

8. 跨国婚姻和构建云南边疆和谐社会研究（课题负责人：曲靖师范学院王晓丹）

9. 云南省水彩画创作对民族艺术要素的发掘与提升（课题负责人：曲靖师范学院屠维能）

10. 云南生态文明建设中的生物遗传资源保护法律问题研究——以高黎贡山生物遗传资源保护为例（课题负责人：昆明理工大学张树兴）

11. 推进云南大学生辩证思维素质研究（课题负责人：昆明理工大学李敏）

12. 云南农产品国际竞争力研究（课题负责人：昆明理工大学杨晓京）

13. 中国特色社会主义法制建设的科学维度与价值维度的辩证统一（课题负责人：昆明理工大学周雅难）

14. 文学视角下的明清八股文研究（课题负责人：昆明理工大学高明扬）

15. 云南地区面向东盟国家的国际司法合作研究（课题负责人：昆明理工大学贾凌）

16. 基于开放式创新理论的西部区域创新体制研究——以云

南省为例（课题负责人：昆明理工大学和矛）

17. 云南省高原湖泊生态补偿机制的法律研究（课题负责人：昆明理工大学曾娜）

18. 云南省扶贫项目综合效益评价体系的构建（课题负责人：昆明理工大学刘红梅）

19. 云南少数民族成人教育课程政策研究（课题负责人：昆明理工大学杨述）

20. 云南近代化转型研究——20 世纪前半期城乡社会变迁（课题负责人：昆明学院李可）

21. 教学对话的互动机制与语文案例评析标准（课题负责人：昆明学院谭晓云）

22. 基于文献计量学的云南地震科技创新能力评估（课题负责人：云南省地震局周擎）

23. 云南农村法律服务体系建设研究——以服务于基层自治和农民民主权利为视角（课题负责人：中共云南省委党校安树昆）

2009年度云南省哲学社会科学规划立项课题名单

一、委托课题（14项）

1. 加强国有企业领导班子反腐倡廉建设问题研究（课题负责人：中共云南省委政策研究室郑维川；课题经费2万元；课题批准号WT2009001）

2. 云南省宣传文化系统“四个一批”人才队伍建设研究（课题负责人：中共云南省委宣传部曹兵；课题经费2万元；课题批准号WT2009002）

3. 村级组织干部教育管理（课题负责人：中共马龙县委宣传部范春荣；课题经费2万元；课题批准号WT2009003）

4. 边疆少数民族地区农村思想政治工作当前迫切需要解决的问题（课题负责人：中共兰坪县委宣传部和贵群；课题经费2万元；课题批准号WT2009004）

5. 跳出宁蒗看宁蒗，提高科学发展能力（课题负责人：中共宁蒗县委宣传部王海林；课题经费2万元；课题批准号WT2009005）

6. 云龙地理太极保护开发与利用研究（课题负责人：中共云龙县委宣传部杨宗汉；课题经费2万元；课题批准号WT2009006）

7. 云南省农民专业合作社融资机制创新问题研究（课题负责人：昆明理工大学杨凌；课题经费1万元；课题批准号WT2009007）

8. 原始宗教情结对花腰傣民族传统体育的影响（课题负责人：玉溪师范学院余贞凯；课题经费1万元；课题批准号WT2009008）

9. 基于技术控制视角的大学生网络舆论引导研究（课题负责人：云南师范大学刘六生；课题经费1万元；课题批准号WT2009009）

10. 网络舆论影响下的政府形象管理研究——基于舆论危机的视角（课题负责人：云南财经大学谢金林；课题经费1万元；课题批准号WT2009010）

11. 少数民族地区大学生宗教信仰教育与社会稳定预警机制的研究（课题负责人：大理学院马凤鸣；课题经费1万元；课题批准号WT2009011）

12. 越南2001—2010年行政改革评价：理论与实践（课题负责人：云南大学刘新林；课题经费1万元；课题批准号WT2009012）

13. 县域经济跨越式发展的"双向三化"路径研究（课题负责人：中共寻甸县委刘荣；课题经费1万元；课题批准号WT2009013）

14. 云南与周边国家电影文化交流与合作发展研究（课题负责人：云南省文联郑明；课题经费1万元；课题批准号WT2009014）

二、重点课题（2项）

1. 马克思主义中国化、时代化、大众化研究（课题负责人：

中共云南省委宣传部戴世平；课题经费 3 万元；课题批准号 ZD2009001）

2. 云南非公经济发展带动社会就业问题研究（课题负责人：昆明理工大学段万春；课题经费 3 万元；课题批准号 ZD2009002）

三、一般课题（53 项）

1. 马克思主义中国化进程的见证：基本路线历史演变（课题负责人：曲靖师范学院刘锦屏；课题经费 1.5 万元；课题批准号 YB2009001）

2. 云南边疆民族地区社会主义核心价值体系建设研究（课题负责人：云南师范大学和军；课题经费 1.5 万元；课题批准号 YB2009002）

3. 云南省经济追赶进程中的优势叠加与科学发展研究（课题负责人：昆明理工大学秦成逊；课题经费 1.5 万元；课题批准号 YB2009003）

4. 白族对中华主体文化的认同与中华民族精神的培养研究（课题负责人：大理学院凡丽；课题经费 1.5 万元；课题批准号 YB2009004）

5. 马克思主义与当代社会思潮研究（课题负责人：云南师范大学李红专；课题经费 1.5 万元；课题批准号 YB2009005）

6. 云南省电子政务发展的复杂性研究——基于动力演化和公共管理的视角（课题负责人：云南大学邓崧；课题经费 1.5 万元；课题批准号 YB2009006）

7. 构建云南沿边开发经济区研究（课题负责人：云南省社科院任佳；课题经费 1.5 万元；课题批准号 YB2009007）

8. 云南跨境民族地区社会群体事件的原因、影响及治理对

策研究（课题负责人：云南师范大学王虹；课题经费1.5万元；课题批准号YB2009008）

9. 建立新型检警关系的理论与实践——以昆明地区的司法实践为研究对象（课题负责人：昆明市人民检察院沈曙昆；课题经费1.5万元；课题批准号YB2009009）

10. 和谐社会视野下我省环境责任保险制度构建研究（课题负责人：云南民族大学谢秋凌；课题经费1.5万元；课题批准号YB2009010）

11. 影响云南跨境民族地区社会稳定与安全的突出问题及对策研究——以非传统安全为视角（课题负责人：云南大学罗刚；课题经费1.5万元；课题批准号YB2009011）

12. 政府主导的社区法律服务机制研究（课题负责人：云南财经大学吕涛；课题经费1.5万元；课题批准号YB2009012）

13. 旅游发展与建设和谐社区、和谐村镇的互动性研究——以民族村寨旅游社区为例（课题负责人：昆明理工大学周常春；课题经费1.5万元；课题批准号YB2009013）

14. 云南省土地流转问题及对策研究（课题负责人：云南民族大学张金鹏；课题经费1.5万元；课题批准号YB2009014）

15. 法律社会学视野中的组织残疾人、儿童乞讨罪研究（课题负责人：云南师范大学李涛；课题经费1.5万元；课题批准号YB2009015）

16. 网络群体性事件抽样调查与政府舆情危机应对机制研究（课题负责人：云南警官学院阮惠风；课题经费1.5万元；课题批准号YB2009016）

17. 云南省生物产业发展研究（课题负责人：云南财经大学于克信；课题经费1.5万元；课题批准号YB2009017）

18. 云南职业教育与城乡一体化发展研究（课题负责人：云南农业大学刘福军；课题经费1.5万元；课题批准号

YB2009018）

19. 加快推进孟中印缅地区经济合作实施研究（课题负责人：云南省政府研究室杨烨；课题经费 1.5 万元；课题批准号 YB2009019）

20. 云南省“十一五”期间招商引资政策效应的评价及发展对策研究（课题负责人：云南财经大学尹豪；课题经费 1.5 万元；课题批准号 YB2009020）

21. 云南省非公经济带动社会就业问题研究（课题负责人：云南师范大学杨永生；课题经费 1.5 万元；课题批准号 YB2009021）

22. 云南边境地区反洗钱问题研究（课题负责人：云南财经大学侯合心；课题经费 1.5 万元；课题批准号 YB2009022）

23. 云南省大型企业集团公司治理研究（课题负责人：云南民族大学王珊珊；课题经费 1.5 万元；课题批准号 YB2009023）

24. 从普惠性金融体系观探索云南村镇银行的机制创新（课题负责人：云南大学武晓芬；课题经费 1.5 万元；课题批准号 YB2009024）

25. 云南省林业土地流转市场存在问题及对策研究（课题负责人：云南师范大学商学院张云钢；课题经费 1.5 万元；课题批准号 YB2009025）

26. 云南餐饮业发展模式和产业升级研究（课题负责人：云南财经大学于干千；课题经费 1.5 万元；课题批准号 YB2009026）

27. 少数民族贫困县的贫困与反贫困调查与评估——以丽江宁蒗彝族自治县为例（课题负责人：云南财经大学李文睿；课题经费 1.5 万元；课题批准号 YB2009027）

28. 云南省扶持 7 个人口较少民族政策的实施效果研究（课题负责人：云南民族大学李若青；课题经费 1.5 万元；课题批准

号 YB2009028）

29. 云南省彝族语言文字的潜在濒危趋势及其对策研究（课题负责人：楚雄师范学院朱元富；课题经费 1.5 万元；课题批准号 YB2009029）

30. 兴边富民行动及其成效的调查研究——以耿马傣族佤族自治县为个案（课题负责人：云南民族大学廖乐焕；课题经费 1.5 万元；课题批准号 YB2009030）

31. 云南少数民族文化安全及防止隐性文化侵略研究（课题负责人：云南师范大学李丽芳；课题经费 1.5 万元；课题批准号 YB2009031）

32. 云南跨境少数民族农村合作医疗制度研究（课题负责人：云南中医学院熊官旭；课题经费 1.5 万元；课题批准号 YB2009032）

33. 传承与发展民族传统体育研究（课题负责人：云南师范大学孙振武；课题经费 1.5 万元；课题批准号 YB2009033）

34. 云南省城市化进程中社区体育公共服务体系研究（课题负责人：云南师范大学李雪梅；课题经费 1.5 万元；课题批准号 YB2009034）

35. 云南跨境民族地区濒危语言的现状调查研究——以傣族地区为例（课题负责人：云南民族大学刀洁；课题经费 1.5 万元；课题批准号 YB2009035）

36. 云南跨境民族语言文化安全调查研究（课题负责人：云南省少数民族语文指导工作委员会办公室和丽峰；课题经费 1.5 万元；课题批准号 YB2009036）

37. 云南民族民间故事类型及流变研究（课题负责人：云南省少数民族古籍整理出版规划办公室龙江莉；课题经费 1.5 万元；课题批准号 YB2009037）

38. 白族民间长诗研究（课题负责人：大理学院王建华；课

题经费 1.5 万元；课题批准号 YB2009038）

39. 中国古代降礼研究（课题负责人：红河学院路伟；课题经费 1.5 万元；课题批准号 YB2009039）

40. 堂琅文化研究（课题负责人：中共巧家县委宣传部邓天玲；课题经费 1.5 万元；课题批准号 YB2009040）

41. 西南联大人文学科学技术史研究（课题负责人：云南农业大学袁国友；课题经费 1.5 万元；课题批准号 YB2009041）

42. 云南农村信息化可持续性研究（课题负责人：云南农业大学段美英；课题经费 1.5 万元；课题批准号 YB2009042）

43. 传播生态学视阈中的云南民族文化遗产数字化生存研究（课题负责人：云南师范大学阮艳萍；课题经费 1.5 万元；课题批准号 YB2009043）

44. 新媒体与云南少数民族现代性建构（课题负责人：云南大学郭建斌；课题经费 1.5 万元；课题批准号 YB2009044）

45. 网络舆情与云南高校思想政治工作的应对问题研究教育学（课题负责人：昆明理工大学徐绍华；课题经费 1.5 万元；课题批准号 YB2009045）

46. 云南警察职后教育的主要问题研究（课题负责人：云南警官学院顾俊；课题经费 1.5 万元；课题批准号 YB2009046）

47. 云南省与周边国家教育合作发展研究（课题负责人：云南师范大学伊继东；课题经费 1.5 万元；课题批准号 YB2009047）

48. 经典与本土——关于现代高教文化传承责任的研究（课题负责人：云南大学董云川；课题经费 1.5 万元；课题批准号 YB2009048）

49. 全球化背景下云南传统手工艺的现代转型（课题负责人：云南艺术学院傅永寿；课题经费 1.5 万元；课题批准号 YB2009049）

50. 云南民族音乐图像资源的保护、利用与开发研究（课题负责人：云南大学王玲；课题经费 1.5 万元；课题批准号 YB2009050）

51. 云南民族建筑艺术的数字化保护研究（课题负责人：云南师范大学向杰；课题经费 1.5 万元；课题批准号 YB2009051）

52. 浮世绘艺术与明清版画的渊源研究（课题负责人：云南师范大学高云龙；课题经费 1.5 万元；课题批准号 YB2009052）

53. 云南少数民族酒歌舞三位一体传统艺术的传承与发展研究（课题负责人：云南民族大学裘亚萍；课题经费 1.5 万元；课题批准号 YB2009053）

四、青年课题（40 项）

1. 云南少数民族价值观的心理学调查（课题负责人：云南师范大学侯阿冰；课题经费 1 万元；课题批准号 QN2009001）

2. 高校、科研院所青年加入民主党派动因研究（课题负责人：云南省社会主义学院钟瑞华；课题经费 1 万元；课题批准号 QN2009002）

3. 佤族哲学思想史研究（课题负责人：临沧师范高等专科学校艾兵有；课题经费 1 万元；课题批准号 QN2009003）

4. 边疆民族地区群体性突发事件研究——以公众参与理论为视角（课题负责人：昆明学院李冬玫；课题经费 1 万元；课题批准号 QN2009004）

5. 云南省非政府组织监管的政府责任研究（课题负责人：云南民族大学陈姝娅；课题经费 1 万元；课题批准号 QN2009005）

6. 边疆治理方略的历史演进及现代转型研究（课题负责人：云南大学蒋小杰；课题经费 1 万元；课题批准号 QN2009006）

7. 政府应对群体性事件的新闻发布与管理研究（课题负责人：云南警官学院陈玉；课题经费 1 万元；课题批准号 QN2009007）

8. 云南省管县改革的原因、动力和途径（课题负责人：云南大学张会龙；课题经费 1 万元；课题批准号 QN2009008）

9. 云南省参与 GMS 金融合作的对策研究（课题负责人：云南大学邹春萌；课题经费 1 万元；课题批准号 QN2009009）

10. 云南农村金融信贷担保的困境及其法律救济（课题负责人：云南警官学院王众；课题经费 1 万元；课题批准号 QN2009010）

11. 转型期地方政府处置群体性事件能力研究（课题负责人：云南大学刘婷婷；课题经费 1 万元；课题批准号 QN2009011）

12. 云南农村弱势群体权利保护及社会救助体系建立研究（课题负责人：曲靖师范学院李克艳；课题经费 1 万元；课题批准号 QN2009012）

13. 医疗纠纷第三方调解机制研究（课题负责人：昆明医学院陈颖；课题经费 1 万元；课题批准号 QN2009013）

14. 乡—城移民（农民工）的社会融入研究——以昆明市福德村为例（课题负责人：云南大学刘建娥；课题经费 1 万元；课题批准号 QN2009014）

15. 边疆民族地区经济社会发展中的社会歧视研究——以云南省为例（课题负责人：云南师范大学曲凯音；课题经费 1 万元；课题批准号 QN2009015）

16. 云南农村民间组织在农村社区建设中的作用研究——以大理州为例（课题负责人：云南民族大学赵静；课题经费 1 万元；课题批准号 QN2009016）

17. 金融危机背景下云南省保增长、保民生、保稳定的金融

支持研究（课题负责人：云南财经大学牟怡楠；课题经费1万元；课题批准号QN2009017）

18. 基于农户自主发展能力视角的云南农村反贫困问题研究（课题负责人：云南师范大学李君；课题经费1万元；课题批准号QN2009018）

19. 产业转移对云南生态环境及可持续发展的影响研究（课题负责人：云南大学徐晓勇；课题经费1万元；课题批准号QN2009019）

20. 云南省“直管县”体制改革研究——云南特色的区域协调发展模式选择（课题负责人：云南大学李娟；课题经费1万元；课题批准号QN2009020）

21. 云南省大型企业集团公司治理研究——基于国有控股与集团公司治理有效性的研究（课题负责人：云南财经大学纳超洪；课题经费1万元；课题批准号QN2009021）

22. 农户储蓄行为实证研究：基于8省微观面板数据（课题负责人：云南民族大学毕岚岚；课题经费1万元；课题批准号QN2009022）

23. 云南跨境民族社会保障制度研究——以中越边境地区哈尼族、拉祜族为例（课题负责人：红河学院施建光；课题经费1万元；课题批准号QN2009023）

24. 缅甸果敢民族问题的由来、特点及其对云南边疆地区安全形势的影响（课题负责人：云南大学罗圣荣；课题经费1万元；课题批准号QN2009024）

25. 缅甸与泰国跨境民族的历史与现状（课题负责人：玉溪师范学院赵永胜；课题经费1万元；课题批准号QN2009025）

26. 滇西北少数民族地区旅游扶贫研究——以丽江市玉龙县黎明傈僳族乡为例（课题负责人：丽江高等师范专科学校王荣红；课题经费1万元；课题批准号QN2009026）

27. 宗教渗透与边疆民族地区意识形态安全研究：以云南跨境民族地区为例（课题负责人：云南民族大学孙浩然；课题经费1万元；课题批准号QN2009027）

28. 流动人口宗教活动特点研究——以昆明外来流动回族为例（课题负责人：云南民族大学武承睿；课题经费1万元；课题批准号QN2009028）

29. 云南蒙古族卡卓语语法结构及语言类型演变研究（课题负责人：玉溪师范学院张雅音；课题经费1万元；课题批准号QN2009029）

30. 英语教育背景下云南少数民族学生文化认同研究（课题负责人：昆明理工大学杨玉；课题经费1万元；课题批准号QN2009030）

31. 文字学视野下的先秦文体发生动因研究（课题负责人：云南师范大学邱渊；课题经费1万元；课题批准号QN2009031）

32. 文化认同与国家认同——明清时期云南儒学的传播与影响（课题负责人：红河学院赵旭峰；课题经费1万元；课题批准号QN2009032）

33. 近代西南边疆各民族国家认同意识研究（课题负责人：云南师范大学张媚玲；课题经费1万元；课题批准号QN2009033）

34. 清代云南义学研究（课题负责人：云南民族大学于晓燕；课题经费1万元；课题批准号QN2009034）

35. 学校教育中少数民族学生民族文化生成与转换模式研究（课题负责人：红河学院胡发稳；课题经费1万元；课题批准号QN2009035）

36. 云南新课改背景下农村中小学新型教师发展研究（课题负责人：云南师范大学张向众；课题经费1万元；课题批准号QN2009036）

37. 云南省职业教育与社会主义新农村建设的双赢发展研究（课题负责人：云南农业大学欧颖；课题经费1万元；课题批准号QN2009037）

38. 哈尼族舞蹈传承与发展研究（课题负责人：云南艺术学院唐镛；课题经费1万元；课题批准号QN2009038）

39. 云南少数民族特有民族乐器的传承与发展研究（课题负责人：云南艺术学院欧阳园香；课题经费1万元；课题批准号QN2009039）

40. 书法线条美感之力意象的书论文献考察（课题负责人：曲靖师范学院谢建军；课题经费1万元；课题批准号QN2009040）

五、合作课题（44项）

1. 金融危机对云南与东南亚经贸关系的影响及对策研究（课题负责人：昆明理工大学屠年松；自筹经费；课题批准号HZ2009001）

2. 民族法律中的软法问题研究（课题负责人：昆明理工大学李丽辉；自筹经费；课题批准号HZ2009002）

3. 刑事案件中电子证据适用规则研究（课题负责人：昆明理工大学何永军；自筹经费；课题批准号HZ2009003）

4. 云南省土地流转过程中农户理性行动选择的逻辑研究（课题负责人：昆明理工大学李红波；自筹经费；课题批准号HZ2009004）

5. 云南高原湖区可持续发展评判及对策研究（课题负责人：昆明理工大学胡元林；自筹经费；课题批准号HZ2009005）

6. 从“调查报告”到“民族志”：以建国六十年来云南民族研究文本为对象的研究（课题负责人：昆明理工大学娥满；

自筹经费；课题批准号 HZ2009006）

7. 云南边疆少数民族贫困大学生团体心理辅导的理论与实践研究（课题负责人：昆明理工大学王劲璘；自筹经费；课题批准号 HZ2009007）

8. 云南边疆民族地区大学生村官选派问题研究（课题负责人：云南财经大学潘祖和；自筹经费；课题批准号 HZ2009008）

9. 云南省农户林地流转行为的调查与研究（课题负责人：云南财经大学朱翠萍；自筹经费；课题批准号 HZ2009009）

10. 国家税收制度政策改革调整后对云南企业的影响及应对研究（课题负责人：云南财经大学杨树琪；自筹经费；课题批准号 HZ2009010）

11. 提升云南资源密集型企业自主研发和核心竞争力对策研究（课题负责人：云南财经大学郭晓曦；自筹经费；课题批准号 HZ2009011）

12. 泰国注册会计师行业制度及中泰比较研究（课题负责人：云南财经大学朱锦余；自筹经费；课题批准号 HZ2009012）

13. 国家税收政策调整背景下云南企业财务管理问题研究——以云南新长征集团公司为例（课题负责人：云南财经大学孙辉；自筹经费；课题批准号 HZ2009013）

14. GMS 金融合作对策研究——非对称性区域金融合作理论及其运用（课题负责人：云南财经大学胡列曲；自筹经费；课题批准号 HZ2009014）

15. 基于结构性视角的人力资本与区域经济增长研究——以云南省为例（课题负责人：云南大学陶小龙；自筹经费；课题批准号 HZ2009015）

16. 六十年来云南维护促进边疆民族团结的基本经验研究（课题负责人：云南大学赵永忠；自筹经费；课题批准号 HZ2009016）

17. 云南民族文学走向世界的问题研究（课题负责人：云南大学何琍；自筹经费；课题批准号 HZ2009017）

18. 新中国成立 60 年云南职业教育发展研究（课题负责人：云南大学陈云山；自筹经费；课题批准号 HZ2009018）

19. 云南边疆民族地区党的执政安全问题研究（课题负责人：云南农业大学车辚；自筹经费；课题批准号 HZ2009019）

20. 云南少数民族地区农村社区建设模式研究（课题负责人：云南农业大学李新然；自筹经费；课题批准号 HZ2009020）

21. “直过区”土地可持续利用问题及对策研究（课题负责人：云南农业大学彭尔瑞；自筹经费；课题批准号 HZ2009021）

22. 壮族“坡芽歌书”音乐文化价值与开发研究（课题负责人：云南艺术学院汪瑶；自筹经费；课题批准号 HZ2009022）

23. 云南古戏台对民族地区新农村和谐文化建设的影响研究（课题负责人：云南艺术学院申波；自筹经费；课题批准号 HZ2009023）

24. 云南省通海县常氏先祠古文物建筑群数字还原与研究（课题负责人：云南艺术学院常勋有；自筹经费；课题批准号 HZ2009024）

25. 云南少数民族生态审美智慧与生态文明建设研究（课题负责人：云南师范大学李江梅；自筹经费；课题批准号 HZ2009025）

26. 云南政治发展中的非制度化政治参与研究——政治认同的视角（课题负责人：云南师范大学王茂美；自筹经费；课题批准号 HZ2009026）

27. 澜沧江云南段文化遗产廊道的构建研究（课题负责人：云南师范大学陈亚颦；自筹经费；课题批准号 HZ2009027）

28. 云南边境民族贫困县返贫问题研究（课题负责人：云南师范大学吴映梅；自筹经费；课题批准号 HZ2009028）

29. 哈尼族卡多话衰变现状研究（课题负责人：云南师范大学赵敏；自筹经费；课题批准号 HZ2009029）

30. 面向东南亚汉语国际教育中教材建设的理论与实践探索（课题负责人：云南师范大学沈毅；自筹经费；课题批准号 HZ2009030）

31. 东南亚留学生汉语双音节词语学习策略研究（课题负责人：云南师范大学李德鹏；自筹经费；课题批准号 HZ2009031）

32. 彝族语言文化对彝族学生外语自主学习能力的影响研究（课题负责人：云南师范大学杨家丽；自筹经费；课题批准号 HZ2009032）

33. 云南历史上自然灾害档案史料汇编（课题负责人：云南师范大学郭亚非；自筹经费；课题批准号 HZ2009033）

34. 抗战时期云南高等教育的流变与绵延（课题负责人：云南师范大学任祥；自筹经费；课题批准号 HZ2009034）

35. 云南省义务教育阶段教师绩效工资研究（课题负责人：云南师范大学茅锐；自筹经费；课题批准号 HZ2009035）

36. 师范院校大学生人文素质教育现状分析与对策研究——以云南师范大学为例（课题负责人：云南师范大学李孝川；自筹经费；课题批准号 HZ2009036）

37. 文化转型与中国少数民族艺术发展——基于云南沧源佤族文化艺术存续状况的实证研究（课题负责人：云南师范大学樊华；自筹经费；课题批准号 HZ2009037）

38. 旅游市场背景下的民族舞蹈传承与变异（课题负责人：云南师范大学彭莉；自筹经费；课题批准号 HZ2009038）

39. 云南边疆少数民族地区群体性突发事件的原因及应对措施研究（课题负责人：云南师范大学莫关耀；自筹经费；课题批准号 HZ2009039）

40. 云南省非法集资问题对策研究（课题负责人：云南警官

学院刘敬平；自筹经费；课题批准号 HZ2009040）

41. 云南蓝靛瑶宗教文书的整理与研究（课题负责人：云南民族大学高朋；自筹经费；课题批准号 HZ2009041）

42. 明清云南书院与边疆文化教育发展研究（课题负责人：云南民族大学顾霞；自筹经费；课题批准号 HZ2009042）

43.《现代旅游大潮下的民族传统文化——以云南旅游发展中的傣、纳西、哈尼三个典型文化为例》（课题负责人：云南民族大学陈燕；自筹经费；课题批准号 HZ2009043）

44. 网络舆情与云南高校思想政治工作的应对问题研究（课题负责人：云南师范大学史晓宇；自筹经费；课题批准号 HZ2009044）

图书在版编目（CIP）数据

云南社科成果集萃：云南省哲学社会科学“十一五”规划课题选介．第6辑/云南省哲学社会科学规划办公室编．—昆明：云南大学出版社，2012

ISBN 978-7-5482-0799-3

Ⅰ．①云… Ⅱ．①云… Ⅲ．①哲学社会科学—科技成果—介绍—云南省—2006~2010 Ⅳ．①C127.4

中国版本图书馆CIP数据核字（2012）第014735号

云南社科成果集萃（第六辑）

——云南省哲学社会科学“十一五”规则课题选介

云南省哲学社会科学规划办公室　编

责任编辑： 纳文汇　蒋丽杰
封面设计： 刘　雨
出版发行： 云南大学出版社
印　　装： 昆明市五华区教育委员会印刷厂
开　　本： 850mm×1168mm　1/32
印　　张： 15
字　　数： 393千
版　　次： 2012年3月第1版
印　　次： 2012年3月第1次印刷
书　　号： ISBN 978-7-5482-0799-3
定　　价： 36.00元

地　　址： 昆明市翠湖北路2号云南大学英华园内
邮　　编： 650091
发行电话： 0871-5031071　5033244
E - mail： market@ynup.com